Friedrich Weissensteiner
Ein Aussteiger aus dem Kaiserhaus: Johann Orth

Ein Österreich-Thema aus dem Bundesverlag

Friedrich Weissensteiner

Ein Aussteiger aus dem Kaiserhaus: Johann Orth

Das eskapadenreiche Leben des Erzherzogs Johann Salvator

Eine Biographie

Österreichischer Bundesverlag · Wien

Diese Buchreihe ist Österreich gewidmet: Österreich mit seinen geistigen Kräften und Strömungen, Österreich mit seiner historischen und seiner kulturgeschichtlichen Bedeutung, Österreich mit seinen landschaftlichen Besonderheiten, seinen Persönlichkeiten und der so vielfältigen Wesensart seiner Bevölkerung. Vieles bietet sich an. Es soll nach und nach behandelt werden – anregend geschrieben und zugleich hohen Ansprüchen genügend.

© Österreichischer Bundesverlag Gesellschaft m. b. H., Wien 1985
Alle Rechte vorbehalten
Jede Art der Vervielfältigung, auch auszugsweise, gesetzlich verboten
Satz: Times 10/11 Punkt
Gedruckt auf holzfrei Offset 120 g
Druck: Wiener Verlag, Himberg
ISBN 3-215-05342-X

Inhaltsverzeichnis

Für Karin und Sonja

Vorwort

Ursprünglich hatte ich die Absicht, ein Buch über die Rebellen des Hauses Habsburg-Lothringen zu schreiben, über Johann Orth, Leopold Wölfling, Ferdinand Burg und wie sie alle heißen. Und das aus einem bestimmten Grund: Die Geschichtsschreibung hat bislang jene Mitglieder des österreichischen Kaiserhauses, die gegen höfisches Zeremoniell und aristokratische Standesdünkel aufgemuckt, die sich aus den verschiedensten Gründen von der Dynastie losgesagt haben, (sträflich) vernachlässigt. Sie passen nicht in das (herkömmliche) Bild vom (erhabenen) Haus Österreich, das, von einem göttlichen Sendungsbewußtsein erfüllt, für manchen Historiker die Würde Alt-Europas verkörpert. Aber durch die genealogische Vielgestaltigkeit des habsburgisch-lothringischen Hauses geht mittenhindurch ein ideologischer Riß, der die Dynastie in eine konservativ-bewahrende und eine aufklärerisch-josephinische, eine freiheitlich-liberale Linie spaltet. Die bedeutendsten Repräsentanten der zuletzt genannten Geisteshaltung waren Erzherzog Johann, Kaiserin Elisabeth, Kronprinz Rudolf und dessen Tochter Elisabeth Marie, die rote Erzherzogin. Es wäre verlockend, diesem eher schattenseitigen, diesem *anderen* Haus Habsburg einmal eine Gesamtdarstellung zu widmen, die seelen- und geistesstrukturellen Gemeinsamkeiten zwischen den einzelnen Persönlichkeiten, die ihm zuzuzählen sind, aufzuzeigen.

Da die Fülle des Materials, das ich gefunden habe, erdrückend war, beschäftige ich mich im vorliegenden Band ausschließlich mit Erzherzog Johann Salvator, den die Nachwelt (möglicherweise) besser unter dem Namen Johann Orth kennt. Dieser Johann Salvator, der der toskanischen Linie des Hauses Habsburg-Lothringen entstammte (geboren 1852, vermißt seit 1890), war neben Kronprinz Rudolf mit Sicherheit der begab-

7

teste, vielseitigste und wohl auch ungewöhnlichste Sproß der Kaiserfamilie.

Mit Rudolf hatte er vieles gemeinsam: seine liberale Gesinnung, sein künstlerisches Interesse, seine wissenschaftlich-literarischen Neigungen, seine antiaristokratische und antiklerikale Einstellung. Dioskuren waren sie zeitlebens dennoch nicht. Ihr ungewöhnlicher, geheimnisumwitterter Tod – Rudolf beging in Mayerling Selbstmord, Johann ging mit seinem Schiff im Atlantik unter – gab Anlaß zu zahllosen Spekulationen. Die Legende hat ein einigendes Band um sie geschlungen.

Von den beiden so ungewöhnlichen Mitgliedern des österreichischen Kaiserhauses war Johann die stärkere, die gefestigtere Persönlichkeit. Er war körperlich und seelisch robuster als Rudolf, energischer, der mutigere, kühnere Soldat, der weitblickendere, strategisch versiertere Militär. Die Triebfedern seines Handelns waren sein unbändiger Ehrgeiz, sein Geltungsdrang, seine Sehnsucht nach (Kriegs-)Ruhm, seine Ichbesessenheit. Er bekämpfte den Schlendrian in der kaiserlichen Armee mit jugendlichem Ungestüm und leidenschaftlicher Offenheit. Dieses feurige Rebellentum trug ihm schon bald den Unmut seiner militärischen Vorgesetzten und die Ungnade des Kaisers ein. Der heißblütige, ungebärdige Erzherzog, dessen Liaison mit der Balletteuse Ludmilla Stubel am Hofe zusätzliches Ärgernis erregte, wurde von Franz Joseph immer wieder strafversetzt und gerüffelt. Als sich der Rast- und Ruhelose schließlich in der Bulgarienkrise der Jahre 1886/87 mit träumerisch-dilettantischer Unerfahrenheit auf das glatte Parkett der Politik wagte, war der Bruch mit seinem obersten Kriegsherrn unvermeidlich geworden. Erzherzog Johann Salvator brach nun alle Brücken hinter sich ab. Er legte seine Offizierscharge zurück, trat aus dem Kaiserhaus aus und verzichtete auf die Titel und Rechte eines Erzherzogs. Er hörte auf, Prinz zu sein, um Mensch sein zu dürfen. Er wollte – nach seinen eigenen Worten – nicht länger als bezahlter Nichtstuer leben, das unwürdige Dasein eines fürstlichen Müßiggängers führen. Seine Hoffnungen auf ein bürgerliches Leben in Freiheit und Unabhängigkeit versanken in den Fluten des Atlantik.

Es ist mehr als verwunderlich, daß über den kaiserlichen Aussteiger Johann Orth bis heute keine quellenmäßig fundierte, wissenschaftliche Biographie geschrieben worden ist. Der Redakteur des „Neuen Wiener Tagblattes", Heinrich Pollak, der den Erzherzog persönlich gekannt hat, hat in seinem zu Beginn des Jahrhunderts erschienenen, als Charakterstudie deklarierten Buch wertvolle Erinnerungen (Gespräche, Briefe usw.) festgehalten. Eine umfassende Lebensgeschichte Johann Salvators konnte und wollte er nicht schreiben. Hans Schaffelhofer hat in seinem Orth-Buch (Krems 1952) wertvolle Dokumente publiziert. Er ließ aber in vielen Passagen seiner journalistischen Phantasie (allzu) freien Lauf. Lediglich die englische Schriftstellerin L. Cassels ist dem Leben des Erzherzogs mit wissenschaftlicher Gründlichkeit nachgegangen. Ihr zentrales Thema war jedoch die Darstellung des Generationskonfliktes zwischen dem Kaiser und seinen Ratgebern auf der einen, Kronprinz Rudolf und Erzherzog Johann Salvator auf der anderen Seite.

Rückgrat der vorliegenden Darstellung ist der schriftliche Privatnachlaß des Erzherzogs, dessen Existenz ich durch einen glücklichen Aktenfund im Österreichischen Staatsarchiv nachweisen konnte. Die riesige Kiste, in der sich der Nachlaß befand, galt als verschollen. In Zusammenarbeit mit Dr. K. P. Decker, dem Leiter der Fürstlich Isenburg- und Büdingenschen Archiv- und Bibliotheksverwaltung in Büdingen, BRD, wurde die Kiste, die jahrzehntelang unbeachtet und daher auch unbenützt in einem Winkel der aus dem 18. Jahrhundert stammenden Archivgewölbe der Fürsten Isenburg in Birstein stand, im Zuge von Bau- und Umräumungsarbeiten „entdeckt". Über ihr wechselhaftes Schicksal ließe sich ein Kriminalroman schreiben.

Der Nachlaß, der nun in 18 Kartons untergebracht ist, enthält Material für eine vom Erzherzog geplante Autobiographie, Schriften militärischen Inhaltes, einen Nachweis über seine literarische und musikalische Tätigkeit, Informationen über die Einmischung Johanns in die Frage der Besetzung des bulgarischen Fürstenthrones sowie eine umfangreiche (ungeordnete) Korrespondenz mit Briefen von Verwandten (der Mutter, der Geschwister, des Kronprinzen Rudolf, Erzherzog Albrechts etc.) und Bekannten, darunter Briefe Milli Stubels, die erstmals der Öffentlichkeit vorgelegt werden.

Neben dem Nachlaß Johann Salvators habe ich an Primärquellen durchgesehen und bearbeitet: Die Briefe Johanns an seine Mutter Maria Antonia sowie zahlreiches anderes einschlägiges Material (Haus-, Hof- und Staatsarchiv), die Johann Orth betreffenden Bestände im Toskanischen Familienarchiv (Tschechoslowakisches Staatsarchiv Prag), die Briefe Johanns an seinen Nautikprofessor Budinich (Handschriftensammlung der Österreichischen Nationalbibliothek), die entsprechenden Qualifikationslisten und Militärakten (Kriegsarchiv Wien), die Briefe Orths in der Handschriftensammlung der Wiener Stadt- und Landesbibliothek, die einschlägigen Statthalterei- und Präsidialakten im Oberösterreichischen Landesarchiv Linz, die Mayerling-Lloyd-Mitis-Materialien (Mikrofilm in der Österreichischen Nationalbibliothek). Das Wiener Heeresgeschichtliche Museum ist im Besitz einiger Bleistiftzeichnungen, Aquarelle und Ölskizzen von der Hand des Erzherzogs, die ich natürlich ebenfalls durchgesehen habe. Für Hilfe mit Rat und Tat bei meiner Arbeit bin ich zu Dank verpflichtet: Dr. Wladimir Aichelburg*, Dr. Leopold Auer, Dr. R. Barbalić (Rijeka), Dr. Anna H. Benna, Dr. Peter Broucek, Dr. Bruno Buchwieser, Dr. K. P. Decker (Büdingen), Dr. Rainer Egger, Dr. Eckart Früh, Dipl.-Wbfm. Clemens Gruber, Dr. Georg Heiligensetzer (Linz), František Hyka (Dřisy, ČSSR), Miranda Junker, Miss K. Langrish (London), Dipl.-Ing. Rudolf Lenk (Gmunden), Dr. Marianne Lunzer, Prof. Franz Mailer (Waidhofen a. d. Ybbs), Winfried Past (Gmunden), Josef Pechmann, Dir. Elfriede Prillinger (Gmunden), Dr. Liselotte Popelka, Bernhard Graf Schaffgotsch (Schwäbisch-Gmünd), Miss Nicola Smith (London), Dr. Zdenek Šolle (Prag), Hermann Swistun, Dr. Christiane Thomas, Dr. Ludwig Wolf (Bad Kissingen), Dr. Friederike Zaisberger (Salzburg), Johann Ziegler.

Für die Erlaubnis zur Benützung des Archives in Birstein danke ich ganz besonders Fürst Franz Alexander Isenburg. Mein Dank geht schließlich an meine Tochter, die mich zu meinen Archivstudien nach Prag, und an meine Frau, die mich nach Büdingen und Birstein begleitet hat.

Friedrich Weissensteiner

---

* Personen ohne Ortsangabe sind in Wien tätig.

1. Vom toskanischen Prinzen zum Erzherzog

Am Morgen des 26. November 1852 war der Palazzo Pitti in Florenz von hektischer Betriebsamkeit erfüllt. Die großherzogliche Kanzlei hatte alle Hände voll zu tun, den Souveränen und befreundeten Regierungen in halb Europa die Geburt eines Erzherzogs anzuzeigen. Auch Baron Carl Hügel, der außerordentliche Botschafter und bevollmächtigte Minister Kaiser Franz Josephs in der Toskana, sandte eine Depesche an den k. u. k. Außenminister, den Grafen Johann Rudolf Buol-Schauenstein. „Ich teile Eurer Exzellenz mit", heißt es darin, „daß gestern abend um 10 Uhr die Großherzogin glücklich von einem Erzherzog entbunden wurde. Um 11 Uhr ist die glückliche Nachricht durch 101 Kanonenschüsse wie üblich der Bevölkerung kundgetan worden ... Die Frau Großherzogin befindet sich den Umständen entsprechend gut[1]."

Hügel war ein scharfer Beobachter und ein fleißiger Korrespondent. Es gab kein Ereignis in der Arnostadt, das er nicht registriert und pflichtschuldigst nach Wien berichtet hätte. Das Außenministerium konnte sich auf ihn verlassen.

Die Taufe des neugeborenen Erzherzogs fand bereits zu Mittag des nächsten Tages im Beisein des diplomatischen Korps statt. Taufpate war König Johann von Sachsen. Der kleine Prinz erhielt den Namen Giovanni. Es war das zehnte Kind des Großherzogs Leopold II. von der Toskana und seiner zweiten Gemahlin Maria Antonia, der Tochter Franz I. von Sizilien. Giovanni sollte der letzte Sproß des großherzoglichen Paares bleiben und ein paar Jahrzehnte später zum Enfant terrible des habsburgischen Kaiserhauses werden. Als Erzherzog Johann Salvator, alias Johann Orth, bereitete er nicht nur Kaiser Franz Joseph Kopfzerbrechen. Seine Vorschläge für militärische Reformen, seine hochfliegenden politischen Pläne, seine künstlerischen Ambitionen und liberalen Neigungen belebten die ansonsten eher trockenen amtlichen Berichte, füllten die Zeitungsspalten. Aber davon konnte im November 1852 natürlich kein Mensch etwas ahnen.

Die Geburt Giovannis löste in Florenz und in anderen Städten der Toskana, in Siena, Pisa und Livorno, gewiß jene Kettenreaktion von traditionellem Schaugepränge aus, die mit einem solchen Ereignis verbunden war. Schulen, Amtsgebäude und Kasernen wurden beflaggt, es gab Festgottesdienste, die Theater gaben Extravorstellungen, deren Reinertrag den Armen zustatten kam. Wahrscheinlich hat auch der stolze Vater zugunsten der Notleidenden in die großherzogliche Schatulle gegriffen. Bei einem Anlaß wie diesem war das an den meisten Höfen üblich. Ob es auch patriotisch-dynastische Freudenbeweise durch das Volk gab, darf man mit Fug und Recht bezweifeln. Sie werden sich jedenfalls in Grenzen gehalten haben. Die Popularität der habsburgischen Sekundogenitur in der Toskana ließ um die Mitte des vorigen Jahrhunderts bereits viel zu wünschen übrig. Das lag weniger an der Person des Herrschers als an den unruhigen Zeitläufen, die dem Großherzog das Regieren in zunehmendem Maße erschwerten.

Leopold II. von Habsburg-Toskana, der 1824 im Alter von 26 Jahren den Thron bestiegen hatte, war in seinen jungen Jahren ein Fürst von durchaus liberaler Gesinnung. Wie sein Vater Ferdinand III. und sein Großvater Leopold, der die Toskana zu einem Musterland fortschrittlicher Regierungskunst gemacht hatte, führte auch er eine Reihe von beachtenswerten Reformen durch. Er verminderte die als drückend empfundene Grundsteuer um ein Viertel, ließ den Hafen von Livorno ausbauen und stellte durch den Bau dreier großer Straßen über die Apenninen die Verbindung seines Landes zur Lombardei, zum Mittelländischen und zum Adriatischen Meer her. Auch die Trockenlegung der gesundheitsschädlichen Sümpfe, der sogenannten Maremmen, gehörte zu seinem wirtschaftlichen Sanierungsprogramm. Ein zeitgenössischer Chronist berichtet, daß in der Toskana zwischen 1828 und 1843 auf dem Gebiet der ehemaligen Maremmen 453 Häuser erbaut, 62.768 Quadratjoch Boden dem Ackerbau zugeführt, zahlreiche Weinreben und Olivenbäume neu gepflanzt wurden. In das Bild dieses Wirtschaftsaufschwunges gehört auch die Inbetriebnahme der

Die Eltern Johann Salvators: Großherzog Leopold II.
und Großherzogin Maria Antonia von Toskana

Eisenbahnlinie Pisa−Livorno im Jahre 1844, der ersten Bahnlinie auf italienischem Boden.

Leopold II. förderte nicht nur Handel und Wirtschaft. Seinen ausgeprägten wissenschaftlichen Neigungen folgend – der Großherzog widmete sich mit Eifer dem Studium der Werke Galileis – wurden die Hochschulen reorganisiert, Wissenschafter aus allen Teilen Italiens ohne Rücksicht auf ihre politische Meinung an die toskanischen Universitäten berufen. Nicht zufällig wurde in seinem Land der erste elektrische Telegraph in Betrieb genommen, 1839 in Pisa der erste italienische Gelehrtenkongreß vom Großherzog selbst eröffnet.

Leopold II., den der 19jährige Franz Joseph in einem Brief vom 22. September 1849 an seine Mutter als einen „unpraktischen Gelehrten" bezeichnete, wurde von seinen Untertanen respektiert. Er nahm das Regieren ernst. Er war arbeitsam und gewissenhaft, er gönnte sich kaum Erholung und Ruhe. Mit unermüdlicher Unbeirrbarkeit kümmerte er sich um das kleinste Detail, nicht immer freilich zum Nutzen des Ganzen. Er war unentschlossen, eine zögernde, zaudernde Natur, und so blieben zuweilen die besten Vorsätze schon im Planungsstadium stecken, wurden die notwendigen Entscheidungen unnötig lange verschleppt.

Leopold hatte zu seinen Untertanen ein unproblematisches, patriarchalisches Verhältnis, er war der „Padrone", dem man Achtung und Wertschätzung entgegenbrachte. Zur Beliebtheit, zur Popularität reichte es nicht. Dazu war der Großherzog zu kühl, zu reserviert, zu wenig umgänglich. Wenn auch die Beziehungen des Souveräns zu seinem Volk des steifen, höfischen Zeremoniells entbehrten, so fehlte ihnen doch das Fluidum offen zur Schau gestellter Zuneigung. Leopold verstand es nicht, im richtigen Augenblick das Richtige zu tun und zu sagen. Seinen Gunstbezeigungen und Wohltaten fehlte es an überzeugender Herzlichkeit.

Der Palazzo Pitti, in dem der Großherzog der Toskana mit seiner Familie residierte, wurde um 1440 von Brunellesco erbaut. Leopold war in seiner persönlichen Lebensführung einfach und anspruchslos, und auch seine Hofhaltung vermied jedwede überflüssige Prunkentfaltung. Er war ein mustergültiger Gatte und Vater. Die Toskaner konnten mit ihrem Landesfürsten im großen und ganzen zufrieden sein.

Man möchte annehmen, daß dem Großherzog im schönen, kulturgetränkten Florenz, das weitab von den Schnittlinien der Weltpolitik lag, eine Zeit ruhigen Regierens gegönnt sein würde. Dem war (leider) nicht so. Die Zeichen der Zeit standen auf Sturm. Zwar blieb die Toskana von der Revolutionsbewegung der Jahre 1830/31 weitgehend verschont, aber der Samen der italienischen Nationalbewegung fiel im Großherzogtum auf fruchtbaren Boden. Die Pariser Februarrevolution des Jahres 1848 löste auch in Florenz eine Volkserhebung aus. Der Großherzog proklamierte eine liberale Verfassung, durch die er das Ärgste zu verhindern trachtete. Es nützte nichts. Im Jänner 1849 mußte er außer Landes gehen. Ein Jahr später kehrte er nach einer Intervention der kaiserlich-habsburgischen Armee wieder in die Arnostadt zurück. Er verkündete nach seiner Rückkehr wohl eine umfassende Amnestie, hob jedoch 1852 durch Dekret die Verfassung von 1848 auf und stellte damit seine unumschränkte Souveränität wieder her. Das früher so gute Verhältnis zwischen Monarchie und Bevölkerung wurde durch diese Maßnahme nachhaltig und auf Dauer belastet. Die Tage der Habsburger in der Toskana waren gezählt.

Im Jahre 1859 trat die nationalstaatliche Einigung Italiens in ein neues, entscheidendes Stadium. Das Königreich Piemont-Sardinien, das unter der Führung seines Ministerpräsidenten Camillo Cavour zum Brennpunkt der italienischen Nationalbewegung geworden war, fand im Frankreich Napoleons III. einen Bundesgenossen. Das gemeinsame Ziel war die Vertreibung der Österreicher aus Italien.

In der Toskana blieb zunächst alles ruhig, wie Baron Hügel im Jänner nach Wien berichtete. Aber diese Ruhe war, wie es scheint, doch sehr trügerisch. Gegen das Frühjahr zu machte sich auf dem Lande und in den Städten eine nicht mehr zu übersehende Agitation für den Anschluß an Piemont-Sardinien bemerkbar. Der Großherzog befand sich in einem Dilemma. Er mußte sich in dem sich anbahnenden Konflikt zwischen Piemont-Sardinien und Österreich entscheiden. Sein Herz gehörte dem Haus Habsburg-Lothringen, dem er entstammte, doch sagte ihm sein Verstand, daß die habsburgische Stellung in Italien auf die Dauer nicht zu halten war. Seinem unentschlossenen Naturell entsprechend, entschied sich Leopold für keine der beiden Seiten. Er wollte neutral bleiben. In Wien war man darüber verstimmt. Als die Nachricht am 22. April 1859 in der kaiserlichen Hauptstadt eintraf, schrieb eine nicht identifizierbare Persönlichkeit, möglicherweise der Außenminister, auf das chiffrierte Telegramm: „Hügel ist zu instruieren, daß dieser ... Beschluß wenigstens nicht veröffentlicht werde." Und Kaiser Franz Joseph setzte beinahe erbost hinzu: „Ja, und zu erklären, daß meine Truppen diese traktatwidrige Neutralität nicht respektieren werden."

Ein paar Tage später brach in Florenz die Revolution aus. „Um 8,00 Uhr den 27. April", so Hügel, „begann ein unabsehbarer Zug von grauen Gesellen sich gegen den Palazzo Pitti zu bewegen. Ihre Anzahl mochte 16—20.000 Köpfe betragen. Sie füllten den Platz vor dem großen Palaste vollkommen aus, dessen eiserne Gittertore geschlossen wurden."

Der Großherzog machte den Versuch, gegen die Volksmenge Militär einzusetzen. Aber die Truppen verbrüderten sich mit den Aufständischen. Nun berief Leopold das Diplomatische Korps in den Palast. Er sagte, zu Baron Hügel gewandt: „Baron H., ich habe keine Macht mehr, meine Truppen haben mich verlassen, gegen die Kraft kann man nicht schreiten, man muß tun, wozu man gezwungen ist." Resigniert setzte er hinzu: „Ich habe die dreifarbige Fahne bewilligt." In den folgenden Stunden drängte Hügel den Großherzog zum Verlassen des Landes, wozu sich dieser nach einer energischen Intervention seiner Gemahlin und seines ältesten Sohnes schweren Herzens entschloß. Er lehnte es jedoch ab abzudanken.

In seinem einhundert Seiten langen Bericht an Außenminister Buol-Schauenstein über die Vorgänge in Florenz am 27. April 1859 und in den Tagen zuvor belastete Hügel Leopold II. schwer. Der Großherzog habe sich nicht entschlossen gezeigt, er sei nicht energisch genug gegen die revolutionären Umtriebe aufgetreten und habe auf sie mit unbegreiflicher Nachsicht reagiert. Das ist gewiß richtig. Aber aus der Distanz der Zeit sieht doch alles ganz anders aus. Man kann aus heutiger Sicht mit Bestimmtheit sagen, daß auch eine resolutere Persönlichkeit als Leopold II. den revolutionären Kräften auf die Dauer nicht hätte widerstehen können. Der Großherzog und seine Familie verließen jedenfalls am Abend des 27. April 1859 in vier viersitzigen Kaleschen, vom Diplomatischen Korps begleitet und einer größeren Anzahl von höchsten Offizieren eskortiert, die Arnostadt. Die Wagenkolonne bahnte sich im Stile einer friedlichen Ausfahrt beinahe unbeachtet und vollkommen unbehelligt einen Weg durch die von Menschen erfüllten Straßen von Florenz. Niemandem wurde etwas zuleide getan, niemand kam zu Schaden. In der Nacht vom 27. zum 28. April 1859 wurden von allen öffentlichen Gebäuden die großherzoglichen Wappen entfernt. So ging innerhalb von 24 Stunden eine 120jährige Herrschaft – Franz Stephan, der Gemahl Maria Theresias, hatte im Jahre 1737 die großherzogliche Linie des Hauses Habsburg-Lothringen in der Toskana begründet – fast gewaltlos zu Ende.

Die revolutionären Ereignisse in Florenz stellten sich später für Johann in der Erinnerung so dar: „Am Abend des 26. sagte mir Papa, daß alles ruhig sei und daß ich schlafen gehen solle. Er habe die Reisekoffer gepackt und die wertvollen Dinge seien schon seit einiger Zeit versteckt.

Am Morgen des 27. April kam Josef, der Friseur, und sagte zu mir: ,Hören Sie, Hoheit, das ganze Volk meutert und lärmt . . .'

Derselbe Josef (?) sagte auch, daß nur die Offiziere demo-

Stadtansicht von Florenz (19. Jh.)

Florenz: Gartenansicht des Palazzo Pitti

ralisiert wären. Wenn man sie weggeschickt hätte, hätte man sich auf die Truppe verlassen können. Hierauf ging ich zum Papa und sagte ihm, daß das Volk in Aufruhr sei und was man tun solle. Da kamen die Minister und die Militärs. Hernach befahl er mir, mit den Kindern in die Festung zu gehen, denn dort könne man Widerstand leisten . . . Aber ich wollte im Palazzo Pitti bleiben. Man ging in den Garten. Man sagte mir, ich solle einen Spaziergang machen. Ich habe das Motiv für einen Spaziergang zu dieser ungewöhnlichen Stunde nicht verstanden. Ich war mit einer himmelblauen Bluse, weißen Hosen und einer Militärkappe bekleidet und hatte einen Säbel bei mir, den ich aber zurückließ. Ich ging zuerst zu Nando (gemeint ist Ferdinand, der älteste Bruder Johanns, Anm. d. Verf.), um beim Tor der Artischocke hinauszugehen, das sich in der Mitte des Amphitheaters befindet. Graf Sforza trug meine Juwelen in einer Blechschachtel unter dem Arm. Man bewegte sich auf die kleine Tür der Festung des Belvedere zu. Bei der Tür standen ungefähr zwanzig Soldaten mit einem Offizier, der beim Grüßen seine Uniform öffnete, um das Abzeichen der Trikolore zu zeigen. Aus Furcht vor den Kanonen rannte ich auf den Palazzo Prato zu . . . Wir gingen in die Kaserne hinein, wo zwei Soldaten aus Montefegatese waren, deren Mütter gekommen waren, um sie zu sehen. Sie sagten weinend: ,Hoheit, vertrauen Sie diesen Verbrechern von Offizieren nicht. Wir sind hier, um unser Blut für Sie zu opfern.' Karl (Johanns Bruder, Anm. d. Verf.) kam in die Festung. Er hatte die Absicht, Widerstand zu leisten, aber er überzeugte sich, daß das unmöglich war[2] . . .“

Leopold II. und die Seinen langten bereits am 28. April glücklich in Bologna ein. Über Ferrara, das man am 2. Mai verließ, begab sich die Familie durch Oberitalien, Kärnten und die Steiermark nach Wien. Franz Joseph mag über die Rückkehr der Toskaner in den kaiserlichen Schoß nicht gerade Freude empfunden haben. Leopold II. war davongelaufen, noch ehe die italienische Frage entschieden worden war. Der Waffengang mit Piemont-Sardinien und dem mit ihm verbündeten Frankreich stand noch bevor. Er endete nach den Schlachten bei Magenta am 4. Juni und Solferino am 24. Juni 1859 mit schweren Niederlagen der kaiserlichen Armeen. Leopold II. dankte einige Wochen später zugunsten seines ältesten Sohnes Ferdinand ab (21. Juli), der jedoch infolge der politischen

Ereignisse die Regierung nie antrat, obwohl er zeitlebens den Titel eines Großherzogs der Toskana führte. Eine Art Nationalversammlung beschloß am 16. August 1859 die Thronentsetzung der toskanischen Linie des Hauses Habsburg-Lothringen, im März 1860 erfolgte die Vereinigung der Toskana mit dem neu geschaffenen Königreich Italien. Florenz wurde die erste Hauptstadt des jungen Staates.

Die großherzogliche Familie mußte wohl oder übel ihren Daueraufenthalt in Österreich nehmen. Für den Kaiser schaffte das eine Fülle von Verdrießlichkeiten, wie sich bald herausstellen sollte. Da war zunächst einmal die Frage des Domizils. Wo sollte die großherzogliche Familie untergebracht werden? Wie es scheint, hielt sich Leopold II. zunächst einige Monate in verschiedenen Schlössern der österreichischen Hocharistokratie auf und begab sich dann, wie Baron Hügel berichtet, von Vöslau aus am 8. September nach Schlackenwerth (heute Ostrov) bei Karlsbad in Böhmen, wo er später seinen Daueraufenthalt nahm. Im Februar 1860 verlieh Franz Joseph, der die Toskanas, wie er sie selbst nannte, gastlich aufgenommen hatte, seinem „theuersten Oheim" das Kommando des 71. Linien-Infanterie-Regiments. Dem ältesten Sohn Leopolds, der in Hofkreisen liebevoll „Nando" genannt wurde, wies der Kaiser das ehemalige Residenzschloß der Erzbischöfe in der Salzburger Altstadt als Wohnsitz zu.

Leopold erwarb 1860 die Herrschaft Brandeis (heute Brandýs), die er nach seinem Tode seinem drittältesten Sohn Ludwig Salvator testamentarisch überließ. Die 7.236 ha große Domäne war seit 1547 habsburgisches Eigentum. Erzherzog Ludwig Salvator vermachte das Gut 1915 seinem Sekretär Antonio Vives, der es am 10. Oktober 1917 an Kaiser Karl verkaufte. Karl nahm nach seiner Vermählung kurze Zeit im Schloß Aufenthalt. 1918 ging die Herrschaft in das Eigentum des tschechoslowakischen Staates über.

Erzherzog Ferdinand ließ sich in den 60er Jahren in Lindau am Bodensee eine große und zwei kleine Villen erbauen, wo er mit seiner Familie den Sommer zu verbringen pflegte.

Um standesgemäß leben zu können, brauchte Leopold II. ein standesgemäßes Einkommen. Da seine Einkünfte als regierender Fürst der Toskana versiegt waren, mußte der Kaiser in die Bresche springen. Franz Joseph, der bei der Versorgung der

Mitglieder der kaiserlichen Familie zumeist grandseigneurale Noblesse an den Tag legte, ließ dem entthronten Großherzog für das Jahr 1861 die runde Summe von 80.000 Gulden anweisen. Zur Zahlung einer jährlichen Apanage, um die ihn Leopold für seine Söhne 1863 ersuchte, fand er sich jedoch zunächst nicht bereit. Eine solche Hilfeleistung sollte erst dann erfolgen, „wenn jede Hoffnung auf Wiedererlangung der Souveränität aufgegeben werden müsse", wie es in dem ablehnenden Bescheid des Hofes hieß. Dieser Fall trat nach dem verlorenen Krieg des Jahres 1866 und der Abtretung Veneziens ein. Die Mitglieder der toskanischen Linie des Hauses Habsburg-Lothringen galten fortan als Erzherzoge von Österreich und unterstanden dem habsburgischen Familienstatut mit allen seinen Vorteilen und Beschwernissen. Ferdinand IV., der in Salzburg die Fiktion eines regierenden Fürsten aufrechterhielt, bekam ab 1. Jänner 1867 eine jährliche Apanage von 47.250 Gulden, wozu sich noch 50.000 Gulden aus dem Familienfonds gesellten. Der zweitälteste Sohn Leopolds, Karl Salvator, wurde mit derselben Summe ausgestattet, die beiden jüngeren Brüder, Ludwig und Johann, erfreuten sich mit Beginn der Großjährigkeit der kaiserlichen Großmut[3].

Die „Toskaner" waren ein Häuflein exotischer Sonderlinge. Ihre Muttersprache war Italienisch, sie liebten das Meer und die Freiheit. Auf höfisches Zeremoniell legten sie so gut wie keinen Wert. Mit ihren Phantastereien und ausgefallenen Ideen, mit ihrer ungezwungenen Lebensart paßten sie eigentlich nicht so recht in das Kaiserhaus. Der streng auf Würde und Etikette bedachte Franz Joseph kam mit ihnen auch nur schwer zurecht. Am besten kam er noch mit Ferdinand aus, der nach dem Tode seines Vaters das Oberhaupt der Familie war. „Nando" hatte eine liebenswerte, heitere, gutmütige Natur. Er zeigte sich nur selten am Kaiserhof, mischte sich nicht in die Staatsgeschäfte und bereitete dem Monarchen kaum ernsthafte Schwierigkeiten. Lediglich in der Frage der Abdankung als Großherzog der Toskana setzte er Franz Joseph Widerstand entgegen. Schließlich gab er aber doch nach. 1870 unterzeichnete er die ihm vom Kaiser vorgelegte Abdankungsurkunde. Damit war eine Hürde in den nachbarlichen Beziehungen zwischen Österreich-Ungarn und dem Königreich Italien aus dem Weg geschafft.

Obwohl Ferdinand im Herzen ein Florentiner blieb und mit seinen engsten Familienangehörigen nur Italienisch sprach, betrat er nach 1870, wie versprochen, nie wieder italienischen Boden.

Nandos große Passionen waren die Jagd und das Segeln. Diesen beiden Beschäftigungen hat er einen Großteil seiner Zeit gewidmet. „Ruhig, sicher, zielbewußt, unbeirrt, stand mein Vater am Steuer", schreibt sein ältester Sohn Leopold Wölfling in seinem Buch: „Habsburger unter sich", „aufrecht, im dunkelblauen Anzug, die schottische Mütze mit den fliegenden Bändern am Kopf, sein vom weißen Bart umwalltes freundlich-ernstes Gesicht mit den scharfen, klaren, braunen Augen aufmerksam auf den Kurs gerichtet[4]." Ferdinands um 4 Jahre jüngerer Bruder Karl Salvator war ein harmloser Exzentriker. Er war ein begabter Handwerker, der an der Entwicklung des Maschinengewehrs Anteil hatte und, falls er sich in Wien aufhielt, leidenschaftlich gerne mit der Tramway inkognito durch die Stadt fuhr.

Als der seltsamste Kauz der Familie entpuppte sich bald der am 4. August 1847 geborene Ludwig Salvator. Ludwig war ein Gelehrtentyp, der vierzehn Sprachen beherrschte. Er verbrachte einen Großteil seines Lebens auf der Insel Mallorca, wo er sich ein Landhaus namens Miramar hatte errichten lassen. Von dort aus bereiste er an Bord seiner Yacht „Nixe" das Mittelmeer und schrieb über seine Erlebnisse, Beobachtungen und wissenschaftlichen Untersuchungen Bücher zur Geologie und Naturgeschichte Nordafrikas und der Balearen, die sich selbst in Fachkreisen einer hohen Wertschätzung erfreuten. Der gelehrte Erzherzog war unter anderem Ehrenmitglied der Akademie der Wissenschaften und der Wiener Geographischen Gesellschaft. Um die Familie, der er entstammte, und das Kaiserhaus, dem er angehörte, kümmerte sich Ludwig herzlich wenig. Er besaß lediglich *eine* Uniform, mit der er wegen seines unmilitärischen Auftretens kein geringes Aufsehen erregte, wenn er sich damit in der Hofburg oder zu des Kaisers Geburtstag in Bad Ischl zeigte.

So machte der „Einsiedler von Mallorca" im Jahre 1910 zum achtzigsten Geburtstag des Kaisers in Ischl auf seine Art auf sich aufmerksam. Er stieg im Hotel in einer Dachkammer ab und ließ bei der Abreise seinen Kammerdiener die Uniform,

Erzherzog Johann Salvator (rechts) mit seinem Bruder Ludwig

die er beim Empfang in der Kaiservilla getragen hatte, in ein rotes Kaffeetuch eingeschlagen, zum Bahnhof tragen, wobei die vier zusammengebundenen Enden den Tschako und den quer darübergelegten Säbel festhielten. Hinterdrein gehend, schleppte sich der Erzherzog mit einem geflickten Reisesack ab. „Trotz der Nachlässigkeit in seinem Äußeren, die seine von Natur aus unvorteilhafte Erscheinung noch betonte", schreibt Leopold Wölfling über ihn, „war er von unheimlicher Pünktlichkeit. Wenn bei einer der festlichen Gelegenheiten eine Zu-

Erzherzog Johann Salvator (Jugendbildnis)

sammenkunft, sagen wir um 6 Uhr, fixiert war, so konnte man, wenn sich um 5,55 Uhr die Flügeltüren öffneten, unfehlbar sicher sein, daß es Onkel Ludwig war, der hereinkam – nonchalant, liebenswürdig, reserviert. Er begrüßte alle und zog sich alsbald in eine Fensternische zurück, wo er dann unbeweglich auf den Hof hinabblicken konnte. Vermutlich waren seine Gedanken auf hoher See, die ihm angenehmer war, als das spiegelnde Parkett der Hofburg und der ganze höfische Krimskrams[5] . . ." Johann Salvator konnte den närrischen Sonderling nicht leiden. So wurde ihm, wie er berichtet, 1876 der Aufenthalt in Neapel durch die gleichzeitige Anwesenheit Ludwigs verleidet. Die beiden Brüder haben zeitlebens kaum miteinander Kontakt gehabt[6].

Schloß Schlackenwerth bei Karlsbad in Böhmen, in dem Großherzog Leopold II. mit seiner Familie nach der Vertreibung aus der Toskana eine dauernde Bleibe fand, war ein dreistöckiger Bau inmitten eines großen, schattigen Parkes. Es war einfach, aber gemütlich eingerichtet. Der Park wurde von der Bistritz durchflossen und war der Allgemeinheit zugänglich, doch blieb der größere Teil, durch eine Mauer mit umlaufendem Spazierweg abgetrennt, der Benützung durch die großherzogliche Familie vorbehalten. Blumenbeete, Hecken, kleine Teiche, gepflegte Wege, eine große Zahl von Obstbäumen und ein achteckiges Salettl, das innen mit Tapeten ausgeschlagen war, gaben ihm ein Flair idyllischer Abgeschiedenheit. Zum Schloß gehörte eine Gutsherrschaft mit ausgedehnten Wäldern, Wiesen, Feldern und Teichen im Ausmaß von ungefähr 3.500 Hektar. In dieser stillen, von der Majestät der Landschaft geprägten Umgebung wuchs Erzherzog Johann Salvator zum Jüngling heran. Es wird wohl, wie wir annehmen dürfen, ein beschauliches, hauptsächlich dem Spiel gewidmetes Leben gewesen sein, das er hier führte. Natürlich mußte er nun auch Deutsch und manches andere lernen. Seine Eltern, die von tiefer Religiosität erfüllt waren, haben ihm ganz gewiß eine gründliche christliche Erziehung zuteil werden lassen. Die Mutter war ihrem jüngsten Kind in besonderer Liebe zugetan. Während sie für Ludwigs Extravaganzen kaum etwas übrig hatte, Ferdinand und Karl für unbedeutend hielt, setzte sie alle ihre Hoffnungen auf den hochintelligenten Johann, der ungewöhnlich rasch auffaßte, aber schwer lenkbar und jähzornig war. Auch Gianni, wie er in der Familie genannt wurde, liebte seine Mutter über alle Maßen. Er brachte der ungemein lebhaften Frau, deren südländisches Temperament er geerbt hatte, aber auch Respekt entgegen und war ihr bis an sein Lebensende in achtungsvoll-zärtlicher Anhänglichkeit verbunden. Seine nach Hunderten zählenden Briefe an sie, die im Wiener Haus-, Hof- und Staatsarchiv aufbewahrt sind, beweisen es[7]. Gianni korrespondierte mit seiner Mutter und dem Vater, die er beide in der förmlichen dritten Person anredete, in italienischer Sprache, denn sie beherrschten Deutsch nur unzulänglich.

Der kleine Johann blieb zunächst in der Obhut der Eltern. Er war jedoch des öfteren (bei den Verwandten) in Venedig, beim ältesten Bruder in Salzburg und am Wiener Kaiserhof zu Gast. Aus Venedig, wo er sich zwischen 1861 und 1864 mehrere Male aufhielt, schrieb er dem „Caro Papa" und der „Cara Mamma" zahlreiche Briefe (einen sogar in französischer Sprache), in denen er ihnen immer wieder in geradezu rührender Weise seine Zuneigung beteuerte. „Ich schicke Ihnen diese Veilchen", schrieb er der Mutter am 14. März 1862, „es sind die ersten, die ich gesehen habe. Sie haben mich sehr erfreut, weil sie mich denken lassen, daß sich die Zeit unserer Rückkehr in die Familie nähert." Der Plural schließt seinen Bruder Ludwig mit ein, der sich mit ihm in Venedig befand. Der Zehnjährige litt also offenbar an Heimweh, was nicht weiter verwundert.

Ein stets wiederkehrendes Thema in diesen Briefen sind die Berichte über seinen Lerneifer und seine Studienfortschritte. Offenbar waren die Eltern sehr daran interessiert. „Ich brenne darauf, die Studien beweisen zu können, die ich gemacht habe", heißt es in dem zitierten Brief weiter, „ich werde sie mit gutem Willen fortsetzen." Und dem Vater schrieb er: „. . . Ich fahre jetzt fort mit meiner Deutschlektüre, dem Flottenbuch, eine Lektüre, die mir gefällt, und ich will gerne Sachen lernen, die mir am besten gefallen. Ich versuche immer mehr vom Studium zu profitieren sowie im Italienischen und Französischen und bei meinen anderen Beschäftigungen[8]." Aber dann bricht doch kindliche Abneigung gegen ein Unterrichtsfach durch. „Das Rechnen freut mich wirklich nicht sehr", schreibt der kleine Gianni, um schon im nächsten Atemzug zu beteuern, daß es notwendig ist und daß er es jeden Tag betreibt. Auch die Erlernung der deutschen Sprache bereitete Johann nicht gerade ungeheures Vergnügen. „In der deutschen Sprache bin ich noch nicht sehr gut", schreibt er am 30. Mai 1864 aus Salzburg, „ich mache viele Fehler und Baron Piers ist nicht sehr zufrieden. Aber ich gebe mir Mühe, mich in der besagten Sprache zu verbessern."

Um seine Deutschkenntnisse war es aber gar nicht so schlecht bestellt, wie ein Brief des Neunjährigen an den Vater beweist, bei dem freilich die Hand des Lehrers deutlich erkennbar ist:

„Venedig, den 29. September 1861
Liebster Vater!
Da es mir heuer nicht gestattet ist Ihnen meinen herzlichsten Glückwunsch an Ihrem nächsten Geburtstag mündlich auszudrücken, so werde ich doch schriftlich diese kindliche Pflicht erfüllen. —

Ich versichere Ihnen, mein liebster Vater, daß kein Tag verfließt ohne daß ich an meine Eltern denke, die keine Sorgen um meines Wohlseins willen, ersparen. Um Ihrer Liebe nicht unwürdig zu sein, bemühe ich mich, meinen Lehrern gehorsam zu sein, in meinen Studien Fortschritte zu machen und Gottesfurcht zu lernen.

Auf diese Art hoffe ich Ihre Hoffnungen nicht zu täuschen, und während ich Sie bitte mir den väterlichen Segen zu geben, und meine beste Mutter und Schwester herzlich zu grüßen, verbleibe ich immer

Ihr gehorsamster Sohn
Johann[9]"

Johann schrieb nicht nur seinen Eltern Briefe. Er korrespondierte auch von Kindheit an mit seinem Bruder Ferdinand, dem späteren Chef des Hauses, der um siebzehn Jahre älter war als er. Ein Teil des Briefwechsels ist im tschechoslowakischen Staatsarchiv in Prag und im Fürst von Isenburgischen Archiv in Birstein, BRD, aufbewahrt. Die Korrespondenz spiegelt nicht nur das wechselvolle Geschick Johanns wider, in ihr reflektieren sich auch die ambivalenten Beziehungen zwischen den beiden, charakterlich sehr verschieden veranlagten Brüdern[10].

Johann Salvator war ein hochintelligenter Knabe, der schnell auffaßte und sich den Wissensstoff, den ihm seine Lehrer vorgaben, rasch aneignete. Leicht zu erziehen war er gewiß nicht. Er hatte ein stürmisches Temperament und neigte zu Zornausbrüchen. Sein Studienplan umfaßte, wie aus einem Brief vom 25. Juni 1864 hervorgeht, Arithmetik (Baron Piers), Französisch (mit einem guten Lehrer aus Bologna), Musik (mit einem Venezianer, einem Italiener durch und durch), Zeichnen, Religion (mit dem sehr gebildeten Hofkaplan Maier), Geschichte (Baron Piers), Deutsch, Turnen und Militärwesen. Der Zwölfjährige verteilte also an seine Lehrer bereits Zensu-

*Schiffe bei stürmischer See. Nach einem Aquarell
des Erzherzogs Johann Salvator, 1862*

*Die Erzherzoge Ludwig und Johann Salvator (Mitte)
mit zwei Erziehern*

ren. Später kamen natürlich weitere Fächer hinzu, wie zum Beispiel Waffentechnik, die von einem gewissen Eschenbach unterrichtet wurde, Fechten und Reiten (Brief an seinen Bruder Ferdinand vom 30. November 1866)[11]. In seiner Korrespondenz mit der Mutter erwähnt Johann einen Naturgeschichtskurs mit einem Professor Heller, wahrscheinlich Karl Bartholomäus Heller, Professor am Theresianum, den er jedoch nicht mochte. „Ich habe Nando gebeten, ihn zu kreuzigen", schrieb er ihr am 28. Juni 1868. Dr. Hoernes, der Direktor des Kaiserlichen Mineralogischen Kabinettes, kam in seinem Urteil viel besser weg. „Er war mir sehr oft ein Führer (molte volte mi é stato guida) und hat sich sehr bemüht, mir die einzelnen Objekte zu erklären."

Ab 1. August 1864 wurde Erzherzog Johann Salvator am Wiener Kaiserhof erzogen. Welche Überlegungen sich hinter dieser Entscheidung der Eltern und des Kaisers verbargen, läßt sich aus einem Brief Kaiser Franz Josephs an dessen Mutter folgern: „Gestern ist auch der kleine Johann von Toskana von Venedig eingetroffen", heißt es da unter dem Datum Schönbrunn, 2. August 1864, „um jetzt ganz hier zu bleiben und zu einem nützlichen Staatsbürger herangebildet zu werden, was keine leichte Aufgabe sein wird . . ." Die kaiserliche Bemerkung ist höchst aufschlußreich. Der kleine Johann sollte durch eine entsprechende Ausbildung wie jeder andere Erzherzog in das Kaiserhaus integriert werden. Der Kaiser hatte jedoch offenbar mit scharfem Blick das schwer zähmbare, ungebärdige Naturell des Knaben erkannt. Er ernannte Alexander Freiherrn von Piers, der Johann bereits kannte, zum Kammervorsteher des Erzherzogs. Piers, 1830 in der Bukowina geboren, war Absolvent der Wiener Neustädter Militärakademie. Er war ein tapferer, tüchtiger Offizier, der sich aufgrund seiner umfassenden Bildung und seiner charakterlichen Veranlagung als Erzieher bestens eignete. Die im Wiener Kriegsarchiv aufbewahrten Qualifikationslisten attestieren ihm ein heiteres, offenes Gemüt, eine schnelle und richtige Auffassungsgabe, Ambition, Ausdauer, Besonnen- und Entschlossenheit. Piers muß aber auch, und das mag der primäre Grund für die kaiserliche Wahl gewesen sein, große pädagogische Fähigkeiten besessen haben. „Weiß seine Ideen mündlich und schriftlich klar zu entwickeln und sein Wissen Anderen leicht und in faßlicher Weise mitzutheilen", heißt es 1863 in seiner Beschreibung. Er brachte also alle Voraussetzungen mit, die seine neue, schwierige Aufgabe erforderte.

Für Johann begann nun gewissermaßen der Ernst des Lebens. In den nächsten sechs Jahren wurde er am Kaiserhof für die Offizierslaufbahn ausgebildet, vollzog sich sein Reifungsprozeß zur eigenständigen, voll entwickelten Persönlichkeit. Bereits im Alter von dreizehn Jahren, am 16. August 1865, erhielt Erzherzog Johann Salvator einen Posten in der kaiserlichen Armee. Er wurde zum Leutnant beim Feldjägerbataillon Nr. 9 ernannt. Diese Ernennung war natürlich nur eine Formsache. Sie zog keine Veränderung seiner Lebensumstände nach sich. Der kleine Erzherzog blieb weiter am Wiener Hof. Er erhielt in den verschiedenen Fächern weiter Privatunterricht, verbrachte dann und wann ein paar (Fest-)Tage im Kreis der kaiserlichen Familie, fuhr mit dem um sechs Jahre jüngeren Kronprinzen zu Paraden und Manövern und unternahm mit seinem Kammervorsteher zahlreiche Reisen. 1865 war er in Ungarn, Galizien und Böhmen, 1866 in der Schweiz. 1867 stattete er unter dem Pseudonym eines Baron Johann von Hohenfels der Pariser Weltausstellung einen Besuch ab und hielt sich anschließend in Belgien und Holland auf. 1868 bereiste er Deutschland und Skandinavien, 1869 Italien und Südfrankreich. 1872 besuchte er Ägypten, die Türkei und Griechenland. Die zahlreichen Eindrücke, die er auf diesen Reisen empfing, hat Johann in Tagebüchern festgehalten, in denen sich sein waches historisches Interesse und sein Sinn für die Schönheiten der Kunst und der Natur trefflich reflektieren[12].

Der Kaiser brachte ihm offenkundig Wohlwollen entgegen, förderte seine Interessen und Neigungen. „Am Weihnachtsabend bin ich bei den Majestäten eingeladen gewesen", schrieb Johann am 13. Jänner 1866 seiner Mutter, „die sich mir gegenüber mit vielen Geschenken sehr wohlwollend zeigten. Ich habe einen Malkasten bekommen, zwei Pistolen, die gesammelten Werke von Shakespeare, Schiller, Lessing, Uhland und eine Kollektion alter deutscher Heldenlieder ..."

Schon diese kurze Aufzählung zeigt die (ungewöhnliche) Breite der Interessen dieses nicht mit normalen Maßstäben zu messenden Erzherzogs. Johann Salvator malte (eine größere Anzahl von Bleistiftzeichnungen, Aquarellen und Ölskizzen, die im Wiener Heeresgeschichtlichen Museum aufbewahrt sind, lassen seine Begabung ahnen) und komponierte Lieder, er interessierte sich für die Naturwissenschaften und alles technisch Neue, wie z. B. das Photographieren. Vor allem aber hatte er eine Vorliebe für Literatur und Kunst, was für ein Mitglied der Hofgesellschaft eher ungewöhnlich war. Es war gewiß auch ungewöhnlich, daß der junge Erzherzog eine Tragödie mit dem Titel: „Irene, Kaiserin von Konstantinopel" schrieb, ein Werk, das nicht erhalten ist.

Die Jagd, die große Leidenschaft der Hocharistokratie, fand der Schöngeist hingegen reizlos. Auch Tanzveranstaltungen, Bälle und Diners bereiteten ihm kein Vergnügen. „Der Fasching ist vorüber", schrieb er am 29. Februar 1868 der Mama, „und man hat mich Gott sei Dank nicht genötigt, meine Tanzkunst zu zeigen." Für militärische Fragen und für die Zeitereignisse bewies er schon in jungen Jahren ein waches Interesse. Den Besuch des preußischen Königs Wilhelm I. in Wien im Sommer 1864 schildert er der geliebten Mutter ausführlich in allen Details, und er wird nicht müde, alle Waffengattungen aufzuzählen, die an der zu Ehren des hohen Gastes veranstalteten Parade teilnahmen (Brief vom 23. August).

1866, ein Schicksalsjahr der habsburgischen Monarchie im 19. Jahrhundert, erlebte der vierzehnjährige Erzherzog bewußt mit, wenn ihm auch die Tragweite der militärischen und politischen Entscheidung nicht voll zum Bewußtsein gekommen sein mag. Er sorgte sich in diesem Zusammenhang natürlich zunächst um die eigene Familie. „Es ist wahrscheinlich", prophezeit er Maria Antonia, „daß Sie, mein Vater und Ludwig gezwungen sein werden, Böhmen zu verlassen, da der Krieg den Aufenthalt in jener Gegend unmöglich machen wird" (Brief vom 1. Mai).

Drei Jahre später bemängelte der Siebzehnjährige anläßlich eines achttägigen Ausfluges nach Böhmen und Mähren die Festungsanlagen in Olmütz, kritisierte die militärischen Anordnungen in der Schlacht bei Königgrätz und stellte in selbstherrlichem jugendlichem Übereifer seine eigenen strategischen Überlegungen dazu an. Seine aufmüpfige Besserwisserei gipfelt in der Behauptung, Königgrätz wäre zu einem zweiten Waterloo geworden, hätte die militärische Führung so gehandelt, wie er es sich im nachhinein vorstellte[13]. 1870, im nächsten europäischen Entscheidungsjahr, wollte Johann „seine Pflicht als Soldat erfüllen, soweit dies in seinen Kräften stand". Er wollte sich seiner Mutter würdig erweisen, die so viel für ihn getan habe (7. August 1870). Das Gelöbnis klingt ein wenig merkwürdig, denn die Monarchie griff in den Deutsch-Französischen Krieg nicht ein.

Zentraler Bezugspunkt der Erziehung des Erzherzogs war nach dem Willen der Mutter und wohl auch des Kaisers die Religion. Trotz gründlicher religiöser Unterweisung scheint Johann den Wünschen der geliebten Mama jedoch nicht vollkommen entsprochen zu haben. Maria Antonia muß ihn mehr als einmal in den Briefen dieser Zeit, die wir nicht besitzen, zu größerer Gläubigkeit ermahnt haben. Anders wäre es nicht zu erklären, daß er immer wieder beteuert, seinen religiösen Pflichten nachgekommen zu sein. „Was die Hoffnung betrifft, daß ich ein aufrechter Katholik sein werde", schrieb der Sechzehnjährige am 12. April 1868, „so können Sie beruhigt sein. Ich habe in diesen Tagen meine Pflichten als Christ erfüllt." Mehr als eine Woche später nahm er engagiert in einem sechs Seiten langen Schreiben, das seiner geistigen Reife ein sehr gutes Zeugnis ausstellt, zu Anschuldigungen gegen seinen Lehrer Baron Piers Stellung. Piers hatte einen Brief mit der Mitteilung erhalten, daß man gegen ihn intrigiere. Einige nicht näher bezeichnete Personen, so der Anonymus, hätten Johanns Eltern eingeflüstert, daß ihr Sohn ohne Religion (senza religione) erzogen werde. Darüber empört, hätten diese versucht, den Erzieher von seinem Posten zu entfernen. Als der Erzherzog durch Zufall davon erfuhr, trat er vehement für die Beibehaltung seines geliebten Lehrers ein. „Baron Piers", schrieb er der Mutter, „hat sich schon vier Jahre durch beispiellose Loyalität, durch unermüdlichen Eifer und seltene Haltung ausgezeichnet." Er habe sich große Verdienste erworben, es sei nicht richtig, daß dieser ehrenwerte Mann die religiösen Empfindungen seines Schützlings vernachlässigt habe. Das seien doch alles nur Tratschereien. Es würde ihm großen Schmerz bereiten, sich von einem Menschen trennen zu müssen, den er so liebgewonnen habe und der ihm so lieb sei. Die Mutter möge ihm klipp und klar antworten, ob sie mit Piers unzufrieden sei. Und der sechzehnjährige Erzherzog versäumte es auch nicht, an die drohende Abberufung seines Lehrers Betrachtungen von all-

gemein pädagogischer Natur zu knüpfen. „Sie sollten darüber
nachdenken, wie schädlich im allgemeinen wie im speziellen
Veränderungen in der Erziehung sind", dozierte er förmlich.
„Das ist ein systematischer Aufbau, der durch jede Neuerung
umgeworfen wird . . . In der Erziehung muß man auch das Herz
und nicht nur den Geist des Schülers beeinflussen, und das alles
ist nicht möglich, wenn man die Lehrer wechselt", setzte er be-
redt fort. „Glauben Sie nicht an das, was Sie in bezug auf meine
Religion sagen hören", bat er dann die Mutter, um ein paar
Zeilen weiter reumütig einzubekennen: „Wenn mir manches-
mal im Scherz Aussprüche entschlüpfen, die diese Vorwürfe zu
rechtfertigen scheinen, so kennen Sie mich doch." Und altklug
fügte er hinzu: „In meinem Alter sagt man mehr, als man
denkt."

So völlig aus der Luft gegriffen, waren also die Besorgnisse
der Mutter anscheinend doch nicht. Johann war ein Feuergeist,
der sich kein Blatt vor den Mund nahm, der gegen altherge-
brachtes höfisches Zeremoniell und religiöse Konvention re-
bellierte. Der Kaiser hatte schon recht: Es war keine leichte
Aufgabe, ihn zu einem nützlichen Staatsbürger zu machen.
Heute wissen wir, daß sich der Erzherzog in das höfische Establishment überhaupt nicht integrieren ließ. Er setzte allen diesbezüglichen Bemühungen energischen Widerstand entgegen.
Und als er mit seinen Standesgenossen überhaupt nicht mehr zu
Rande kam, sagte er sich los, schied er aus dem Kaiserhaus aus.
Aber bis dahin war es noch ein langer Weg.

Im Kampf gegen die Eltern um den Kopf seines geliebten
Erziehers, „des Ehrenmannes Piers", blieb der junge, resolute
Erzherzog Sieger. Piers behielt seinen Posten. Er wurde erst
1872 nach einer schweren Krankheit abgelöst.

Piers blieb auch nach seinem Ausscheiden aus dem Dienst
des Erzherzogs mit seinem Schützling in Kontakt. Er unterhielt
mit Johann Salvator bis zu seinem Tod im Jahre 1889 einen regen Briefverkehr, in dem er sich als Mann von politischem
Weitblick und vielseitigen künstlerischen wie literarischen Interessen erweist[14].

Die Ausbildung Johann Salvators am Wiener Kaiserhof
nahm ihren Fortgang. 1869 wurde der erzherzoglichen Kam-
mer ein dreißigjähriger Artillerieoffizier als „Lehrer im Mili-
tär- und Geschäftsstil" und in der Heeresorganisation zugeteilt,

dem der Erzherzog bis an sein Lebensende in treuer, freundschaftlicher Anhänglichkeit verbunden blieb: Ferdinand Ritter Kellner von Treuenkron. Wir dürfen mit einiger Berechtigung annehmen, daß der kenntnisreiche, tüchtige Offizier das Herz seines Schützlings für die Artillerie gewonnen hat[15].

Zu Beginn des Jahres 1870 traf den ungestümen Erzherzog, der sich am Kaiserhof mehr und mehr in der Rolle des Außenseiters gefiel, ein schwerer Schlag: Am 29. Jänner verstarb sein Vater bei einem seiner jährlichen Aufenthalte in Rom. Obwohl das Verhältnis Johanns zum Papa keineswegs so eng war wie zur Mutter, war der Erzherzog untröstlich. „Ich habe mich von diesem Schlag noch nicht erholt", schrieb er ihr am 4. Februar, „und weine und bete mit Ihnen für unseren lieben Vater, der so bald unserer Liebe und der Liebe der Familie entzogen worden ist. Bieten wir dem Himmel unser ganzes Leid an und trösten wir uns im Gedanken, daß wir den Willen Gottes respektieren müssen", fuhr er schicksalsergeben fort. Die Verwandten in Wien drückten dem zum Manne herangereiften Erzherzog ihre aufrichtige Anteilnahme aus. Der Kaiser ordnete bei der Nachricht vom Tode Leopolds Hoftrauer an und stattete dem Erzherzog einen Kondolenzbesuch ab. Das Ersuchen Johanns, dem Begräbnis beiwohnen zu dürfen, wies er zurück. Johann im zitierten Brief dazu: „Er hat sicher seine gerechten Gründe gehabt, aber Sie können mir glauben, daß es mich sehr geschmerzt hat, dem Begräbnis meines geliebten Vaters nicht beiwohnen zu können."

Die gerechten Gründe Franz Josephs waren politischer Natur. Der Kaiser wollte das gespannte Verhältnis der Monarchie zum Königreich Italien nicht weiter belasten. In der Tat wurden dem verstorbenen Großherzog Ehrenbezeugungen, wie sie damals sonst bei Souveränen üblich waren, nicht gestattet.

Über Ersuchen Ferdinands IV., des ältesten Bruders Johanns und Chefs der toskanischen Linie, erlaubte es der Kaiser Anfang März 1870 dem Erzherzog dann doch, nach Rom zu fahren. „Sie können sich nicht vorstellen, wie glücklich ich bin, daß es mir Seine Majestät ermöglicht hat, einem Herzensbedürfnis nachzukommen", schrieb Johann der in der Ewigen Stadt weilenden Mutter (Brief vom 4. März 1870).

Da Johann beim Tod seines Vaters noch nicht volljährig war, mußte für ihn ein Vormund bestellt werden. Die Wahl fiel auf Erzherzog Albrecht. „Der vorzügliche Albrecht, der nach dem Willen meines seligen Vaters mein Vormund ist", berichtet Johann an die Mutter, „hat mir aus Paris einen Brief geschrieben, der überaus herzlich war und in dem er mir verspricht, mir in Zukunft ein liebevoller Vater zu sein, soweit ihm das möglich ist." Die konditionelle Einschränkung ist vieldeutig. Wußte auch Albrecht, wie schwer die Aufgabe sein würde, die er da übernahm? Das Verhältnis zwischen Vormund und Mündel gestaltete sich jedenfalls sehr bald alles andere als liebevoll.

Zum bevollmächtigten Vertreter in allen juristischen und finanziellen Angelegenheiten bestellte das k. k. Obersthofmarschallamt als Vormundschaftsbehörde den Hof- und Gerichtsadvokaten Dr. Franz Ritter von Haberler, der die sich auf 346.700 Gulden belaufende Erbschaft seines Klienten aus dem väterlichen Nachlaß in Wertpapieren, vor allem in Eisenbahnaktien, anlegte[16].

Nach dem Tod des Vaters widmete sich Johann Salvator mit zäher Konsequenz, großem Kunstverständnis und bemerkenswerter Geschäftstüchtigkeit dem Kauf, der Adaptierung und Einrichtung von Schloß Ort bei Gmunden am Traunsee, das nicht nur Witwensitz für die Mutter, sondern auch Vereinigungspunkt für die Familie, „wenigstens für kurze Zeiten" sein sollte. Er ließ sich hiebei von zahlreichen Künstlern, unter anderen von Theophil Hansen, dem Erbauer des Wiener Parlamentsgebäudes, beraten. Die künstlerische Innenausgestaltung der Räume übertrug er den Malern Christian Griepenkerl, einem Schüler Karl Rahls, und Jakob Emil Schindler. Es ist erstaunlich, mit welcher Gründlichkeit und welchem Sinn für das Detail sich der Erzherzog dieser Aufgabe unterzog. Schloß Ort ist in der Korrespondenz mit der Mutter ein stets aufs neue behandeltes, immer wiederkehrendes Thema.

Johann Salvator kaufte das Landschloß Ort im Jahre 1876, zwei Jahre später erwarb er das Seeschloß um den Kaufpreis von 24.000 Gulden mit allen darauf liegenden Patronatsverpflichtungen[17]. Während die Bauform des Seeschlosses unangetastet blieb, wurde das Aussehen des Landschlosses dadurch verändert, daß die ehemals pyramidenförmigen Turmabschlüsse ihre jetzige Form erhielten. Die sogenannte Taverne, das nachmalige „Stöckl", wurde abgerissen und neu aufgebaut,

*Oben: Das Landschloß
Ort heute*

*Unten: Das Seeschloß
Ort im heutigen Zustand*

*Die wiederhergestellte Wappenwand im Innenhof
des Landschlosses Ort*

die linksseitige Gebäudewand im Landschloßhof mit Wappen geschmückt. Die Umbauarbeiten dauerten bis zum Jahre 1881, wie wir aus einem Brief des Erzherzogs an seine Schwester Marie Luise erfahren. „Das Schloß nähert sich, wenigstens äußerlich, seiner Vollendung", schrieb er ihr (Brief vom 7. März 1881). Und auch der Umbau der Villa der Mutter, der sogenannten Villa Toskana, wurde um dieselbe Zeit beendet[18]. Im Inneren des Landschlosses ließ der Erzherzog unter anderem originale Renaissance-Decken und alte Türen einbauen, die Räume wurden neu eingerichtet und mit kostbarsten Kunstgegenständen ausgestattet, die Johann Salvator aus allen Teilen der Welt zusammentrug.

Nach der Todeserklärung Johann Orths im Jahre 1911 wurde die gesamte bewegliche Habe des ehemaligen Erzherzogs in einem Berliner Auktionshaus (leider) versteigert, ein

(Groß-)Teil der schönen Plafondvertäfelungen, einige Keramiköfen und ein paar alte Türen sind erhalten geblieben. Die beiden Schlösser sind heute nach wechselvollen Schicksalen im öffentlichen Besitz. Die Villa Toskana, die nach dem Ersten Weltkrieg von Margarete Stonborough-Wittgenstein angekauft wurde und durch deren Bekanntschaft mit Josef Hoffmann und seinem künstlerischen Freundeskreis neue Bedeutung erlangte, ist vor einigen Jahren vom Land Oberösterreich erworben worden.

Zu Beginn des Jahres 1872 legte Johann Salvator eine für Stabsoffiziers-Aspiranten der Feldartillerie vorgeschriebene Prüfung zur außertourlichen Beförderung außerhalb des militärischen Dienstreglements mit Auszeichnung ab. In der Qualifikationsliste wird ihm nicht nur großes Interesse für Architektur, Malerei, Bildhauerei und Musik, für Zeichnen, Photographieren und Drechseln attestiert, er wird darin auch als ausgezeichneter Reiter, Schwimmer und Turner bezeichnet[19].

Der Kaiser beförderte den zwanzigjährigen Erzherzog, der sich entgegen allen Gepflogenheiten nicht für den Dienst in der Kavallerie, sondern für die Artillerie entschieden hatte, am 28. April 1872 zum Major. Johann Salvator war zu einem stämmigen Offizier von kleiner, untersetzter Gestalt herangewachsen. Ein Porträt der Zeit zeigt ihn als einen nicht unhübschen, bärtigen jungen Mann mit hoher Stirn, wachen Augen und einem etwas vorspringenden Kinn, das auf Entschlußkraft und kraftvolle Männlichkeit hindeutet, Eigenschaften, die er bald zu beweisen Gelegenheit haben sollte.

Am 22. Februar, zwei Monate vor seiner Beförderung, unternahm der Erzherzog die bereits erwähnte Reise in die östlichen Mittelmeerländer (Ägypten, Türkei, Griechenland), von der er Ende April 1872 mit starken Eindrücken nach Wien zurückkehrte. Das Reiseprogramm hatte im Detail folgendes Aussehen:

22. Februar 1872 – Abreise nach Triest
23.–28. Februar – Fahrt nach Alexandrien
29. Februar–6. März – Aufenthalt in Ägypten
7.–13. März – Fahrt nach Konstantinopel
13.–19. März – Aufenthalt in Konstantinopel
20.–21. März – Fahrt nach Piräus
22.–28. März – Aufenthalt in Griechenland

Erzherzog Johann Salvator als Oberleutnant

29.–31. März – Fahrt nach Messina
1.–10. April – Aufenthalt in Sizilien
11. April – Fahrt von Palermo nach Neapel
12.–21. April – Aufenthalt in Neapel
22.–25. April – Fahrt nach Rom–Venedig
26.–28. April – Aufenthalt in Venedig
29.–30. April – Fahrt nach Wien[20].

Der Erzherzog, der unter dem Decknamen eines Grafen Johann von Traunwart reiste, lernte auf dieser Fahrt eine neue Welt kennen, die ihn faszinierte, die Welt des Orients und des Südens mit ihrer lebenssprudelnden Farbigkeit, ihren Verlokkungen und unerfüllbaren Verheißungen. Die Reise hatte für ihn jedoch auch ein unerquickliches Nachspiel. Johann war in Rom von König Viktor Emanuel II. in Audienz empfangen worden. Die italienische Presse berichtete darüber, zum Teil verwundert, zum Teil hämisch, in großer Aufmachung. Das Salzburger Kirchenblatt vom 2. Mai 1872 höhnte: „Der Telegraph hat uns Kunde gebracht von dem unbegreiflichen Besuch, den ein Prinz von Toscana, Sohn eines von Viktor Emanuel depossedierten Souveräns, im Quirinal abzustatten kein Bedenken trug. Diese Hoheit, die ihr zwanzigstes Jahr noch nicht erreicht hat, brachte zuerst als Erzherzog Johann von Toscana dem hl. Vater ihre Huldigung dar. Kaum hatte sie aber das erhabenste Opfer jener Verbrechen verlassen, denen das Haus Toscana seine Entthronung verdankt, begab sie sich in die Vorzimmer des Savoyarden. Und hier wurde nach den Berichten der Blätter der Name Toscana beiseite gelassen: Erzherzog Johann Nepomuk von Habsburg-Lothringen war es, der diesen Act . . . vollführte."

Es blieb nicht beim Presseskandal. Vor allem war es der Kaiser, der dem politisch unerfahrenen Erzherzog diesen unüberlegten Schritt übelnahm. Franz Joseph hatte es nicht gern, wenn ein Mitglied des Kaiserhauses etwas unternahm, wozu es nicht ausdrücklich autorisiert war. Er betrachtete jede Eigenwilligkeit als Provokation, als Verstoß gegen seine kaiserliche Autorität. Schon gegen Ende des Jahres 1871 hatte er für den aufmüpfigen Johann das galizische Lemberg als Garnison bestimmt, was dieser der Mutter gegenüber mit der Bemerkung quittiert hatte: „Es ist ein bißchen weit weg; 24 Stunden von Wien, und da es keinen unmittelbaren Anschluß gibt, 36 Stunden von Gmunden." Da er sich erst um ein geeignetes Quartier umsehen mußte, hatte Johann den Kaiser bis Ende Juli um Aufschub des Dienstantrittes ersucht. Franz Joseph hatte dem Ersuchen stattgegeben. Nun aber war das Maß voll. Der Herr Major mußte noch Mitte Juni in die von Wien weit entfernte Garnisonsstadt abreisen. Ein neuer Abschnitt in seinem abwechslungsreichen Leben hatte begonnen.

2. Militärische Systemkritik: Johann Salvator und die k. u. k. Armee

Lemberg, die Hauptstadt des österreichischen Kronlandes Galizien und Lodomerien, war ein administrativer und militärischer Außenposten der Monarchie. Eine gute Tagesreise von der kaiserlichen Metropole entfernt, galt die Garnisonierung in dieser keineswegs attraktiven Stadt in Offizierskreisen als eine Art Verbannung. Auch Johann Salvator hat das so empfunden. Zwar war der neue Dienstort, die erste Station in seiner abwechslungsreichen militärischen Karriere, weniger häßlich als er angenommen hatte, aber wohl fühlte er sich in der galizischen Hauptstadt nicht. Die brütende Sommerhitze machte ihn buchstäblich krank, das Trinkwasser war beinahe ungenießbar. Was ihn aber besonders störte, waren der furchtbare Garnisonstratsch und die Besuche der Adeligen, Offiziere und Beamten, die sich nach der Sonntagsmesse „verpflichtet fühlten", ihm auf die Nerven zu gehen". Auch die langdauernden Mittagessen beim Garnisonskommandanten, dem Grafen Neipperg, und die nachfolgenden Spaziergänge waren keineswegs nach seinem Geschmack. Es blieb ihm unter diesen Umständen gar nichts anderes übrig, als sich auf den Dienstbetrieb zu werfen. Die Tretmühle des Alltags war freilich aufreibend genug. Von fünf Uhr morgens bis acht Uhr abends reichten die verschiedenen Tätigkeiten einander die Hand: Zielschießen, Manöverübungen, Gewehrexerzieren, Schützengrabenbau und andere militärische Verrichtungen standen auf der Tagesordnung. Dazu kamen schriftliche Berichte, die Abfassung von Manöverkritiken, Dispositionen und Studien verschiedener Art. Am Abend fiel der Erzherzog, über dessen Diensteifer kein Zweifel besteht, dann todmüde ins Bett.

Im Dezember 1872 wurde Johann Salvator für großjährig erklärt und aus der Vormundschaft entlassen. Erzherzog Albrecht nahm dies zum Anlaß, um seinem Mündel nicht nur zur erreichten Majorennität zu gratulieren, sondern ihm in einem 16 Seiten langen Brief auch „väterliche Ratschläge" auf den Lebensweg mitzugeben. „Mein lieber Neffe!" schrieb er dem Zwanzigjährigen, „Du hast richtiges Urtheil, selbst scharfen Verstand, hast etwas Tüchtiges gelernt, Fleiß, festen Willen; Deine Vorgesetzten sind mit Dir zufrieden. So weit wäre Alles gut; nun zu den Schattenstrichen in Deinem Bilde. In Deinem Charakter liegt ein *scheinbarer* Widerspruch: bei einer gewissen Verschlossenheit und Selbstbeherrschung thust Du manchmal Äusserungen, die Dir schon vielfach geschadet, auf die ich Dich mehrmals aufmerksam machte. Sie wurden Dir umsomehr verübelt, da sie bei Deiner sonstigen Vorsicht und Beherrschung nicht als unbesoñenes Geschwätz . . ., sondern als Deine innerste Überzeugung, die Dir nur unwillkührlich ausgerutscht, ausgelegt wurden. Ich sagte mit gutem Grunde: nur *scheinbar,* weil es eben keinen Menschen, besonders Deines Alters gibt, der sich so vollkoñen zu beherrschen wüßte, daß nicht für den aufmerksamen Beobachter hie u. da seine eigensten *Gedanken* zum Vorscheine koñen . . . Ich bitte Dich daher in Deinem Interesse: Nimm Dich in Acht, daß solche Gedanken – sie mögen nun Religion, das Gefühl von Recht und Unrecht in der Politik oder das Verhältniß zu Deinen nächsten Blutsverwandten betreffen – in Deiner Seele aufkommen, sie beflecken; Ziele nicht mit ihnen, unterdrücke sie sogleich! Dann ist auch jede Gefahr entschwunden, sie zu äussern u. dann mehr oder minder falsch beurteilt zu werden."

Des weiteren riet er ihm, nie nur die kalte Vernunft walten zu lassen, sondern bei allen Entscheidungen Herz zu haben, die Politik zu meiden, auf Gott zu vertrauen und sich für vielfache Verwendungen und Aufgaben bereitzuhalten. Albrecht wäre nicht Albrecht gewesen, hätte er dem jugendlichen Heißsporn nicht auch empfohlen, seine Triebe zu zügeln und als Erzherzog standesgemäß zu leben. „Bleibe daher iñer Grand Seigneur dans toute la force", mahnte er, „amiabel mit Damen, höflich u. würdevoll mit Jedermann, ritterlich, Soldat durch u. durch, voll edler Aufwallung gegen alles Schlechte und Gemeine; imponierend u. elegant in der äusseren Erscheinung zu Fuß wie zu Pferd."

Mit dem Rate, nur ganz würdigen Personen seine Freundschaft zu leihen, für empfangenes Gutes dankbar zu sein und mit seinen Brüdern ein gutes Einvernehmen zu pflegen, schloß Albrecht sein Schreiben[1] (Brief vom 21. November 1872).

Überblickt man das ereignisreiche Leben Johann Salvators, so kann man nicht umhin, rückblickend festzustellen, daß die Ratschläge seines „liebenden Onkels und Freundes Albrecht" nicht viel gefruchtet haben, in den Wind gesprochen waren.

Als Großjähriger erhielt Johann eine jährliche Apanage von 47.250 Gulden, die in Monatsraten zu 3.937,50 fl. ausbezahlt wurde[2], und mit Baron Ferdinand Mennshengen einen neuen Kammervorsteher. Mennshengen, 1834 als Sohn eines Hofrates in Wien geboren, besaß gute Italienischkenntnisse. Er wurde von seinen militärischen Vorgesetzten als korrekt, gesellig, gebildet und taktvoll qualifiziert, Eigenschaften, die seiner Stellung durchaus angemessen waren[3]. Der Erzherzog beurteilte ihn, zumindest anfänglich, anders. „Der neue Herr, den mir Seine Majestät zugewiesen hat, Baron Menshengen", schrieb er an Maria Antonia am 12. Dezember 1872, „ist gestern angekommen. Er scheint mir ein körperlich völlig fertiger und geistig sehr schwerfälliger Mensch zu sein. Außerdem ist er verheiratet und hat eine große Familie." Drei Jahre später beurteilte er die geistigen Fähigkeiten seines Kammervorstehers um kein Jota besser. „Wir studieren mit Menßhengen in Windeseile die Werke des preußischen Generalstabes über den Krieg 1870/71", schrieb er, „eine Sache, die nicht leicht ist, da Menßhengen an Gedächtnislücken leidet, was des öfteren Wiederholungen und Erklärungen verlangt" (Krakau, 22. August 1875). An Selbstbewußtsein und einem pointierten, nicht selten überscharfen Urteil hat es dem jungen Erzherzog, wie man sieht, nicht gefehlt. Anläßlich seines Eintrittes in die Großjährigkeit hatte Giovanni der leidgeprüften Mama versprochen, der Familie Ehre zu machen, seine Pflichten zu erfüllen und sich öffentlich wie privat gut aufzuführen. Es waren gutgemeinte, aber ob seiner charakterlichen Veranlagung unerfüllbare Beteuerungen. Zum Wohlgefallen und Wohlverhalten war Johann Salvator nicht geboren. Die Mama wußte es, aber sie konnte es nicht ändern, weder durch Drohungen noch durch gutes Zureden. Die militärischen Vorgesetzten des Erzherzogs bis hinauf zum Kaiser versuchten, mit den Disziplinlosigkeiten des temperamentvollen Toskaners durch Strafen fertigzuwerden. Es nützte nichts oder nicht viel. Allen Maßnahmen, die man gegen das ungewöhnliche und ungebührliche Verhalten Johann Salvators ergriff, war nur ein kurzer, temporärer Erfolg beschieden. In der Sache blieb alles beim alten. Im September 1873 ließ sich der Major im Lemberger Artillerieregiment zu einem so schweren Vergehen hinreißen, daß er zu einer Arreststrafe von acht Tagen verurteilt wurde. Wessen er sich im Detail schuldig machte, läßt sich bestenfalls vermuten. Der Verstoß wird im Strafregister (unbestimmt) so begründet: „Wegen subordinationswidrigen, auf das Offizierskorps und die Disziplin des Regiments nachteilig einwirkenden, durch nichts zu rechtfertigenden Auftretens gegen seinen Obersten Johann Hussarek und erschwert durch böswillige, die Ehre dieses Stabsoffiziers abträgliche Angaben acht Tage Hausarrest." Johanns Disziplinlosigkeit fand auch in der Dienstbeschreibung durch Erzherzog Wilhelm ihren Niederschlag. „Ein wissenschaftlich gebildeter und sehr brauchbarer Stabsoffizier", heißt es darin, „der sich aber hinsichtlich seines dienstlichen Benehmens noch weiter zu erproben hätte[4]." Es war sicherlich nicht alltäglich, daß ein Mitglied des Kaiserhauses zu einer Arreststrafe verurteilt wurde, und dementsprechend war auch die Reaktion des Kaisers. Franz Joseph transferierte den Missetäter kurzerhand nach Temesvar.

Giovanni war unglücklich. „Temesvar ist eine kleine und häßliche Stadt", schrieb er der Frau Mama, „das Land ist eben, sumpfig und eintönig." Dazu kam, daß sich das Regiment, dem er zugeteilt wurde, in einem erschreckend schlechten Zustand befand. Die Offiziere kümmerten sich nicht um ihre Dienstobliegenheiten, der Mannschaft mangelte es an Disziplin. Die Kaserne sah wie eine Spelunke aus. Vergeblich versuchte der Regimentskommandant, der Mißstände Herr zu werden. Der Erzherzog, der trotz seiner persönlichen Widersätzlichkeit ein Mann der Ordnung war, unterstützte ihn dabei nach Kräften. Langsam begann sich der Erfolg einzustellen, und alles schien sich zum Besseren zu wenden. Aber dann kam es doch wieder ganz anders. Johann überwarf sich mit dem Kommandanten, von dem er sich in aller Öffentlichkeit brüskiert fühlte. In heller Empörung fuhr er nach Wien, um sich beim Kaiser und dem Generalinspektor des Heeres, Erzherzog Albrecht, darüber zu beschweren. Er fand williges Gehör, nicht mehr und nicht weniger. Nach Temesvar zurückgekehrt, nahm Johann wieder seinen Dienst auf, wurde nach den Manövern im September vom Kaiser belobt und im November zum Oberstleutnant befördert. Die Gewitterwolken hatten sich verzogen, aber schon zeichnete sich am Horizont eine neue Kraftprobe, diesmal mit dem höchsten militärischen Establishment ab, das weite Kreise zog und zu einer schweren Vertrauenskrise mit Franz Joseph und Feldmarschall Albrecht, dem Moralapostel und unerbittlichen Prinzipienreiter des Kaiserhauses, führte.

Die militärische Niederlage bei Königgrätz 1866 gegen das besser geführte und ausgerüstete preußische Heer hatte nicht nur den Gesamtstaat, sondern auch die k. u. k. Armee in eine schwere Krise gestürzt. Zwar hatte sich die österreichische Artillerie großartig geschlagen, und es hatte zahlreiche Beispiele von großem persönlichen Mut und hervorragender Einsatzbereitschaft gegeben. Aber die Mängel im Ausbildungswesen, in der Heeresorganisation und in der Armeeführung waren in eklatanter Weise zutage getreten. Eine Militärreform, eine Reorganisation des Heeres, war dringend vonnöten. Sie wurde auch in Angriff genommen, aber sie kam aus vielerlei Gründen nur langsam voran. Zehn Jahre nach Königgrätz wurde auf sinnlosen Drill und bürokratischen Formelkram noch immer viel zu viel Wert gelegt, waren Moral und Besoldung der Offiziere, vor allem in den unteren Rängen, noch immer bedenklich niedrig, ließ die Versorgung der Artillerie mit modernen Waffen und Geräten sehr zu wünschen übrig.

Erzherzog Johann sah es mit Besorgnis. Die Schlappe gegen Preußen hatte schon den Vierzehnjährigen mit Bitterkeit erfüllt. Er war enttäuscht darüber, daß man daraus nur zögernd und mit bürokratischer Umständlichkeit die Konsequenzen zog. Die Verantwortung für die schleppende Heeresreform maß er dem militärischen Oberkommando zu. Der junge Oberstleutnant hielt mit seiner Meinung, seinem offenen Naturell entsprechend, nicht hinter dem Berg. Er gab ihr zuweilen ungestüm Ausdruck. Solange er über die Unzulänglichkeiten, die er mit eigenen Augen sah, nur redete, ließ man ihn höheren Ortes überhaupt gewähren oder wies ihn kurz zurecht. Als er aber damit begann, seine Kritik zu publizieren und sie damit

Erzherzog Johann Salvator als Oberstleutnant, 1874

einer breiteren Öffentlichkeit vorzulegen, ging man gegen den unbequemen Mahner geschlossen und ohne Rücksicht auf seine Stellung vor.

Wie aus einem Schreiben an die Mutter hervorgeht (12. August 1874), veröffentlichte Johann zunächst einen Artikel in einer Militärzeitschrift, den er jedoch nicht namentlich zeichnete. Er enthielt so freimütige Bemerkungen, daß er Maria Antonia bat, über die Autorenschaft Stillschweigen zu bewahren. Es scheint Johann auch tatsächlich gelungen zu sein, unentdeckt zu bleiben. Dadurch ermutigt, tat er den nächsten Schritt. Zu Beginn des Jahres 1875 veröffentlichte er, wiederum anonym, im Verlag L. W. Seidel, Wien, eine 136 Seiten starke Schrift mit dem Titel: „Betrachtung über die Organisation der österreichischen Artillerie", in der er an den bestehenden Verhältnissen scharfe Kritik übte. Auf eine knappe Formel gebracht, bemängelte der Erzherzog:

- den unorganischen Aufbau und die vertrackte Gliederung des Artilleriewesens (Technische Artillerie, Festungs- und Feldartillerie),
- die geist- und gedankenlose Ausbildung der Mannschaft,
- die schlechte Bezahlung und die geringen Beförderungschancen der Offiziere.

Im einzelnen sprach Johann vom Zopf der alten Schule, von Willkür nach unten und Servilismus nach oben, vom Mangel an jedweder Selbständigkeit, von peinlicher Bevormundung. „Die Commandanten haben nicht den Muth der Verantwortung", formulierte er wörtlich, „da sie es nicht gewöhnt sind, selbständig zu handeln. Der Mangel an Selbständigkeit erzeugt angenehme Untergebene, aber keine Männer."

Johanns Ansichten und Formulierungen, die hier nur auszugsweise wiedergegeben sind, nahmen eine moderne Militär- und Reformpädagogik um Jahrzehnte vorweg. Sie sind von erstaunlicher gedanklicher Progessivität und haben nach mehr als hundert Jahren von ihrer Aktualität kaum etwas eingebüßt. Es ist verständlich, daß sie zu seiner Zeit auf beinahe allgemeine Ablehnung gestoßen sind. Unvorsichtigerweise forderte der Erzherzog über die angeführte Kritik hinaus auch noch die Beseitigung der Artilleristen alter Schule. „Keine Maßregel könnte der österreichischen Artillerie mehr frommen", schrieb er, „als einige blaue Bögen!" Und ätzend fügte er hinzu: „Der Schaden, welcher dem Staate durch Bestreitung der Pensionen erwächst, steht in keinem Vergleiche zu dem unermeßlichen Schaden, welche ihm die betreffenden Persönlichkeiten in der Activität zufügen." Welchen Sturm der Entrüstung diese Zeilen bei den Betroffenen hervorriefen, kann man sich mit ein wenig Phantasie lebhaft ausmalen.

Erzherzog Johann wagte sich in seiner Streitschrift völlig überflüssigerweise auch an ein außenpolitisches Thema heran. „Trotz aller Freundschafts-Versicherungen müssen wir uns dessen vollkommen klar sein", äußerte er forsch, „daß die expansiven Bestrebungen des benachbarten preußisch-deutschen Reiches die Integrität der Monarchie gefährden." Von dieser politischen Maxime ausgehend, forderte er den Ausbau der Befestigungslinie in Böhmen und trat, um einem preußischen Angriff leichter begegnen zu können, für ein Bündnis mit Rußland ein. Mit diesen (undiplomatischen) Feststellungen überschritt Johann bei weitem seine Kompetenzen. Es war nicht Sache eines Erzherzogs, sich in die Außenpolitik der Monarchie einzumengen.

Wenn Johann gehofft hatte, seine Autorenschaft würde unentdeckt bleiben, so hatte er sich getäuscht. Kurz nach der Veröffentlichung der Broschüre, die beträchtliches Aufsehen erregte, wurde der Erzherzog von den Gazetten als deren Verfasser bezeichnet. Da Johann keine Schritte unternahm, um diese Annahme zu widerlegen, wurde Erzherzog Wilhelm (der jüngere Bruder Erzherzog Albrechts) vom Kaiser beauftragt, ihn direkt darauf anzusprechen. Dies geschah durch ein Schreiben vom 25. Jänner 1875. Johanns Antwort kam prompt. „Ich erlaube mir die in Deinem Schreiben vom 25. ldM. an mich gestellte Anfrage dahin zu beantworten, daß ich mich als Verfaßer der fragliche Broschüre bekenne", gestand der Erzherzog drei Tage später in einem Brief aus Temesvar. Und nachdem er beteuert hatte, daß er sich keines lügenhaften Dementis habe bedienen wollen, setzte Johann erklärend fort: „Theils das verzeihliche Streben Etwas zu schaffen, theils Gemüthsstimmungen, wie sie die untergeordnete Dienstleistung häufig mit sich bringt, geben zu Handlungen Anlaß deren Tragweite erst später erkannt wird." Die angeführten Beweggründe sind bemerkenswert: Tatendrang, Ehrgeiz, Geltungsbedürfnis, Unzufriedenheit mit der ihm übertragenen Aufgabe. Es sind die charakterlichen (Kraft-)Quellen, aus denen viele seiner Handlungen zeitlebens gespeist wurden. Über die Folgen seines Tuns war sich Johann völlig im klaren: „Ich weiß sehr gut", fuhr er fort, „was mir über den Inhalt der ‚Betrachtungen' sowie über deren Veröffentlichung gesagt werden kann und muß; ich bin mir der Folgen bewußt, welche dieser Schritt nach sich ziehen wird."

Die Reaktion erfolgte unverzüglich. Bereits am 5. Februar fand unter „Allerhöchstem Vorsitz" eine Besprechung über die Affäre statt, an der neben den Erzherzogen Albrecht und Wilhelm der Reichskriegsminister, Alexander Freiherr von Koller, und der Feldzeugmeister, Baron Friedrich Beck-Rzikowski, teilnahmen. Es wurde beschlossen, Erzherzog Johann zur Infanterie zu transferieren und ihm „einen Allerhöchsten mündlichen, strengen Verweis zu erteilen". Die Versetzung Johanns zu einer anderen Truppe erfolgte noch am selben Tag. „Mein Herr Vetter Erzherzog Johann Salvator, Oberstlieutenant des Feld Artillerie Regiments Leopold Prinz von Baiern Nr. 13, ist in gleicher Charge zum Infanterie Regimente Erzherzog Wilhelm Nr. 12 zu übersetzen", heißt es lapidar im Schreiben des Kaisers an seinen Reichskriegsminister[5].

Die Kopfwäsche, die der Kaiser dem impulsiven Erzherzog verabreichte, nimmt sich in einem Schreiben Johanns vom 7. März 1875 an die Mutter so aus: „In Wien fand ich die hohen Persönlichkeiten in einem Zustand großer Aufregung. Der Kaiser, Albrecht und Wilhelm haben mir eine Moralpauke gehalten. Der langen Rede kurzer Sinn war, daß ich, was die Tatsachen betrifft, recht habe, doch hätte ich aus politischen und disziplinären Gründen das Pamphlet nicht schreiben sollen. Der Kaiser war besonders erbost. Nach dieser Strafpredigt verließ ich innerhalb von 24 Stunden Wien und kam nach Krakau . . . Nun bin ich zur Strafe kein Artillerist mehr, weil mich gewisse Leute in dieser Waffengattung nicht haben wollen, die ich schon zu gut kenne. Ich habe wenigstens die Befriedigung, die Wahrheit gesagt zu haben."

Franz Joseph war in der Tat schwer verstimmt. Wahrscheinlich, um ähnlichen Vorkommnissen vorzubeugen, sandte er an die Mitglieder der kaiserlichen Familie folgendes Handschreiben:

„Eine Broschüre, betitelt: ‚Betrachtungen über die österreichische Artillerie', welche in jüngerer Zeit der Öffentlichkeit übergeben wurde und als deren Verfasser sich der Erzherzog Johann Salvator einbekannte, behandelt dienstliche und Personalverhältnisse der Waffe, welcher er selbst angehört, in einer mit den Begriffen über Disziplin und Subordination unvereinbarlichen und eben diese unantastbaren Grundfesten des Militärstandes arg schädigenden Weise.

Ich habe Mich veranlaßt gesehen, diesen Erzherzog aus der Artilleriewaffe, der er in ebenso unkameradschaftlicher als herabwürdigender Weise nahegetreten, zum Infanterie-Regiment Wilhelm Nr. 12 zu transferieren und mündlich mit einem ernsten Verweis zu bestrafen.

Euer Liebden setze ich von dem Vorfall in Kenntnis.

Wien, am 17ten Februar 1875   Franz Joseph[6]."

Die Broschüre des Erzherzogs gab Anlaß zu verschiedenen Gegendarstellungen, unter denen die Arbeit „Bemerkungen zu den Betrachtungen über die österreichische Artillerie" die größte Aufmerksamkeit erregte. Als Autor wurde der Major des 53. Infanterie-Regimentes, Menrad Laaba von Rosenfeld, ausgeforscht.

Laaba wurde vor ein Kriegsgericht gestellt und ohne Pension aus dem Heer entlassen, obgleich er auf eine mehr als dreißigjährige Dienstzeit zurückblicken konnte. Er hatte ein Mitglied des Kaiserhauses und damit indirekt die Dynastie attackiert. Obwohl der Urteilsspruch, wie Baron Beck, der Flügeladjutant des Kaisers, Seiner Majestät mitteilte, vom legalen Standpunkt aus anzweifelbar war, war er aus militärischer Sicht korrekt. Die Härte des Urteils fiel freilich, verglichen mit der milden Bestrafung des Erzherzogs, doppelt ins Gewicht und machte in Armeekreisen böses Blut. Auch Johann Salvator war darüber entrüstet. „Diesem Mann, der schließlich nur die Armee gegen meine jugendlichen Angriffe zu schützen versucht hat, ist ein vielzu hartes, um nicht zu sagen ungerechtes Geschick widerfahren", meinte er Jahre später in einem Schreiben vom 26. Juni 1884 an den mit ihm befreundeten Präsidenten des Schriftstellerverbandes, Joseph Ritter von Weilen. Er schlug Weilen, der die deutsche Ausgabe des Kronprinzenwerkes „Die Österreichisch-Ungarische Monarchie in Wort und Bild" betreute, vor, Laaba dem Kronprinzen für die Mitarbeit zu empfehlen. Laaba sei eine vorzügliche literarische Kraft und für die Ausarbeitung des Abschnittes über die im Schlußband der Ausgabe behandelte gemeinsame Armee ungewöhnlich verwendbar, urteilte der Erzherzog[7].

Johann Salvator, dem Gerechtigkeit und gerechte Behandlung vor dem Gesetz ein echtes Anliegen waren, setzte sich auch beim Kaiser für seinen Gegner ein. Er erreichte schließlich nach zähem Kampf, daß Laaba am 21. Mai 1886 seinen militärischen Rang zurückerhielt und von Franz Joseph im Gnadenweg die volle Pension erhielt. Später nahm ihn der Erzherzog in seinen persönlichen Dienst. Davon wird noch die Rede sein.

In Krakau, der alten Krönungs- und Begräbnisstadt der polnischen Könige, fühlte sich Johann Salvator anscheinend wohler als in Lemberg. Er wurde von den Offizieren der Garnison und den Beamten „mit großer Aufmerksamkeit" empfangen und fand im Palast des Grafen Moszinski, der inmitten eines schönen Gartens stand, ein standesgemäßes Quartier. Der Erzherzog nahm sich vor, durch treue Diensterfüllung die Aufregung, die es um seine Person gegeben hatte, vergessen zu machen. „Ich hoffe", schrieb er am 23. März 1875 der Mutter, „daß ich in der neuen Waffengattung mit demselben Fleiß dienen werde wie in der Artillerie und daß es mir gelingen wird, die durch mich hervorgerufene höchste Entrüstung des Kaisers zu beruhigen." Es waren Vorsätze, die nicht ernst gemeint sein konnten, denn schon kurze Zeit nach seiner Ankunft in Krakau veröffentlichte er eine Artikelserie, in der er die geplante Befestigung der Stadt mit scharfen Worten als sinnlos und unnotwendig hinstellte. Hinter dieser Feststellung stand unausgesprochen die politische These Johanns, daß von Rußland militärisch nichts zu befürchten sei. Im Zusammenhang damit ritt der Erzherzog eine scharfe Attacke gegen den allseits geachteten Reichskriegsminister Franz Kuhn Freiherrn von Kuhnenfeld, dem er vorwarf, die Interessen der Monarchie gegenüber Gyula Andrassy, dem k. u. k. Minister des Äußeren, der eine deutsch-österreichische Annäherung zustandegebracht hatte, nicht energisch genug wahrzunehmen. Kuhn, der sich auch durch astronomische, geographische und militärwissenschaftliche Arbeiten einen Namen gemacht hatte, schlug zurück. Es sei bedauerlich, bemerkte er sarkastisch, daß es Menschen gäbe, die sich ohne das nötige Talent und das notwendige reife Urteil mit Dingen befaßten, von denen sie nichts verstünden. Wieder einmal hatte Johann unnötigerweise den Kaiser und die höchsten Militärbehörden herausgefordert, die in Gestalt des Erzherzogs Albrecht auch sofort darauf reagierten.

Ansicht der Festung Krakau im 19. Jahrhundert

„Liebster Johann! Ich bin von Seiner Majestät beauftragt, Dich darauf aufmerksam zu machen", schrieb ihm der gestrenge Oheim, „daß hier in gut unterrichteten Kreisen die Nachricht sich verbreitet, daß Du mit der Redaktion der ‚Militärischen Zeitung' in Verbindung getreten bist, ja sogar für dieselbe schreibest . . . Obwohl Seine Majestät die Wahrheit dieser Angaben gerne bezweifelt, u. nicht daran glauben will, so sind die Quellen doch zu gut, als daß der Kaiser das Ganze als vollkom̃en aus der Luft gegriffen betrachten kann. In diesem Fall mögest Du den mir gewordenen Auftrag als eine *letzte Warnung* betrachten, u. durch ein völliges Abbrechen jeder Verbindung mit der Journalistik auf den, für einen Erzherzog einzig richtigen Weg zurückkehren. Seine Majestät würden es sehr bedauern", schloß Albrecht sein Schreiben bedeutungsvoll, „wenn Du ein erneuertes Einschreiten gegen Dich unvermeidlich machen würdest[8]" (Brief aus Wien, 30. Mai 1875). Es war ein Schuß vor den Bug, den Johann gewiß nicht sehr ernst nahm.

In seiner Dienstbeschreibung wirkte sich der Vorfall nicht

aus. „Entspricht in hohem Maße den mannigfachen Anforderungen seiner gegenwärtigen Dienststellung in der Infanterie", heißt es da für das Jahr 1875 unter anderem, und der Regimentskommandant gab sich alle Mühe, die militärischen Fähigkeiten und charakterlichen Vorzüge des Erzherzogs auf engstem Raum ausführlich darzustellen.

Der Mutter gegenüber, der der jüngste Konflikt ihres streitbaren Sohnes offenbar zu Ohren gekommen war, bestritt Johann, etwas publiziert zu haben.

„Das Gerücht, daß ich wieder etwas geschrieben hätte, und zwar drei Artikel militärisch-politischer Natur, ist eine Erfindung", teilte er ihr seelenruhig mit. Und besänftigend fügte er hinzu: „Liebe Mama, seien Sie beruhigt, ich werde jede Gelegenheit vermeiden, Ihnen zu mißfallen und versuchen, die verlorene Gnade des Kaisers wiederzugewinnen" (10. Juni 1875). Maria Antonia las offenbar keine deutschen Zeitungen.

Im selben Schreiben ließ Johann die Mutter wissen, daß er ein schönes Haus in Wien gekauft habe. Er habe dafür die Aktien verwendet, die er von der in Konkurs gegangenen „Wiener Baugesellschaft" zum Nominalwert zurückgenommen habe.

Erzherzog Johann Salvator hatte neben vielen anderen Talenten einen ausgeprägten Geschäftssinn. Schon in Temesvar hatte er um den Betrag von 160.000 Gulden Grund und Boden im Banat gekauft, von dessen Bewirtschaftung er sich einen Nettoertrag von jährlich 24.000 Gulden erhoffte. Im Banat, dessen Fruchtbarkeit er mit Kalifornien verglich, wollte er nach dem Verkauf der toskanischen Güter weitere Geldmittel investieren. Ob er diesen Plan verwirklicht hat, ist nicht bekannt.

Im September 1875 unternahm der Erzherzog eine Reise nach Frankreich, wo er die Schlachtfelder des Deutsch-Französischen Krieges studierte, um dann wieder nach Krakau zurückzukehren. Da ihm das osteuropäische winterliche Klima nicht guttat, suchte er im Jänner 1876 wegen eines chronischen Rachenkatarrhs um einen dreimonatigen Urlaub an, den er in Italien zu verbringen gedachte. Er wurde ihm gewährt. Bereits am 5. Februar pries er der Mama gegenüber die wohltuende Wirkung der gesunden und milden Luft des Südens auf seine Gesundheit.

In seinen Aufzeichnungen schildert er die Reise folgendermaßen: „Nach kurzem incognito-Aufenthalt in Wien über Ve-

Das Schlachtfeld von Custozza. Eigenhändige Skizze Johanns

nedig, Florenz, Rom nach Neapel. Rückkehr nach Florenz, dahin hatte ich Milli kommen lassen – es ist nicht gut allein zu sein."

Die Heilkraft des südländischen Klimas hatte Johann offenbar überschätzt. In Florenz mußte er infolge einer Erkältung mit heftigem Fieber und Halsschmerzen ins Bett. Nach seiner Genesung reiste er über Pisa nach Genua und von dort nach Mailand, wo er einer Aufführung der Oper „Aida" beiwohnte. Johann weiter: „Am 4. März von Mailand nach Verona. In einem minderen Gasthause an der Etsch. Offiziere speisten. Am 5. sehr früh Verona–Sommacampagna zur Besichtigung des Schlachtfeldes von Custozza. Noch war es dunkel, die Gegend öde."

„Nach dem Essen auf die Bahn nach Verona, Soupér am Bahnhofe, Weiterfahrt über Ala zum Brenner, Innsbruck – Frühstück – Rosenheim nach Salzburg. Es war der 6. – In Salzburg Milli vorsichtshalber am Bahnhof geblieben. Ich zum Hotel Ehz. KARL speisen gegangen, zurückgekehrt. Abends 7 h nach Lambach gefahren."

Von Lambach fuhr der Erzherzog nach Gmunden weiter, wo er bis 13. März blieb. Er meldete sich dann gesund, reiste nach Wien und wurde vom Kaiser in Audienz empfangen. Da er schon seit einigen Jahren immer wieder an Angina laborierte, wollte er sich in der Kaiserresidenz einer Mandeloperation unterziehen[9]. Prof. Theodor Billroth, den er aus diesem Grund konsultierte, riet jedoch davon ab. „Zunächst deshalb", schrieb Giovanni der Mutter (18. März 1876), „weil nicht nur die Mandeln, sondern alle umgebenden Drüsen irritiert sind, und zweitens, weil in meinem Alter das weggeschnittene Gewebe bald wieder nachwachsen würde." Billroth schlug eine Kur am Meer vor, der sich Johann jedoch aus Zeitmangel nicht unterziehen konnte, da er damit rechnete, von einem Tag zum anderen vom Kaiser mit dem Kommando des Feldartillerie-Regimentes Nr. 3 in Komorn betraut zu werden.

Seine Versetzung erfolgte mit Datum vom 24. März im Militärverordnungsblatt. In Komorn, einer „seit 1848 roten, republikanischen Stadt, die nach und nach konservativer wurde", wie Johann der Mutter mitteilte, begann der Erzherzog ein neues Buch zu schreiben, das nach seiner Fertigstellung wiederum bei L. W. Seidel erschien. Der Autor zeichnete diesmal mit Namen und Rang. Das zweibändige Werk mit dem Titel: „Geschichte des kais. königl. Infanterie-Regimentes Erzherzog Wilhelm Nr. 12", Wien 1877−1880, umfaßt 1500 Seiten. Das Material hiefür hat Johann mit großem Fleiß und rarer Gewissenhaftigkeit in verhältnismäßig kurzer Zeit zusammengetragen. Das Buch ist damals wie heute in seiner Quintessenz lediglich für den Militärfachmann interessant. Es reflektiert jedoch wie alle seine Schriften die Offenheit und Vorurteilslosigkeit seines Denkens. So bewertet Johann die Ereignisse des Revolutionsjahres 1848 keineswegs vom dynastischen Standpunkt aus. Er bringt ganz im Gegenteil den Aktionen des (revolutonären) Volkes Wohlwollen und Sympathie entgegen. „Man darf nicht vergessen", schreibt er, „daß die Österreicher, welche seit einer langen Reihe von Jahren in politischer Unmündigkeit erhalten worden waren, im Verlaufe der Märzwoche unmöglich jene Reife erlangen konnten, welche den Mißbrauch der Freiheit, die Maßlosigkeit der Wünsche ausschließt." Mit einem scharfen Blick für historische Entwicklungen und ohne jede Spur von Bitterkeit kommentiert er auch die Umwälzungen, die 1859 zur Vertreibung der italienischen Fürsten aus ihren Staaten führten und von der schließlich auch seine eigene Familie betroffen war. „Da es die italienischen Fürsten verabsäumten, ihre legitimen Rechte mit den Wünschen der Nation zu versöhnen", meint er einsichtsvoll, „so konnte sich diese die Verwirklichung ihrer Aspirationen nur von einem Umsturz der bestehenden Ordnung versprechen. Dieser volksthümlichen Bewegung hatte sich Sardinien unter Victor Emanuel umso thätiger angeschlossen, als ihm hiebei nicht nur die Führerschaft, sondern auch die Herrschaft über Italien winkte, welche ihm die übrigen, den Forderungen der Zeit fremd gebliebenen Regierungen selbst in die Hand spielten."

Diesmal erhielt er von höchster Stelle Zustimmung und Lob. Der Kronprinz schrieb ihm: . . . „Das Vorwort entzückte mich durch die darin so schön ausgedrückten echt militärischen und patriotischen Gefühle, außerdem bewunderte ich Deinen Styl. Es ist gar nicht der, den man sonst in unseren Militärschriften findet, sondern jener eines großen Geschichtswerkes" (Brief 31. 7. 1877). Selbst Erzherzog Albrecht zollte dem Werk Anerkennung: „Ich mache Dir mein Compliment über den Fleiß und die Gründlichkeit, mit welcher Du die Geschichte dieses braven Regiments behandelt hast, über die schöne Schreibweise, wie über die Liebe mit welcher Du dieses so wertvolle Dokument bearbeitest", meinte er wohlwollend[10] (Brief vom 25. 7. 1877).

In die Zeit seiner Garnisonierung in Komorn fällt höchstwahrscheinlich auch der Entschluß des Erzherzogs, eine Selbstbiographie zu schreiben. Der Plan blieb unverwirklicht. Von dem umfangreichen Material, das sich im Nachlaß Johanns dazu befindet, ist eine autobiographische Skizze am aufschlußreichsten, in der der damals Vierundzwanzigjährige, mit schonungsloser Schärfe und Offenheit gegen sich selbst, seine Persönlichkeit, seine Anlagen und Ansichten analysiert. Die Schrift kommt einer Selbstentlarvung gleich und gewährt einen tiefen Einblick in die Gedanken- und Gefühlswelt des unkonventionellen Erzherzogs. Es ist daher wichtig und notwendig, sich näher damit zu befassen.

„Ich war befähigt manche Entbehrungen und Strapazen zu ertragen, war niemals krank, selten unwohl, ein ausdauernder Fußgänger und fester Reiter", urteilt Johann zunächst über seine körperliche Leistungsfähigkeit, „und ich konnte mich überhaupt über meinen Körper nicht beklagen mit der Ausnahme daß mich die Natur, was Schönheit angeht ziemlich stiefmütterlich behandelt hat."

„Mit einem warmen, starken Gefühl begabt", fährt er kritisch fort, „hatte ich von Natur aus eine gewissermaßen weibliche Gemüthsschwäche. Weil ich mich derselben schämte, suchte ich sie vor anderen und mir zu verbergen, indem ich Gemüthslosigkeit erkünstelte, dem Gefühle jeden Wert absprach . . . Ich gewöhnte mich rasch daran über Jedermann abzuurtheilen. Das erzeugte in mir eine gewisse *Bösartigkeit* . . . Zu dieser trug wesentlich die *Eitelkeit* bei, die mich beherrschte . . . Eitelkeit war die einzige Triebfeder meiner Handlungen."

Als dritten Grundfehler seines Charakters bezeichnet er den *Unbestand,* der ihn zwang, immer wieder Neues zu tun, Abwechslung zu haben. „Ich hatte keine Piätet und keine Liebe für meine Verwandten; ich war geizig; ich war leicht für blendende Utopien zu begeistern, verfiel in wechselnde Launen. Mein Charakter war also ein ganz trauriger", folgerte er beinhart, um dann, sich selbst tröstend, fortzufahren: „Die Natur hatte mich dafür mit bedeutenden intellektuellen Anlagen entschädigt. Eine ganz ungewöhnlich rasche Auffassungsgabe zeichnete mich aus."

Im weiteren Verlauf seiner Selbstdarstellung berichtet der Erzherzog, daß Naturphilosophie, Geschichte und Politik seine Lieblingsgegenstände gewesen seien und daß er sich von seiner Kindheit an zur Poesie und zur bildenden Kunst hingezogen fühlte. „Mit 7 Jahren zeichnete ich Figuren", schreibt er, „mit 12 schrieb ich ein Schauspiel Iphigenia in französischen Alexandrinern, beschäftigte mich mit dramatischen und lyrischen Versuchen sowie mit der Malerei und Architektur, konstruierte Hinterladergewehre und Lafetten. Ich konnte gediegene Urteile fällen und hatte einen treffenden satyrischen Witz."

„Zur militärischen Laufbahn fühlte ich mich nicht sonderlich hingezogen", stellt er dann überraschend fest, um gleich darauf zu bezeugen: „Das Bekenntnis meiner religiösen ästhetischen, etischen und politischen Ansichten lautet: *Materialist, Klassiker, Utilist, Republikaner.*" Für einen Erzherzog des österreichischen Kaiserhauses ist dieser Satz, auch wenn er nicht öffentlich geäußert wurde, beinahe eine Offenbarung. „Meine politischen Ansichten gingen dahin", konstatiert Johann klipp und klar, „daß die *Republik* die vollendetste Staatsform wäre, indem inderselben, jeder Bürger gleiche Pflichten gleiche Rechte habe, unter dem Schutz der Freiheit Handel und Gewerbefleiß blühen und jede männliche Tugend geübt und gelohnt wird."

Der Absolutismus sei in seinen Augen eine Ungerechtigkeit, führt der Erzherzog dann weiter aus, der Konstitutionalismus gleiche einem Amphibium, das nirgendwo ein kräftiges Leben führe. Nach einem Exkurs über die Rolle der Aristokratie in einem demokratischen Staat kommt dann Johann auch auf Österreich zu sprechen. „Was speziell *Oesterreich* anlangt", meint er, „begrüßte ich mit Freuden alle jene reformatorischen *Neuerungen* welche 1868 vor sich gingen als ein Riß durch's schwarze Banner des Absolutismus und des Klerikalismus als erstem Schritt auf einer freiheitlichen Bahn. Ich konnte mich aber nicht des schmerzlichen Gedankens entäußern daß die Geschichte Oesterreichs die sich vor unseren Augen entrollte einer großen Tragödie gleiche. *Nationaler Staat* ist die Losung aller politischen Bewegungen unseres Jahrhunderts."

Der Erzherzog bricht dann eine Lanze für die nationale Idee und stellt mitleidlos fest: „Blicken wir aber auf Oesterreich und welches Schauspiel biethet sich dar. Austria felix nube! Dieser Wahn bringt Oesterreich den Untergang. Durch Erheiratung von Ländern ist ein Konglomerat von Völkern gebildet worden, die, dem deutschen, slavischen, romanischen, magyarischen Stamm gehörend, unnatürlich aneinander gekittet wurden und nur so lange verbunden bleiben konnten als sie sich noch im Kindesalter befanden. Endlich aber sind sie zum Mann gereift und in ihnen ist das nationale Bewußtsein erwacht."

Österreich müsse trachten, die auseinanderstrebenden Glieder durch das Band der Freiheit zu vereinigen, führt der Erzherzog weiter aus, aber alle Einrichtungen, die in einem anderen nationalen Staat segensreich seien, wirkten sich in Österreich negativ aus. Und dann zieht Johann ein vernichtendes Resümee. „Ich sagte deshalb der Absolutismus in Oesterreich gleiche einem tödlichen Uebel im Kopfe; will man den Kranken heilen so muß man den Kopf amputiren, und der Kranke stirbt schneller als mit dem Uebel. Ich drückte oft aus daß ich dieses Bewußtsein äußerst lähmend fand für einen Staat zu wirken und zu kämpfen der keine Zukunft keine Lebensfähigkeit hat, für einen Leichnahm."

In seinen weiteren, zum Teil langatmigen Ausführungen beschäftigt sich der Erzherzog mit Fragen der Religion, der Ethik und Ästhetik. Er bekennt sich als Gegner aller theistischen Religionen und leugnet die Existenz eines absolut Guten und Wahren. Die Schrift schließt mit einer Betrachtung der einzelnen Kunstgattungen, die in dem Satz gipfelt: „Die Kunst ist der einzige Weg eines wahren Fortschrittes und macht den Theil aus, den der Mensch ins Jenseits mitführen würde, gäbe es ein Jenseits[11]."

Kehren wir nach dieser aufschlußreichen Selbstbeschreibung des Erzherzogs, die sich fast als Demaskierung darstellt, wieder zum Biographischen zurück.

In Komorn, wo er diese Gedanken wahrscheinlich zu Papier brachte und wo er am 24. April 1876 zum Obersten befördert wurde, fühlte sich Johann verhältnismäßig wohl. Er machte von der kleinen ungarischen Garnisonsstadt aus immer wieder Abstecher nach Wien und Gmunden. Mit seiner Gesundheit stand es freilich weiterhin nicht gerade zum besten. An der Wende des Jahres 1877/78 wurde der Erzherzog von einer Bartflechte befallen, die ihm sehr zu schaffen machte. „Ich fürchte, Sie werden erschrecken, wenn Sie mich wiedersehen", schrieb er der Mutter am 15. Jänner 1878 aus Gmunden. „Sie erinnern sich sicherlich an die kleinen Punkte, wo die Kopfhaare ausgefallen waren", berichtete er ihr, „diese Punkte sind jetzt große Flecken geworden, wo mir gewiß keine Haare mehr wachsen werden." Nachdem Giovanni mehrere Ärzte konsultiert hatte, übernahm schließlich der berühmte Dermatologe Ferdinand Ritter von Hebra die Behandlung der Krankheit. Sie war langwierig und schmerzhaft. „Stellen Sie sich vor", schilderte der Erzherzog der Mutter seine Pein, „wenn man sich fast eine Stunde lang jeden Tag ein Haar nach dem anderen ausreißen lassen muß. Ich leide fürchterlich und mein Kopf sieht dem Hintern einer gewissen Affengattung ähnlich, nackt, rot und leuchtend."

Um sich in der Öffentlichkeit zeigen zu können, mußte er sich den Kopf kahlscheren lassen und für die Dauer der Krankheit eine Perücke tragen. „Es ist eine sehr traurige Angelegenheit", schloß er resigniert seinen Bericht.

Im Jahre 1877 brach zwischen Rußland und der Türkei Krieg aus. Es war der dritte Waffengang zwischen den beiden Staaten im Verlaufe des 19. Jahrhunderts. Von der Ideologie des Panslawismus angetrieben, griff das Zarenreich nach der territorialen Konkursmasse der Türkei auf dem Balkan. Da jeder russische Vorstoß auf der Balkanhalbinsel die politischen und wirtschaftlichen Interessen der Donaumonarchie berührte, hatten Zar Alexander II. und Kaiser Franz Joseph einen Geheimvertrag geschlossen, in dem Österreich-Ungarn für seine wohlwollende Neutralität in einem russisch-türkischen Konflikt das Recht erhielt, Bosnien und die Herzegowina zu besetzen, während sich Rußland mit der Angliederung Bessarabiens begnügen und einer weiteren Verselbständigung der Balkanstaaten das Wort reden wollte.

Franz Joseph, dem man nicht gerade überragende diplomatische Geschicklichkeit nachsagen kann, war mit dem Erreichten zufrieden. Ohne am Krieg teilnehmen zu müssen — am Sieg Rußlands war nicht zu zweifeln —, hatte er sich 50.000 Quadratkilometer Bodens mit etwas mehr als einer Million Einwohnern gesichert. Bosnien und die Herzegowina waren für die Monarchie vor allem als Hinterland des dalmatinischen Küstenstreifens von strategischer Wichtigkeit.

Die russischen Truppen erzielten große Anfangserfolge. Im Juni überschritten sie die Donau, im Juli wurde der Schipka-Paß genommen, im Jänner 1878 standen sie vor Konstantinopel. Erzherzog Johann Salvator fürchtete eine Ausweitung des Konfliktes. „Hoffen wir, daß wenn schon das Hirn nicht reicht, die Angst einen Krieg mit Rußland verhindern wird", hatte er bereits am 12. Juli 1877 der Mutter geschrieben. Jetzt, Anfang 1878, sinnierte er: „Wie schön wäre es, mit Ihnen den Sommer in Gmunden verbringen zu können anstatt einer abenteuerlichen, wenn nicht gar hinterhältigen Politik ausgesetzt zu sein . . ."

Im März mußte sich der Sultan in San Stefano den Friedensbedingungen des Zaren beugen: Rumänien, Serbien und Montenegro wurden souveräne Staaten. Das bis zur Ägäis vergrößerte Staatsgebiet Bulgariens sollte der Türkei tributpflichtig, aber mehrere Jahre von russischen Truppen besetzt bleiben. In der Praxis wäre durch diese Regelung die Stellung des Zarenreiches auf dem Balkan enorm gestärkt worden. Dagegen

Sitzung des Berliner Kongresses, 1878

stemmten sich Großbritannien und Österreich-Ungarn. Ihr gemeinsamer Einspruch führte im Juni 1878 zur Einberufung des Berliner Kongresses unter dem Vorsitz Bismarcks. Ergebnis: Bulgarien wurde auf das Gebiet zwischen Donau und Balkan beschränkt und so als potentieller russischer Satellitenstaat auf ein ungefährliches Ausmaß reduziert. Österreich-Ungarn erhielt das Recht, Bosnien und die Herzegowina auf unbestimmte Zeit zu besetzen und zu verwalten. Die Souveränität des Sultans über dieses Territorium bestand grundsätzlich weiter, wurde aber nicht ausgeübt. Es war ein Pyrrhussieg der österreichischen Diplomatie, denn Bosnien und die Herzegowina mußten von der k. u. k. Armee gegen den Widerstand von fast einhunderttausend einheimischen Freischärlern, die von regulären türkischen Truppen unterstützt wurden, erst erobert werden. Der militärische Feldzug war nicht nur kostspielig, er kostete auch viele Menschenleben.

Die Kampagne begann am 29. Juli 1878 und dauerte bis Ende Oktober. Erzherzog Johann Salvator, der vom Kaiser am 20. Juli 1878 zum Kommandanten der 2. Gebirgsbrigade der 7. Infanterie-Truppendivision ernannt worden war, war von Beginn an mit dabei. Er legte an sich selbst ungewöhnliche Maßstäbe an. Nach einer lang geübten Tradition genossen die Mitglieder des Kaiserhauses auch auf dem Kriegschauplatz Privilegien. Sie umgaben sich mit einer zahlreichen Dienerschaft und erfreuten sich gewisser Annehmlichkeiten. Der toskanische Prinz verzichtete zum Erstaunen und zum Leidwesen der ihm untergeordneten Offiziere auf jedwede Sonderstellung. Er führte nur ein Pferd, einen Reitknecht und die allernotwendigste persönliche Habe mit sich, teilte mit der Truppe die Verpflegung. So großartig sich das, vom heutigen Standpunkt aus gesehen, auch ausnimmt, dieses Verhalten trug dem Erzherzog nicht nur Bewunderung ein. Es verstieß gegen das (militärische) Kastendenken der Zeit.

Vor Beginn der militärischen Operationen verfaßte Johann Salvator ein Testament, das folgenden Inhalt hatte:

Testament

Mein Vermögen besteht aus:

1. dem Land- und Seeschloß Orth bei Gmunden in Oberösterreich nebst zugehörigen Gründen und darin befindlichen Antiquitäten;
2. dem Hause Nr. 13 in Wien I., Neuthorgasse;
3. dem Hause Nr. 147 in Temesvar-Vorstadt, Fabrik;
4. Wertpapieren;
5. Einlagebüchern;
6. der ausständigen letzten Rate samt Interessen aus der Liquidierung meines Anteils an den toskanischen Gütern laut ‚Übereinkommen' mit meinen Brüdern, den Erzherzögen Ferdinand und Karl Salvator;
7. Pferden, Wagen, Reitzeug, Geschirr, allen zum Haushalte gehörigen Gegenständen als wie Möbel, Service, Wäsche usw., endlich Bücher, Zeitungen und Schriften.

Über obiges Vermögen verfüge ich in nachstehender Weise, und zwar: die beiden Schlösser Orth . . . vermache ich meiner Mutter, der Großherzogin Marie Antoinette von Toskana, unter der Bedingung, daß das Seeschloß jederzeit in seinem gegenwärtigen Charakter erhalten und nur soweit instand gesetzt wird, als es die Haltbarkeit und Brauchbarkeit des Gebäudes erfordert, das Landschloß aber nach meinen vorhandenen Plänen im Einvernehmen mit dem Architekten Gustav Petschacher im altdeutschen Renaissancestil äußerlich und innerlich ausgebaut und der zugehörige Grundkomplex dem Publikum zugänglich bleibe . . .

2. und 3. Das Haus in Wien und Temesvar ist . . . zu veräußern und der Erlös nach den Bestimmungen für die sub 5 und 6 bezeichneten Werte zu verwenden . . .

5. und 6. Von den sub 5 und 6 bezeichneten Werten ist, außer einem Kapital von 60.000 fl. für den Ausbau des Orther Landschlosses und einem solchen von 40.000 fl., über welches ich in einer separaten Urkunde die bezügliche Verfügung treffe, meinen nichtpensionsberechtigten Dienern als Abfertigung ein Gehalt für eben so viele Monate als selbe in meinen Diensten standen, dann für die Armen Wiens ein einmaliger Betrag von 5.000 fl., für jene von Lemberg, Temsvar, Komorn und Gmunden ein solcher von je 10.000 fl. zu bezahlen. Der Rest in drei Teile zu teilen und zu Stiftungen

a) für Zwecke der Mildtätigkeit,

b) für die Förderung der heimatlichen Kunst und Wissenschaft,

c) für das Wohl und die Entwicklung der k. k. Wehrmacht zu verwenden . . .

7. Pferde, Wägen, Geschirre . . . vermache ich meinem Kammervorsteher Major Ferdinand Baron Mennshengen. Aus meinen Bildern, Statuetten und sonstigen Nippsachen bitte ich meine Mutter und meine Geschwister sich im gegenseitigen Einvernehmen beliebige Gegenstände als Andenken zu wählen. Meine Bücher, Schriften und Zeitungen sind, soferne letztere für den Ausbau des Gmundner Schlosses nicht benötigt werden, ihrem Inhalt, respektive ihrer Beschaffenheit entsprechend, unter meinen ehemaligen Lehrern ebenfalls als Andenken zu verteilen . . .

Zum Testamentvollstrecker bestimme ich den Major Mennshengen, zum Testamentsabhandlungspfleger den Hof- und Gerichtsadvokaten Dr. Friedrich Morawitz.

Meine Leiche anlangend wünsche ich, daß sie ohne die meiner Stellung und Charge gebührenden Trauerfeierlichkeiten in einem einfachen Grabe auf dem Seeschloß Orth bei Gmunden beigesetzt wird.

Kostajnica, am 24. Juli 1878.

Erzherzog Johann m. p.

Generalmajor[12]

Ein Kodizill (Zusatz) zu diesem Schriftstück enthält Bestimmungen, die seiner Lebensgefährtin Ludmilla Stubel zugutekamen. Wir werden darauf noch zurückkommen.

Erzherzog Johann Salvator überschritt am 29. Juli mit seinen Truppen die bosnische Grenze. Noch am selben Tag sandte er an den Kaiser ein Telegramm folgenden Inhalts ab: „Bringe Euer Majestät unterthänigst zur Kenntnis, daß soeben die Österreichische Standarte nach friedlicher Besetzung auf Berbir aufgehißt wurde und die versammelte Generalität und das Offizierkorps auf Euer Majestät ein dreimaliges Hoch ausbringt."

Der Kaiser dankte unverzüglich für die erfreuliche Nachricht und gab der Hoffnung Ausdruck, daß „die schwere Aufgabe auch ferner in friedlicher Weise gelöst werde". Es war eine trügerische Hoffnung, wie sich bald herausstellen sollte. Infolge der schlechten Straßenverhältnisse und des abnormalen Wetters – drückende Hitze bei Tag, Wolkenbrüche bei Nacht –, kamen die Okkupationstruppen nur langsam voran. Erst nach vierzehn Tagen konnte das von Sarajewo ca. 80 km entfernte Travnik eingenommen werden. Dies vor allem auch deshalb, weil die k. u. k. Truppen auf unerwartet heftigen Widerstand stießen. Auch die Brigade des Erzherzogs wurde schon am 5. August bei Rogolje und zwei Tage später bei Jaice in Gefechte verwickelt, bei denen sich Johann Salvator durch Kühnheit, Kaltblütigkeit und einen klaren Blick für die ihm zufallenden Aufgaben auszeichnete. Das neunstündige Gefecht bei Jaice forderte 14 Tote und 150 Verwundete, wie Johann dem Kaiser telegraphisch mitteilte. Was der couragierte Erzherzog dem Monarchen nicht mitteilte, war die völlig unzulängliche Planung des ganzen Unternehmens. Johanns Gebirgsbrigade – und nicht nur sie – war für den Kampf in den Bergen weder ausgebildet noch ausgerüstet; der Nachschub funktionierte schlecht, die Kampfmoral ließ zu wünschen übrig. Diese Mängel wurden durch den Ausbruch seuchenartiger Krankheiten

Das Gefecht bei Jajce, 1878

verschärft. Auch der Erzherzog blieb davon nicht verschont. Am 26. August meldete Feldzeugmeister Joseph Freiherr von Philippovich, unter dessen Oberkommando die Okkupationsarmee stand, der kaiserlichen Militärkanzlei, „daß Johann Salvator seit einigen Tagen an einem Magenkatarrh leide". Es war jedoch ein wenig mehr als eine Magenverstimmung, wie die Ärzte bald konstatierten. Der Erzherzog hatte, wie viele Soldaten, die der Krankheit bereits zum Opfer gefallen waren, die Ruhr. Er wurde mit Zustimmung des Kaisers von Travnik in das Garnisonsspital nach Brod gebracht, was nicht ohne Schwierigkeiten abging, da die Straßen vermint waren und ein Überfall seitens der Freischärler befürchtet werden mußte. Der Konvoi mit dem erkrankten Erzherzog langte am Abend des 30. August jedoch wohlbehalten in Brod ein. Zwei Tage später schrieb Johann Salvator der Mutter, die durch Telegramme über sein Befinden auf dem laufenden gehalten worden war, einen ausführlichen Brief, in dem er auch mit Kritik an dem militärischen Unternehmen nicht sparte. „Infolge der wirklich außerordentlichen Strapazen dieses unglücklichen Feldzuges, des schlechten Wetters in den verschiedenen Lagern, dem über alle Maßen ungesunden und schlechten Essen habe ich schon vor 15 Tagen Magen- und Darmschwierigkeiten bekommen", schilderte er ihr kurz die Ursachen der Krankheit. „Um den 24. des vorigen Monats herum", fuhr er fort, „bekam ich einen so starken Durchfall, der noch dazu von Erbrechen und von Blutungen begleitet war, daß ich mich ins Bett begeben mußte . . . Mit Hilfe von Opiumstropfen und Pulvern ist es gelungen, den Durchfall zu stoppen. Nur der Verfall der Kräfte ist noch zu beklagen, aber Gott sei Dank fühle ich mich schon viel wohler", setzte er beruhigend hinzu. „Und wie ich Ihnen telegraphisch mitgeteilt habe, zweifle ich nicht daran, das Kommando meiner Brigade in ungefähr vierzehn Tagen wieder übernehmen zu können", zeigte er sich hoffnungsfroh.

Über den Feldzug selbst bemerkte er: „Jetzt haben sie in Wien wenigstens teilweise den immensen Blödsinn eingesehen, den sie begangen haben, und schicken mehr Truppen nach Bosnien", und in einem anderen Schreiben meinte er prophetisch: „Ich weiß nicht, was auf uns zukommt. Sicherlich wird Bosnien nicht nur ein schwerer Brocken sein, den man schlecht verdaut, sondern auch eine Quelle weiterer Schwierigkeiten — der Herrgott schütze den Kaiser und die Monarchie."

Seiner Schwester Marie Luise gegenüber faßte er seinen Standpunkt folgendermaßen zusammen: „Ich betrachtete die Occupation vom Anbeginn für eine Gefahr, für ein Unglück und wäre es auch nur deshalb, weil uns dieses Danaer-Geschenk in *Berlin* angehängt wurde. Diese meine instinctiven Besorgnisse haben aber mit dem Augenblicke als ich mit jenem armen, wilden und corrumpirten Lande bekannt wurde eine positive Unterlage bekommen, sind zur unverrückbaren Überzeugung geworden und schon dort sagte ich: Unser Vormarsch auf Sarajevo ist nur die Fortsetzung unseres Rückmarsches von Königgrätz. – Gott helfe weiter; hat er Österreich so viele Dummheiten verziehen, so wird er vielleicht die Folgen auch dieser abwenden" (15. Februar 1879). Nichtsdestoweniger schätzte er sich glücklich, die Campagne mitgemacht zu haben.

Ähnlich kritisch äußerte sich Johann rückblickend in seinem Kriegstagebuch, in dem er seine Erlebnisse bei der Okkupation Bosniens und der Herzegowina mit minutiöser Genauigkeit festhielt. „...Wer so wie wir Bosnien nicht am grünen Tische sondern aus eigenem Augenscheine kennen lernt, wer dieses schon vermöge seiner Formation einer wahren Cultur unzugängliche durch eine Jahrhunderte währende Anarchie zerrüttete Land aus nächster Nähe sieht muß bald erkennen daß wir uns eine fast unlösbare Aufgabe vorgesteckt – eine Aufgabe welche auf Generationen hinaus die finanziellen und militärischen Kräfte der Monarchie absorbieren, daher für andere Zwecke lahmlegen wird[14] ...“

Nach ungefähr vierzehn Tagen war der Erzherzog tatsächlich so weit hergestellt, daß er das Kommando seiner Brigade in Travnik wieder übernehmen konnte. Kurze Zeit nach seiner Rückkehr in das Operationsgebiet eroberte er mit seinen Truppen Livno, „eine schmutzige, triste Stadt“, die jedoch eine gewisse strategische Bedeutung besaß, da sie an der Hauptstraße von Bosnien nach Dalmatien lag. Zum Militärkommandanten des Distriktes ernannt, ließ er die (zerstörten) Befestigungsanlagen wieder instandsetzen, organisierte die Zivil- und Militärverwaltung, entwarf ein Gemeindestatut für die Stadt Livno und stellte die öffentliche Sicherheit wieder her. Bei allen Anordnungen bewies der Sechsundzwanzigjährige Umsicht, Takt und psychologisches Einfühlungsvermögen. Er brachte den Moslems Verständnis entgegen, bewies Ehrfurcht vor der Religion des Islam und war bald eine der populärsten Persönlichkeiten der Herzegowina. Johann Salvator hatte sich bei der Okkupation Bosniens und der Herzegowina so hervorragend bewährt, so tapfer geschlagen, daß Feldzeugmeister Philippovich über Vorschlag des VII. Infanterie Truppendienstkommandos das Ansuchen stellte, ihm den k. k. Militär Maria-Theresien-Orden zu verleihen. In seiner Begründung an das hohe Kapitel des Ordens führte er abschließend aus: „Überdies aber glaube ich noch besonders hervorheben zu müssen, daß Seine kais. Hoheit über Höchsteigene Bitte zum Okkupations-Korps eingetheilt wurde, sich allen Gefahren und harten Mühseligkeiten des Krieges mit bewundernswerter Selbstverleugnung unterzog u. der Armee auch in dieser Beziehung ein unübertroffenes Beispiel von Hingebung und Aufopferung für den Ah. Dienst gewährte.

Ich entspreche daher nur dem dringenden Gebot meiner Pflicht, wenn ich den Antrag stelle: es möge Seiner kais. Hoheit dem *E. H. Johann Salvator* von TOSCANA, für die vielfach erworbenen ganz vorzüglichen Verdienste die Aufname in den Maria-Theresien-Orden zuerkannt werden[15]."

Johann Salvator schlug den Orden aus. „Ich sehe mich außerstande", schrieb er am 25. November 1878, seinem 26. Geburtstag, an das k. u. k. Reichskriegsministerium, „um den Mil. Maria Theresien-Orden einzuschreithen, da ich keine Gelegenheit hatte, mich in irgendeiner Weise hervorzutun, und ich finde es mit meiner Ehre und meinem Gewissen unvereinbar." Er komme der ehrenden Aufforderung nicht aus Bescheidenheit nicht nach, setzte er fort, sondern es bestimme ihn die Überzeugung vom Mangel einer ordenswürdigen Tat sowie das Bewußtsein, daß eine nicht wirklich verdiente Auszeichnung ihn selbst unter seinen alten Kriegskameraden zu einem Gegenstand der peinlichsten Verlegenheit machen würde.

In einem Brief an seine geliebte Schwester, Marie Luise, die den deutschen Fürsten Carl Isenburg geheiratet hatte, nahm er in dieser Angelegenheit folgenden Standpunkt ein: „Wenn ich von dieser ehrenvollen Aufforderung keinen Gebrauch machte so war es wahrhaftig nicht pharisäische Bescheidenheit, die vorher den Effect von Verzicht und Annahme berechnet. Hätte ich das Bewußtsein gehabt diese hohe Auszeichnung mir einigermaßen verdient zu haben, so hätte ich, ich gestehe es, freudig zugegriffen[16]" (Gmunden, 15. Februar 1879).

An seinen Bruder Ludwig Salvator schrieb er: „Empfange meinen innigsten Dank für Deine freundlichen, mir so werthen Wünsche; wenn andere sich über Auszeichnungen nur zu freuen wissen, so stellt sich bei mir jeweilig ein Gefühl der Beschämung ein, da ich so vielen würdigeren Kameraden vorgezogen werde[17]" (Komorn, 2. November 1879).

Waren es wirklich die angeführten Gründe, die den Erzherzog dazu bestimmten, den höchsten Militärorden, die die Österreichisch-Ungarische Monarchie zu vergeben hatte, abzulehnen? Wir dürfen es mit Bestimmtheit annehmen. Johann Salvator weigerte sich, als Angehöriger des Kaiserhauses bevorzugt behandelt zu werden. In ihm lebte der Geist des Josefinismus, dessen größtes Anliegen es war, dem Staate zu dienen und nicht von ihm zu profitieren. Er verkörperte in allem, was er dachte und tat, nicht das offizielle, sondern das rebellische, das *andere* Haus Habsburg. Eine Auszeichnung „in Anerkennung hervorragender tapferer und sonst verdienstlicher Leistungen in der Zeit vom 5. September (sic!) bis zum Abschluß der Operationen in Bosnien" bekam er trotzdem. Der Kaiser verlieh ihm das Militär-Verdienstkreuz mit der Kriegsdekoration.

Trotz der kritischen Position, die der Erzherzog dem Feldzug gegenüber privat bezog, unterdrückte er offiziell jedwede Unmutsäußerung. In seiner Abschiedsrede an die ihm unterstellten Soldaten gab er sich loyal und staatsbewußt. „. . . Euere kriegerischen Tugenden", führte er darin unter anderem aus, „haben dem Volksheere eine glänzende Feuertaufe und Feuerprobe bereitet, seine Erfolge reihen sich ebenbürtig an jene der tüchtigsten Berufs-Armeen unseres Vaterlandes. Ihr könnt mit Stolz sagen, wir haben Österreich größer gemacht, und wenn einst aus diesen Einöden ein blühendes Kronland, aus den geknechteten Christen ein freier Mann geworden ist, so könnt Ihr mit Fug und Recht sagen: das ist unser Werk[18]."

Gegen Ende November 1878 kehrte Johann Salvator desillusioniert nach Wien zurück. Der Feldzug hatte mit Deutlichkeit die großen Mängel in der k. u. k. Armee aufgezeigt, und er war entschlossen, bei der Reorganisation des Heeres, die er für dringend notwendig hielt, an entscheidender Stelle mitzuwirken. Zunächst aber mußte er völlig genesen, denn er war rückfällig geworden. „Vor einem Monat habe ich mich ins Bett gelegt", schrieb er am 11. Dezember der Mama, „und mit Gottes Hilfe bin ich jetzt zwar nicht gesund, aber vom ärgsten meiner Krankheit befreit. Ich habe schon angefangen, ein bißchen zu essen und mit der Kutsche auszufahren, wenn es das Wetter erlaubt." Er hatte noch ein „unangenehmes Gefühl im Bauch" und die „ungemütlichen Darmbewegungen" hatten noch nicht aufgehört. Seine Geschwister kümmerten sich um ihn, aber auch Erzherzog Albrecht hatte ihm offenbar seine Eskapaden verziehen. Der Doyen des kaiserlichen Hauses besuchte sein ehemaliges Mündel an manchen Tagen zwei- bis dreimal und spielte eine „wirklich väterliche Rolle".

Über seine Krankheit berichtete er seiner Schwester im angeführten Brief: „Gott sei Dank geht es mir jetzt bedeutend besser, doch mahnen mich häufig wiederkehrende Rückfälle in sehr unwillkommener Weise daran, daß ich leider noch lange nicht gesund bin. Es war wirklich eine recht abscheuliche Krankheit und leider auch eine so unpoetische Krankheit – wie sehr hätte ich nicht eine feindliche Kugel vorgezogen! Ich hätte dann wenigstens für das Vaterland oder doch für den Grafen Andrassy ‚anständig‘ bluten können, so aber konnte ich nur – zur Hebung der Bodenkultur in Bosnien – beitragen[19]."

Der kranke Erzherzog wurde bis 5. April 1879 vom Dienst beurlaubt. Unterdessen überlegte man höheren Ortes, welche Aufgabe man ihm nach dem Ende der Rekonvaleszenz übertragen sollte. Man verfiel auf den Gedanken, Johann in Mostar, der Hauptstadt der Herzegowina, als (Militär-)Gouverneur einzusetzen. Der kaiserliche Prinz war von dieser Idee alles andere als begeistert. Er wollte nicht wieder auf den Balkan zurück. Unverzüglich ging er daran, dieses ihm zugedachte Schicksal abzuwenden. Er blieb jedoch zunächst erfolglos. „Da weder Geduld noch Ergebenheit genügten, diesen Bestimmungsort zu vermeiden", rief er schließlich seinen Arzt Dr. Heym nach Gmunden, der nach einer gründlichen Untersuchung zur Auffassung kam, daß es Seiner Kaiserlichen Hoheit nicht möglich sei, seine Dienstleistung in Mostar wieder aufzunehmen. Als Begründung führte Dr. Heym in seinem Attest an, daß in den okkupierten Ländern noch immer schwere „typhöse und dysenterische Erkrankungen" vorkämen und das höchst nachteilige Klima auf dem Balkan den Gesundheitszustand seines Patienten, der dringend eine Mineralwasserkur und eine geregelte Lebensweise benötige, mit großer Wahrscheinlichkeit verschlimmern würde. Johann Salvator teilte das ärztliche Untersuchungsergebnis am 18. März 1879 General Friedrich Beck-Rzikowski mit und bat ihn, dem Kaiser darüber zu berichten. „Ich erlaube mir zu hoffen", schrieb er abschließend, „daß Seine Majestät, über meine Person verfügend, die Gnade haben wird, meinen Gesundheitszustand in Erwägung zu ziehen[20]."

Um die Antwort des Kaisers zu beschleunigen, fuhr der Erzherzog am 24. März nach Wien. „Ich bin bereit", schrieb er der Mama, „alles zu opfern, um nicht zum Werkzeug unglücklicher Abenteuer gemacht zu werden. Ich weiß, daß es ein entscheidender Augenblick für mein Leben ist", fuhr er fort, „und ich werde korrekt, aber entscheidend handeln. Es wird die Zeit kommen, die dem Kaiser die Augen öffnen wird und ich bin sicher, daß er einmal sehr froh sein wird, einen Erzherzog nicht kompromittiert zu haben. Es gibt so viele Erzherzoge, warum schicken sie keinen anderen?"

Der widerspenstige Johann Salvator setzte seinen Willen durch. Am 25. März 1879 wurde er zum Kommandanten der 33. Infanterie-Truppendivision in Komorn ernannt und noch im selben Jahr zum Feldmarschall-Leutnant befördert. In Komorn kam er eher lustlos seinen Dienstgeschäften nach und nahm immer wieder längere Urlaube (7. September–31. Oktober 1879, 23. Mai–5. August 1881), die er, zumindest vordergründig, mit seinem schlechten Gesundheitszustand motivierte. So hielt er sich im Juli 1881 im ostfriesischen Seebad Norderney auf. Es gibt wohl kaum einen Zweifel darüber, daß die Folgewirkungen der Krankheit, die er sich in Bosnien geholt hatte, lange anhielten. Andererseits scheint es aber nicht abwegig, anzunehmen, daß er ab und zu Indispositionen vorschützte, um der Fadesse und dem täglichen Kleinkram des Truppendienstes zu entgehen.

Diese häufigen Absentierungen riefen wieder einmal Erzherzog Albrecht auf den Plan. „Erlaube mir", schrieb er ihm am 4. Oktober 1882, „Dir ganz ehrlich von dem 4 wöchentlichen Urlaub zu reden, den Du, kaum nach 4 wöchentlicher Krankheit zurückgekehrt, sogleich begehrt und angetreten hast . . . Ich kenne Dich zu gut, um daraus auf eine Abnahme Deines Diensteifers u. der Liebe für Dein Geschäft zu schließen", lobte der psychologisch klug taktierende Albrecht zunächst den Jüngeren, um dann warnend fortzufahren, „aber es könnte so *ausgelegt* werden u. man muß in dieser Beziehung auch nicht ausser Acht lassen den Eindruck, den solches auf die Untergebenen u. Kameraden hervorrufen kann, u. auf die unvermeidlichen ‚On dit'." Die Wiederholung solcher Vorkommnisse würden der guten Reputation Johanns in der Armee schaden, mahnte er. Gerade die Erzherzoge müßten in allen diesen Punkten mit dem besten Beispiele vorangehen. Johann möge, schloß Albrecht seinen Brief, darin einen Beweis der Teilnahme und Hoffnung erblicken. Er sei nur aus dem Wunsch geschrieben worden, ihm und seiner Zukunft zu nützen[21].

Erzherzog Albrecht, Altersbildnis

Für die politischen Vorgänge in der Monarchie interessierte sich Johann Salvator weiterhin lebhaft. Als der k. u. k. Außenminister Graf Gyula Andrássy einen Tag nach dem Abschluß des Zweibundes zwischen dem Deutschen Reich und Österreich-Ungarn am 8. Oktober 1879 seinen Abschied nahm, registrierte es der Erzherzog mit unverhohlener Freude. „Der Purzelbaum des Grafen Andrássy", schrieb er der Mutter, „wird Sie sicherlich beeindruckt haben. Sie werden nicht daran zweifeln, daß mir das ein großes Fest bereitet, denn es ist ein

Glück, daß sich der Kaiser von einem Abenteurer dieses Kalibers befreit hat. Aber wer weiß, durch wen er ersetzt werden wird", fragte er dann besorgt und setzte sarkastisch hinzu: „Hoffentlich nicht durch Baron Hoffmann, der im Umgang mit den Tänzerinnen erfahrener ist als in den Staatsangelegenheiten! – Aber in Österreich ist alles möglich." Der Erzherzog gab sich einer Täuschung hin. In Österreich ist nicht alles möglich. Nachfolger Andrássys als Außenminister wurde Baron Heinrich Haymerle, nach dessen plötzlichem Tod im Jahre 1881 Graf Gustav Kalnoky, vormals Botschafter in St. Petersburg, in das k. u. k. Außenministerium einzog.

Auch im persönlich-privaten Bereich blieb der Erzherzog nicht untätig. So kümmerte er sich fernerhin nachdrücklich um den Ausbau und die Einrichtung des Gmundener Schlosses und fragte bei seinem Bruder Ludwig Salvator an, ob er ihm das Gut Brandeis verkaufen wolle (Brief vom 20. November 1879), „das unser seliger Vater erstanden, verbessert und liebgewonnen hatte". Ludwig lehnte das Ansinnen ab[22].

Von seinen Geschwistern kam er übrigens nur mit Carl („er ist der Einzige in dessen Nähe ich mich wirklich als Bruder fühle") und Marie Luise gut aus. „Der Anteil, den Du an mich nimmst", schrieb er ihr, „ist mir wahrhaft wohlthuend, und dieses umsomehr, als ich ja meinen übrigen Geschwistern durch Verhältnisse, An- und Ab-sichten fast entfremdet bin[23]" (Komorn, 7. März 1881).

Schließlich ersuchte er anläßlich einer bevorstehenden Urlaubsreise in einem Schreiben an den Flügeladjutanten des Kaisers, Baron Beck, „Seine Majestät unterthänigst zu bitten, im Ausland den Incognito-Namen ‚Graf Orth' führen und einen auf diesen Namen lautenden Platz des k. k. Ministerium des Äußeren gebrauchen zu dürfen[24]". Das erbetene Pseudonym sollte dem unbequemen Erzherzog später zum Schicksal werden.

Die Garnisonierung in Komorn ging Anfang August 1881 zu Ende. Nach einem Kuraufenthalt in Karlsbad erhielt Johann Salvator das Kommando der 25. Infanterie-Truppendivision, eine Einheit, die in Wien stationiert war.

Der toskanische Prinz, der 1872 als kleiner Major vom Kaiser nach Lemberg geschickt worden war, kehrte nunmehr nach einer abwechslungsreichen, jedoch steilen, typisch erzherzoglichen Militärkarriere als Feldmarschall-Leutnant in die kaiserliche Hauptstadt zurück. Er war wohl ein außergewöhnlich tüchtiger Offizier, doch hätte ein normaler Militär für eine solche Laufbahn zweifellos einige Jahre mehr benötigt.

Die Versetzung in das kaiserliche Wien fand sicherlich die Zustimmung des Erzherzogs, wenn er sich auch darüber im klaren war, daß sein unkonventionelles Benehmen und seine revolutionären Ansichten den höchsten Militärkreisen und dem Hof seit langem mißfielen. Aber diese Abneigung beruhte durchaus auf Gegenseitigkeit. Die Audienzen beim Kaiser, die gesellschaftlichen Verpflichtungen in den Kreisen des Hochadels waren überhaupt nicht nach seinem Geschmack. Er mied sie, so gut er konnte. Andererseits herrschte in der Weltstadt Wien jenes geistige Klima, das der intellektuelle, künstlerisch vielseitig interessierte Erzherzog brauchte. Johann Salvator ging in das Theater, schrieb ein Ballett, das in der k. k. Hofoper aufgeführt wurde, und intensivierte seine Kontakte mit der Presse. Als Kommandant der Stabsoffizierskurse zeichnete er sich in seinem ureigensten Fachgebiet durch hervorragende Fachkenntnisse und einen blendenden Vortragsstil aus. Die Qualifikationsliste des Jahres 1882 attestiert ihm „einen besonders guten Einfluß auf die korrekte Ausbildung und Schulung der ihm unterstehenden Offiziere und Truppen" sowie eine „selten gute Gabe des Vortrages".

Obwohl der Erzherzog bestrebt war, mit dem Kaiser in Frieden zu leben, kam es Anfang 1883 doch wieder zu einem Konflikt mit dem Monarchen. In seiner Abneigung gegen Schaugepränge jeder Art war Johann Salvator der 600-Jahrfeier des Regierungsantrittes der Habsburger in Österreich (am 27. Dezember 1282 hatte der deutsche König Rudolf von Habsburg seine beiden Söhne Albrecht und Rudolf mit Österreich, Steiermark, Krain und der Windischen Mark belehnt) ferngeblieben und hatte in Schloß Ort ein paar Tage unerlaubten Urlaub gemacht. Ein Telegramm rief ihn in gebieterischem Ton nach Wien zurück, wo er vom Kaiser (wieder einmal) einen scharfen Verweis erhielt. Der Erzherzog empfand die kaiserliche Kopfwäsche als nicht völlig gerechtfertigt. „Obwohl ich den ersten Rüffel verdient haben mag", schrieb er der heißgeliebten Mutter, „so glaube ich doch, daß ich durch die Art und Weise wie ich diesen (glücklichen?) Jahrestag gefeiert habe, nämlich durch den Besuch der Messe und das Hissen der Staatsflagge der ganzen Sache einen besseren Dienst erwiesen habe, als wenn ich durch meine Anwesenheit in Wien den Rudel der Erzherzoge vermehrt hätte. Was die zweite Zurechtweisung betrifft, so war sie ungerecht. Mondel (der Generaladjutant des Kaisers, Anm. d. Verf.) hat die Mitteilung Mensshengens in seinem Rapportbuch nicht gelesen und daher Seine Majestät nicht informiert. Selbst Albrecht sagte mir, ich sei unschuldig. Er riet mir lediglich, weniger Urlaub zu nehmen, vor allem dann, wenn der Kaiser in Wien ist. Das bedeutet, liebe Mama, daß ich es nicht wage nach Cannes zu kommen, da es mir neue Unannehmlichkeiten schaffen würde[25]" (Brief vom 20. Jänner 1883).

Das Jahr 1883, das mit einem peinlichen Mißton begonnen hatte, endete mit einer handfesten Überraschung. Am Abend des 3. November hielt Johann Salvator im Wiener Militär-Casino auf dem Schwarzenbergplatz, in dem auch der „Militärwissenschaftliche Verein" seine Veranstaltungen abhielt, vor illustrem Publikum einen Vortrag mit dem Titel: „Drill oder Erziehung". Unter den Zuhörern, die den Ausführungen des Erzherzogs interessiert lauschten, befanden sich die Erzherzoge Eugen und Rainer, Kriegsminister Graf Bylandt-Rheidt, der Chef des Generalstabes Baron Beck-Rzikowski, Feldzeugmeister Ferdinand Freiherr von Bauer, zahlreiche ausländische Militärattachés und nahezu alle Stabsoffiziere der Wiener Garnison. Wie gewohnt, nahm sich der Erzherzog kein Blatt vor den Mund. Mutig kritisierte er das seiner Meinung nach überaltete Ausbildungssystem in der k. u. k. Armee, das auf blindem Gehorsam und preußischem Drill aufbaute. Disziplin sei zwar in jeder Armee notwendig, aber die Zwangsjacke habe noch keinen Irrsinnigen geheilt, der Geist könne nicht durch den Körper diszipliniert werden, formulierte Johann Salvator. Auf den Geist der Truppe aber komme es an. Wichtiger als das gleichmäßige, steife Einherschreiten auf dem Exerzierplatz, als die einstudierte Bewegung der Füße sei der Schlag des opfermutigen Herzens in treuer Mannesbrust. Der Soldat müsse, so forderte er, zum selbständigen Denken erzogen werden,

Karikatur Erzherzog Johann Salvators anläßlich seines Vortrages im Militärkasino über das Thema: „Drill oder Erziehung"

man müsse ihm die erteilten Befehle einsichtig machen. Man müsse im Soldaten vom Rekruten an den Menschen sehen und auf dessen Gemüt veredelnd und anregend einwirken. Nur so werde man militärische Charaktere erziehen und nicht Sklaven züchten.

Vom Offizier verlangte der Erzherzog Überzeugungstreue, moralische Kraft, einen modernen pädagogischen Führungsstil („Vor allem Anderen hüte man sich fortwährend nur zu tadeln, man lobe vielmehr, wo man nur halbwegs loben kann. Die

Anerkennung ist ein wirksameres Mittel als der Tadel; sie ist die unerlässliche Vorbedingung des Selbstgefühls, der Anhänglichkeit, der freudigen Arbeit"), funktionale und personale Autorität. „Der Offizier darf im Verkehr mit seinen Untergebenen nicht immer nur die dienstliche Stellung hervorkehren, die tägliche Berührung mit dem Manne wird ihm die Gelegenheit bieten, bei voller Wahrung seines Ansehens an Stelle des Vorgesetzten den theilnehmenden, mitfühlenden Menschen zu zeigen."

Was der Erzherzog in seinem Vortrag forderte, basierte auf den grundlegenden Überlegungen, die er bereits acht Jahre zuvor in seinen „Betrachtungen" dargelegt hatte. Seine Vorschläge, die weit in die Zukunft wiesen, liefen auf eine radikale Reform der Ausbildungsprinzipien, gewissermaßen auf eine „Demokratisierung" der kaiserlichen Armee hinaus. Sie stießen infolge ihrer geradezu sensationellen Fortschrittlichkeit auf begeisterte Zustimmung und wütende Ablehnung. Wie sie an jenem Novemberabend des Jahres 1883 vom Auditorium aufgenommen wurden, wissen wir nicht. Man wird aber wohl nicht fehlgehen anzunehmen, daß man sie nicht frenetisch beklatschte.

Die Zeitungsredaktionen rochen freilich auch schon damals die Sensation. Johanns Vortrag wurde am nächsten Tag von mehreren Journalisten auszugsweise, aber unvollständig veröffentlicht. Da die Publikation der Rede im Militär-Organ beabsichtigt war, veranlaßte der Kriegsminister den Erzherzog, die Schärfen im Manuskript zu beseitigen, wie er in einem chiffrierten Telegramm vom 4. November 1883 dem General-Adjutanten des Kaisers mitteilte, und bat um die Ermächtigung, das Elaborat Seiner Majestät vorlegen zu dürfen. Franz Joseph, der sich auf Schloß Gödöllö in Ungarn befand, kehrte am 6. November nach Wien zurück. „Seine Majestät las die Schrift, drückte sich sehr lobend darüber aus und gestattete die Publikation", berichtete Johann der Mutter (Brief vom 17. November 1883) über den Ablauf der Ereignisse. „In der Zwischenzeit aber hatte Erzherzog Albrecht die Besprechungen in den Zeitungen gelesen, und da er offenbar eifersüchtig war und fürchtete, daß mein Vortrag seinen ‚Aphorismen' abträglich sein könnte, schrieb und telegraphierte er an Beck, den Kaiser und an mich. Der Kaiser hob die Publikationserlaubnis auf, telegraphierte an Albrecht, daß er die Veröffentlichung der Rede wünsche, um die verschiedenen falschen Versionen zu korrigieren, die in den Zeitungen erschienen waren, und daß er die Veröffentlichung nur dann verbieten würde, wenn das Erzherzog Albrecht mißfiele. Albrecht blieb natürlich nichts anderes übrig, als zuzustimmen." Nach einigen Geplänkeln zwischen dem Kriegsminister und Beck wurde die Rede, „deren Ende der Kaiser für sehr patriotisch und loyal hielt", dann gedruckt, berichtet Johann weiter. Er hatte wieder einmal seinen Willen durchgesetzt.

Erzherzog Albrecht allerdings war sehr verärgert. Nicht zu Unrecht bezog er eine Passage der Rede auf sich, die auf ihn und seinesgleichen gemünzt war. „Wie ist es möglich", fragte der Erzherzog, „daß Leute auf ihren Irrtümern beharren, wenn sie genug Kriegserfahrung besitzen, um zu wissen, daß der Erfolg von anderen Faktoren als vom Drill abhängt? Ist es Überzeugung oder Opportunismus oder ein seltsamer Reflex jenes Wunsches nach Herrschaft, der in den meisten Menschen lebt und sie dazu veranlaßt, die anderen – auf irgendeine Weise – ihrem Willen zu unterwerfen?"

Albrecht arbeitete eine Gegendarstellung aus, die er den hohen Militärs und natürlich auch dem Kronprinzen zusandte. „Was in unserem Stande aber gefährlich und schädlich ist", führte er darin in deutlicher Anspielung auf Johann unter anderen aus, „sind: Politisieren, publizistische Vielschreiberei und Sucht nach Popularität um jeden Preis, mitunter zum Nachtheile der Disciplin bei schwachen und unerfahrenen Standesgenossen . . . Die kurze schlichte Betrachtung kommt aus der Feder eines alten Soldaten, der als ein Freund des verständigen Fortschritts auch aufkeimende Talente gewiß freudig begrüßt, aber vor Allem der Armee wünscht, daß deren edler Geist und schöne stramme Disciplin ungetrübt erhalten und dieselbe von solchen pretentiösen Eloquenz-Gymnastik-Übungen wie jene ‚Drill und Erziehung' verschont bleibe[26]."

Es gab aber auch andere Reaktionen. Prinz Wilhelm, der spätere Kaiser Wilhelm II., äußerte sich zur Überraschung des Erzherzogs zustimmend, desgleichen der russische General Baron Nikolai Kaulbars, ein nicht näher genannter französischer Republikaner und ein Mitglied eines Wiener katholischen Vereines. Aber auch Kronprinz Rudolf, „gegen den sich die Rede im Grunde richtete", nahm sie gut auf. „Und warum", ätzte Johann im oben erwähnten Brief, „weil ich die Preußen gelobt habe. Somit hat diese Rede in Preußen einen guten Eindruck gemacht und aus Gehorsam gegenüber den Preußen ist auch Rudolf damit zufrieden gewesen. – Schöne Logik!"

Diese abträgliche Bemerkung beleuchtet blitzlichtartig das Verhältnis der beiden ambitionierten Erzherzoge. Johann, den mit Rudolf, wie wir noch sehen werden, geistig vieles verband, konnte es nicht überwinden, daß der Kronprinz aufgrund seiner Position am Hof bessere Möglichkeiten der Selbstverwirklichung und der Durchsetzung seiner Ideen hatte als er. Dieser Tatbestand, der in ihm Frustrationen auslöste, verleitete ihn immer wieder zu verbalen Seitenhieben auf den vom Schicksal begünstigten Thronfolger.

Im Streit um die Armeereform zwischen dem radikal gesinnten Johann Salvator und dem erzkonservativen Erzherzog Albrecht nahm Rudolf in der Sache eine Position der Mitte ein. In einem anonymen Artikel, der am 27. November 1883 im ‚Armeeblatt' erschien, setzte er der Devise Johanns: „Man drille nicht, man erziehe!" das Motto: „Man drille und erziehe!" entgegen. Der Kronprinz scheute sich jedoch nicht, den gehaßten, einflußreichen Albrecht scharf anzugreifen. „Nichts ist schwerer zu ertragen", schrieb er, „als geistige Überlegenheit; ja, Alles soll so schön in der Schablone bleiben, im selben Gedankenniveau; – das wäre Stillstand und Rückschritt! Wir haben vor dem Jahre 1866 genug geistige Versumpfung, genug Lethargie durchgemacht und mussten sie schwer genug büßen. Das freie Wort, die scharfe Feder, das vertragen gewisse Leute nicht; die geistige Arbeit ist diesen kleinen Geistern ein Greuel! Nur im Wettkampf der Gedanken, im Sprühen geistiger Funken entsteht Gutes – wahrhaft Großes. Vergessen wir nicht, dass die Armee ein wichtiger Theil des Staates ist. Sie muß der Arbeit, dem nie rastenden Fortschritt, frischem geistigen Leben zugänglich sein. Und so rufe ich dem Verfasser der Gegenschrift zu: Seien wir stolz, einen Mann zu besitzen, der die Schranken des gewöhnlichen Alltagslebens verlässt, der hervorragt aus der grossen Schaar der schablonenhaften Normalmenschen[27]."

Johann Salvator reagierte scharf ablehnend. Er hielt nicht viel von Kompromißlern und Kompromissen. Die Devise:

„Man drille *und* erziehe", die der Autor der Schrift als eigenen Geistesfunken, als eigene Parole offeriere, habe er ihm in seinem Vortrag in den Mund gelegt. Großes Kopfzerbrechen dürfte das Verfallen auf das rettende Bindewort „und" seinem Herrn Gegner gerade nicht gekostet haben, erwiderte er schroff und setzte dann fort: „Der Redner vom 3. November kann eben nur Freunde oder Gegner haben; *Vermittler* sind aber durch die Natur der behandelten Sache wie bei soliden Geschäften ausgeschloßen. Mögen solche auch das Mäntelchen abgeklärter Versöhnlichkeit um die Schultern hängen sie leisten immer schlechte Dienste; denn sie verwässern die Ansichten, sie entstellen das Richtige, beschönigen das Unrichtige, verwirren die Überzeugungen – sie schaden[28]."

Erzherzog Albrecht, der mächtigste der Gegner, schäumte vor Wut und war nicht so leicht zu besänftigen. Er versuchte, den Kaiser dazu zu bewegen, Disziplinarmaßnahmen gegen den widerspenstigen Erzherzog zu ergreifen. Franz Joseph war aus verschiedenen Gründen dafür jedoch nicht zu haben. Nach längerer Überlegung entschied er sich dafür, Johann das Kommando der 3. Infanterie-Truppendivision in Linz zu übertragen. Der diesbezügliche Befehl erging am Weihnachtsabend 1883. Der Monarch traf mit dieser Verfügung zwei Fliegen auf einen Schlag. Er gab dem Drängen Erzherzog Albrechts statt und erfüllte gleichzeitig den Wunsch des Kronprinzen, der in die Position seines Intimfeindes Johann einrückte, nach Übernahme eines Kommandos in Wien. Johann Salvator war mit der Transferierung nach Linz zufrieden. „Ich werde vermutlich nach Linz versetzt werden", hatte er bereits am 10. Dezember der Mutter angekündigt. „Sie können sich vorstellen, wie froh ich darüber sein werde; ich werde von allen unangenehmen Pflichten Wiens befreit und in der Nähe von Gmunden sein; Salzburg gehört ebenfalls zur Linzer Garnison und ich könnte Sie ohne Erlaubnis besuchen."

Rudolf war überglücklich. „Die Würfel sind gefallen, unsere Wünsche sind alle in Erfüllung gegangen", schrieb er an Johann. „Hättest Du Zeit mich heute um 8 Uhr oder 8 1/2 Uhr abends zu besuchen? Mir wäre es angenehm den neuen Posten bald anzutreten. Mit vielen Grüßen

Dein treuer Rudolf[20]."

Johann Salvator hätte sich in der Tat keinen besseren Standort wünschen können. Er konnte sich in Linz freier bewegen als in Wien, und da die oberösterreichische Hauptstadt von der Metropole nur zwei Bahnstunden entfernt war, verblieb er gewissermaßen im Brennpunkt der Ereignisse. Er hatte hochfliegende Pläne, sein Tatendrang war ungestillt. Er wartete nur auf die Gelegenheit, ihn unter Beweis stellen zu können. Die Chance kam rascher, als er dachte.

3. Kronprinz Rudolf und Johann Salvator: die beiden Intimfeinde

Eigentlich hätten sie enge Freunde sein müssen, der Sohn des Kaisers und der Prinz aus der Toskana, denn sie waren nicht nur bluts- sondern auch geistesverwandt. Rudolf und Johann Salvator waren aber beileibe keine Dioskuren. Wenn je eine echte Freundschaft zwischen ihnen bestand, was mir sehr zweifelhaft zu sein scheint, so war ihr persönliches Verhältnis den Wechselfällen des Lebens und damit erheblichen Schwankungen unterworfen. Und dabei hatten sie gemeinsame Interessen, Ansichten und Abneigungen. Beide waren weit über den Durchschnitt begabt, gebildet, geistreich, künstlerisch interessiert und literarisch talentiert. Beiden fehlte das seelische Gleichgewicht, beide waren Zerrissene. Beide waren, freilich jeder auf seine Art, liberal und freisinnig, beide waren fortschrittlichen Ideen und Strömungen aufgeschlossen, beide standen dem monarchischen Herrschaftsprinzip kritisch gegenüber, haßten aristokratisches Gehabe und unnötiges Zeremoniell. Beide betätigten sich wissenschaftlich, schrieben Artikel für Zeitungen und hatten ein positives Verhältnis zum Journalismus, dessen immense Einflußmöglichkeiten in der entstehenden Massen- und Kommunikationsgesellschaft sie frühzeitig erkannten. Beide verehrten sie den Kaiser, obwohl sie viele seiner Ansichten deutlich mißbilligten. Ja, sie hatten sogar gemeinsame Gegner: Erzherzog Albrecht etwa, den sie entweder öffentlich unter dem Deckmantel der Anonymität oder privat im Freundes- und Bekanntenkreis schriftlich und verbal nach Herzenslust attackierten. Oder den Generalstabschef Friedrich Beck-Rzikowski, den sie für die Inkarnation ultrakonservativer, reaktionärer Geisteshaltung hielten. Trotzdem konnten sie sich nie zu gemeinsamen Aktionen gegen diese beiden Haudegen aufraffen, wohl auch deshalb, weil ihre

*Drei als Schriftsteller bewährte Erzherzoge: Kronprinz Rudolf (Mitte),
Johann Salvator (links), Ludwig Salvator (rechts)*

(militärische) Stellung und ihre Position bei Hof für erfolgreiches Handeln zu schwach war. Der Kaiser hielt zu den Männern seines Vertrauens, deren Ansichten ihm geistig näher waren als die Anschauungen junger, rebellischer Erzherzoge, selbst wenn oder gerade weil sie aus dem Munde des eigenen Sohnes kamen.

Kronprinz Rudolf und Erzherzog Johann Salvator unterschieden sich natürlich auch voneinander durch Temperament, Charakter, Kunstverständnis und Geschmack. Der aus historischer Sicht ein wenig playboyhaft wirkende Sohn des Kaisers fand Vergnügen an der Jagd, liebte Zigeuner- und Heurigenmusik und mischte sich gerne unter das niedere Volk, was ihm von seiten seiner Standesgenossen übelgenommen wurde. Johann Salvator hatte für Tanzvergnügungen überhaupt nichts übrig, er war alles andere als ein Salonlöwe. Immer wieder äu-

Kronprinz Rudolf im Jagdgewand

83

ßerte er sich in den Briefen an die Mutter abfällig über Vergnügungs- und Festveranstaltungen aller Art. Vor allem aber war er eines der ganz wenigen Mitglieder des Kaiserhauses, das der Jagdleidenschaft der Aristokratie ablehnend gegenüberstand. Natürlich hat auch er an Hofjagden teilgenommen, aber er vermochte ihnen absolut nichts abzugewinnen. Dieses Verhalten war mehr als ungewöhnlich, bedenkt man, daß etwa Erzherzog Franz Ferdinand im Verlaufe seines Lebens, wie aus den vollständig erhaltenen Schußlisten hervorgeht, sage und schreibe 272.511 Stück Wild aller Art erlegte. Franz Ferdinand ist freilich das Extrembeispiel eines passionierten, geradezu schießwütigen Jägers. Aber auch der Kronprinz frönte (leidenschaftlich) der Jagd.

Eine Erklärung für die Andersartigkeit des Toskaners läßt sich schwer finden. Hat er das hohle, oberflächliche Imponiergehabe der Hofgesellschaft bewußt abgelehnt, um sich sichtbar von ihm zu distanzieren, oder war sie in seinem Charakter, seiner Lebenseinstellung, seiner (antiaristokratischen) Weltanschauung begründet? Wahrscheinlich sind die Ursachen komplexerer Natur gewesen, als wir vermuten.

Erzherzog Johann Salvator hatte wesentlich ausgeprägtere künstlerische Neigungen und Interessen als der Kronprinz und die meisten anderen Erzherzoge. Aus der kindlichen Neugier für alles geistig Schöpferische entfaltete sich im Mannesalter ein umfassendes Kunstverständnis. Die Um- und Ausgestaltung von Schloß Ort bei Gmunden, der er sich Jahre hindurch mit großer Tatkraft und viel Liebe zum Detail widmete, brachte ihn nicht nur mit bedeutenden Architekten und Malern seiner Zeit in Verbindung, sie beweist auch sein Geschick, Tradition und Fortschritt in der Kunst miteinander zu verbinden.

Eine besondere Beziehung hatte Johann Salvator zur Musik. Er besuchte nicht nur Opernaufführungen und Konzerte, wann immer es seine dienstlichen Verpflichtungen und sein jeweiliger Aufenthaltsort erlaubten, er betätigte sich auch selbst als Komponist. Die Musiksammlung der Wiener Stadtbibliothek besitzt drei Walzer, die von Erzherzog Johann Salvator komponiert und unter dem Pseudonym Johann Traunwart (Orth) in der Öffentlichkeit präsentiert wurden. Sie tragen die Titel: „Gruß an Linz“, „Stimme aus dem Süden“ und „Am Traunsee[1]“.

Titelblatt des Walzers: „Gruß an Linz"

Der Erzherzog wurde bei seinen kompositorischen Versuchen von Johann Strauß Sohn, den er glühend verehrte, beraten und unterstützt. Beredter Ausdruck dieser Verehrung war ein Telegramm, das Johann dem Walzerkönig am 15. Oktober 1884 übersandte, als dieser aus Anlaß seines 40jährigen Wirkens in der Öffentlichkeit zum Bürger der Stadt Wien ernannt wurde. Es hatte folgenden Wortlaut: „Leider am persönlichen Erscheinen verhindert, sendet Ihnen zur heutigen Feier, die zugleich ein Ehrentag für Österreich ist, die aufrichtigsten und freudigsten Glückwünsche in wärmster Verehrung

Erzherzog Johann[2]."

Das Telegramm erregte das Mißfallen des Erzherzogs Albrecht. „Wäre das Telegramm an einen alten Vorgesetzten, Kriegskameraden u. dgl. gerichtet", dozierte er, „so gefiele es mir sehr gut. An einen Gleichgestellten und Untergebenen würde ich das Wort ‚Verehrung' zu weitgehend und daher den Eindruck eher abschwächend finden, denn dieses Wort läßt sich nur gegen höhere, höchstens ganz *ausserordentlich* verdienstvolle Gleichstehende finden. Gegenüber einem geschickten Komponisten weil er sein lukratives Geschäft eben 40 Jahre betreibt, dem Lebemann von 4 Frauen (wie man sagt) der sein großes Talent trefflich zu verwerthen weiß", machte er Johann Strauß gehörig herunter, „findet es wohl jeder Unbefangene ganz und gar unpassend." Im folgenden warf Albrecht Johann Popularitätshascherei vor und schloß seinen Brief mit den Worten: „Wir Erzherzoge stehen hoch oben, sollen nützen, Pflichten erfüllen, den Menschen Wohlwollen und Wohlthaten erweisen von *oben* herab . . ." Ein Erzherzog müsse jedes Wort, jede Zeile klug abwägen (Brief vom 17. Oktober 1884). Johann blieb Albrecht die Antwort nicht schuldig. „Strauß", schrieb er zurück, „scheint mir mehr als ein ‚geschickter Komponist'. In seinen Schöpfungen liegt die Seele des österreichischen Volkes. Einem solchen Mann kann man auch als Erzherzog seine Verehrung aussprechen." Und weiter: „Wenn Strauß, wie Du schreibst, ‚nur sein lukratives Geschäft eben 40 Jahre betreibt', so hat er doch auch Jahre über ungezählte Menschen erfreut. Ich sehe darin ein großes Verdienst . . . was Strauß trifft, treffen Wenige; denn zum Künstler kann Niemand mittelst Verordnungsblatt ernannt werden. Ich fühle mich nicht groß und hoch genug, um Alles ‚von oben herab' zu thun", stemmte er sich gegen die Ansichten Albrechts, „meine Geburt flößt mir noch lange nicht genug Wichtigkeit ein als daß ich . . . einem Künstler meine Verehrung nicht öffentlich bezeugen will."

„Ich denke wir verlieren nichts von unserem Gottesgnadentum, wenn wir den gottbegnadeten Künstler verehren", versetzte Johann dann seinem amusischen Gegner einen gehörigen Seitenhieb, um mit der zynischen Pointe zu schließen: „Ich

Johann Strauß Sohn, der „Walzerkönig"

sehe ein, daß es wohl klüger gewesen wäre, wenn ich statt an
Johann Strauß zu seinem Künstlerjubiläum dem Fürsten Ho-
henlohe zur silbernen Hochzeit telegraphiert hätte; obwohl ich
nicht im Klaren bin, ob er zu den verdienstvollen Generälen
zählt, denen gegenüber die ‚Verehrung' eines Erzherzogs nicht
weggeworfen wäre." Mit der Bitte, ihm seine freimütige Sprache nicht zu verargen und ihm freundlich gewogen zu bleiben,
beendete der „treuergebene" Johann sein Schreiben[3] (19. Oktober 1884, Linz).

Strauß, der von diesem Briefwechsel natürlich nichts wußte, war über das Telegramm des Erzherzogs so erfreut, daß er nach Linz reiste, um sich für die Glückwünsche persönlich zu bedanken. Er wurde vom Erzherzog am 24. Oktober, um 1/2 1 Uhr, in Audienz empfangen, wie aus einem Schreiben von Johanns Kammervorsteher, Ferdinand Freiherr von Menshengen, hervorgeht. Die Begegnung verlief beiderseits zur vollsten Zufriedenheit. Johann Salvator war „wahrhaft glücklich", Strauß persönlich kennengelernt zu haben, der Walzerkönig erinnerte sich später, „Erzherzog Johann sei ein jovialer Herr" gewesen. Man kann mit Sicherheit annehmen, daß der Erzherzog bei dieser Gelegenheit den Meister ersuchte, ihm bei der Drucklegung seines Walzers „Stimmen aus dem Süden" behilflich zu sein, was dieser prompt besorgte.

„Sehr verehrter Herr! Im Besitze der überraschend schnell erschienenen ‚Stimmen aus dem Süden' drängt es mich, Ihnen für die so liebenswürdige Thätigkeit, der ich diese Freude schulde, meinen herzlichsten Dank auszusprechen", schrieb ihm der Erzherzog am 27. Oktober 1884. „Ich bedaure, daß meine armen musikalischen Versuche Ihnen so viele Ungelegenheiten bereiten und mache mir noch Vorwürfe, auf Ihre Güte gar zu viel gesündigt zu haben. Daß Sie im Reiche der Töne ein Zauberer sind, war mir wohlbekannt, daß aber Ihre Zauberkraft auch Notenstecher und Buchdrucker zwingen könne, fast über Nacht einen Walzer fertig bringen zu können, hat mich gewundert."

Aus demselben Schreiben geht hervor, daß Strauß an der Komposition auch persönlich Hand angelegt hat. „Die Übergänge", heißt es darin weiter, „welche Sie in die Nummer 1 und in die Coda einschalteten, sind allerliebst, und sind Ihnen die ‚Stimmen aus dem Süden' sehr verbunden, daß sie vom größten Meister ‚gestimmt' wurden; aber es sind fremde Federn, welche der Pfau aus dem Süden aufgesteckt hat. Wie hätte ich es mir je träumen lassen sollen, daß ein Johann Strauß sich meines Walzers annehmen würde . . ."

Strauß brachte dann auch den Walzer in einem Konzert seines Bruders Eduard am 9. November 1884 zur Uraufführung. Das „Fremdenblatt" berichtete am nächsten Tag: „Man brachte besonderes Interesse der Schlußnummer der ersten Abteilung entgegen, dem Walzer ‚Stimmen aus dem Süden'

Angelika Dittrich,
die zweite Frau
von Johann Strauß

von Johann Traunwart, der Komposition Sr. k. Hoheit des Herrn Erzherzog Johann. Johann Strauß war an die Spitze des Orchesters getreten, um die Komposition zuerst in Wien einzuführen. Die ‚Stimmen aus dem Süden' erwiesen sich als echte und rechte Wiener Walzer, als anmutige Melodien voll Verve und anregendem Rhythmus. Nicht minder hübsch ist die Einleitung, welche ein zartes Thema mit sehr gefälliger Modulierung durchführt und recht effektvoll zu dem ersten Walzer geleitet. Johann Strauß, wie immer auf das Wärmste begrüßt, mußte die Komposition mehreremale wiederholen."

Auch seine nächste Komposition empfahl der Erzherzog dem Wohlwollen des Meisters. So wurde der Walzer „Gruß aus Linz" (der Walzer hat auch den Titel „Gruß an Linz", Anm. d. Verf.) von Johann Strauß „dirigiert, orchestriert und im Musikverein aufgeführt", wie aus einer Titelblattnotiz hervorgeht. Den Walzer „Am Traunsee" hat der Komponist unter dem Datum vom 28. Februar 1886 Johann Strauß in „aufrichtiger Verehrung" gewidmet. Auch Eduard Strauß, der jüngere Bruder des Walzerkönigs, brachte die Walzer des Erzherzogs im Jahre 1886 verschiedene Male öffentlich mit Erfolg zur Aufführung[4]. Außer den schon genannten und anderen Walzern hat Johann auch den Liederzyklus „Werners Lieder aus Welschland" komponiert, den er seiner Schwester Luise widmete[5].

Der Erzherzog sollte bald Gelegenheit haben, dem Walzerkönig gewissermaßen als Gegenleistung für dessen eifrige musikalische Förderung einen Dienst zu erweisen. Da die Sache tief in die Biographie des Meisters hineinspielt, muß ich, des besseren Verständnisses halber, ein wenig ausholen.

Johann Strauß hatte sich von seiner zweiten Frau, der Schauspielerin Angelika Dittrich, von Tisch und Bett getrennt und im Spätherbst 1882 Adele Deutsch zur Lebensgefährtin erkoren, die er zu ehelichen gedachte. Da die zweite Ehe nicht dem Bande nach geschieden war, stieß diese Absicht naturgemäß auf große Schwierigkeiten. Die katholische Kirche war für eine Ehescheidung nicht zu haben. Unter den evangelischen Landesfürsten Deutschlands, die das Recht besaßen, die Ehe ihrer Untertanen zu trennen, war lediglich Ernst II. von Sachsen-Coburg-Gotha bereit, dem Ansinnen des Hofballmusikdirektors Johann Strauß aus Wien näherzutreten. Der Walzerkönig mußte jedoch zunächst verschiedene Voraussetzungen erfüllen. Er mußte die Staatsangehörigkeit des Herzogtums Sachsen-Coburg-Gotha erwerben und zum evangelischen Glauben übertreten. Ein langer, dornenvoller Amtsweg stand bevor, den Strauß jedoch unter allen Umständen zu gehen bereit war. Der Walzerkönig erwirkte zunächst am 8. Dezember 1885 seine Entlassung aus dem österreichischen Staatsverband und bewarb sich sodann durch seinen Rechtsvertreter Justizrat Friedrich Forkel mit Schreiben vom 24. Mai 1886 um Aufnahme in den Herzogl. Sachsen-Coburg-Gothaischen Staatsbürgerverband. Um den Ernst seiner Absicht zu unterstreichen, mietete er in der Villa Bruns in Coburg eine Wohnung, in der er sich wiederholt aufhielt. Bereits am 24. Juni 1886 wurde dem berühmten Komponisten die „Coburger Naturalisationsurkunde" ausgehändigt. Er war damit Bürger von Sachsen-Coburg-Gotha geworden. Strauß trat nun aus der katholischen Kirche aus und vollzog am 9. Juli 1886 seinen Eintritt in die evangelische Glaubensgemeinschaft (A. B.). Am 28. Jänner 1887 leistete er in Gotha „auf das ihm vorgelesene Verpflichtungsformular in verlangter Form nach vorgänglichem Angelöbnis" den Staatsbürgerschaftseid. Die Voraussetzungen für die Scheidung seiner zweiten Ehe waren damit erfüllt. Gleichwohl scheint sich die Ehescheidung aus Gründen, die wir nicht kennen, ein wenig gespießt zu haben, denn Strauß hielt es für notwendig, sich am 18. Mai 1887 an Erzherzog Johann mit der Bitte um Intervention zu wenden. „Euere Kaiserliche Hoheit! Durchlauchtigster Herr Erzherzog! . . . ich erlaube mir unterthänigst", schrieb er, „von Eurer Kaiserlichen Hoheit eine große Gnade zu erbitten, deren Gewährung für mich und mein ganzes künftiges Familienglück von entscheidender Bedeutung wäre. Mich führen in der nächsten Woche Familienangelegenheiten mit deren Details ich Eure Kaiserliche Hoheit nicht behelligen will, nach Coburg Gotha, wo ich gezwungen bin einen längeren Aufenthalt zu nehmen und an das Wolwohlen Seiner Kaiserlichen Hoheit des Herzogs Ernst zu appellieren, um eine Förderung des Zweckes meiner Anwesenheit in jenem Lande zu erwirken. Als Fremder kome ich nach Coburg und ich fürchte, daß eine mir äußerst nachteilige Verschleppung meiner Angelegenheit eintreten köñte. Ich wollte deshalb mir von Eurer Kaiserlichen Hoheit die Gnade ehrfurchtsvoll erbitten, Eure Kaiserliche Hoheit möge geruhen ein gutes Wort für mich und meine Anliegen bei Seiner Königlichen Hoheit einzulegen oder wenigstens bei der hiesigen Familie des Herrn Herzogs von Coburg Gotha welche vielleicht in der Lage wäre, das Interesse des regierenden Herrn für mein Ansuchen anzuregen . . ." Die Antwort des Erzherzogs kam prompt. „Lieber Herr Strauß! Heute Nachts von der Inspicirung meiner auswärtigen Truppen zurückgekehrt, fand ich Ihre sehr geschätzten Zeilen vom 18. dmts vor und bitte diesem Umstand die mir sehr bedauerliche Verspätung meiner Antwort zuzuschreiben", schrieb der Erzherzog entschuldigend und fuhr dann, auf den Kern der Sache kommend, fort: „Ich habe allsogleich dasjenige gethan, was zu thun in meiner Macht stand, um Ihrem Wunsche zu entsprechen, indem ich durch Vermittlung des Prinzen Ferdinand Coburg das Interesse des regierenden Herzogs für Ihr Anliegen zu gewinnen versuchte und dieses Interesse zugleich als eine besondere Gunst für mich erbat. Ob dieser Schritt, den ich directe unternommen hätte, wenn ich den regierenden Herzog von Coburg persönlich kennen würde, zu dem von mir erhofften Erfolg führen wird vermag ich wohl nicht zu sagen; jedenfalls werden Sie an dem guten, – an dem besten Willen nicht zweifeln. . ."

Abschließend brachte der Erzherzog dem allverehrten Meister seine Gefühle der Verehrung und Dankbarkeit zum Ausdruck und stellte fest, daß es ihm eine wahre Genugtuung sei, ihm, wenn auch in noch so bescheidenem Maße dienlich sein zu können (Brief aus Linz vom 24. Mai 1887).

Ob die Intervention des Erzherzogs Früchte trug oder nicht, Johann Strauß gelangte nun rasch ans Ziel. Am 11. Juli 1887 fand sich Herzog Ernst „in Gnaden bewogen, die zwischen dem Coburg-Gothaischen Staatsangehörigen, k. k. österreichischen Hofballmusikdirektor Johann Strauß, hieselbst wohnhaft, und Ernestine Henriette Strauß geb. Dittrich bestehende unglückliche Ehe . . . auch dem Bande nach aus landesherrlicher Machtvollkommenheit, wie hiermit geschieht, zu trennen."

Etwas mehr als einen Monat später, am 15. August 1887, erklärte nach Erfüllung des Aufgebotes und der sonstigen Formalitäten der als Standesbeamter fungierende Oberbürgermeister Rudolf Muther in Gegenwart der Zeugen Josef Priester aus Wien und Wilhelm Bagge aus Coburg Johann Strauß und Adele Deutsch „kraft des Gesetzes für rechtmäßige Eheleute". Der zivilen Eheschließung folgte noch am selben Tag die kirchliche Trauung in der herzoglichen Hofkirche.

Nun aber wieder zurück zu Johann Salvator.

Über die musikalische Ausbildung des Erzherzogs gibt es keine Aufzeichnungen. Man darf aber mit Sicherheit annehmen, daß er neben dem Waldhorn, das er mit Meisterschaft blies, auch noch (leidlich) Klavier und Zither spielen konnte. . . .„Ich freute mich zu hören", schrieb ihm seine Lebensgefährtin Ludmilla Stubel am 1. Juli 1884, „daß Du viel am Klavier die Zeit verbringst und ich wundere mich gar nicht, wenn es mit den Paßnoten schwer geht, da Du ja nie mit Paß spielst[6]."

Jedenfalls hatte dieser hochbegabte Sproß des Kaiserhauses auch musikalisches Talent mit in die Wiege gelegt bekommen, was bei der langen Musiktradition im Hause Habsburg nicht verwundert. Bekanntlich haben sich ja mehrere habsburgische Kaiser als Komponisten betätigt. Leopold I. (1658−1705) schrieb Messen, Motetten, Hymnen, Oratorien und eine größere Zahl weltlicher Werke, Karl VI. (1711−1740) komponierte Opern und ein berühmt gewordenes Miserere, und selbst der nüchterne Josef II. (1780−1790) hatte eine musikalische Ader. Er war ein vorzüglicher Klavierspieler und Cellist und versuchte sich ebenfalls als „Kompositeur". Der kunstsinnige Johann Salvator trat auch als Bühnenautor hervor. Am 19. November 1883, dem Namensfest der Kaiserin, an dem die Hofoper jedes Jahr eine Novität zu präsentieren pflegte, wurde das Ballett „Die Assassinen" uraufgeführt, dessen Textbuch von ihm stammte. Der Name des Textbuchautors war auf dem Programmzettel zwar nicht angegeben, doch war es in Wien ein offenes Geheimnis, daß Johann Salvator das Libretto verfaßt hatte. Dementsprechend groß waren die Erwartungen, die man der Erstaufführung entgegenbrachte. Unter den Premierengästen befanden sich außer dem Kronprinzenpaar und dem Autor zahlreiche Mitglieder des Kaiserhauses. „Ein überaus zahlreiches Publicum war zur Erstaufführung gekommen", berichtete die „Neue Freie Presse" am nächsten Tag ihren Lesern, „der Beifall war lebhaft, die Hervorrufe zahlreich." Und weiter heißt es in der Besprechung des Theaterkritikers: „Von dem schönen Erfolge, den die Assassinen errangen, gebührt Herrn J. Forster ein entsprechender Theil, seine melodische Musik . . . hat ungemein gefallen. Die Ausstattung an Decorationen und besonders an Costümen ist prachtvoll und von seltenem Reichtum und Glanze." Auch für den erlauchten Autor findet der Kritiker der „Neuen Freien Presse" natürlich Worte der Anerkennung. Ihm mochte die Idee vorgeschwebt haben, meint er, „den Kampf zwischen der sinnlichen und der seelischen Liebe, zwischen der Leidenschaft und den edleren Regungen des Herzens zu schildern, einen Kampf, der mit dem Siege des besseren Princips über das schlechte, mit dem Guten über das Böse endet". Es sei offensichtlich, fand er abschließend, daß dem Werk eine sittliche Idee innewohne.

Der Erzherzog hatte persönliche Vorsorge für eine günstige Aufnahme des Werkes getroffen. Er legte in einem Schreiben vom 18. November 1883 das Opus dem Präsidenten der Concordia, Joseph Ritter von Weilen, ans Herz und bat ihn, einen Rezensenten für eine lobende Besprechung namhaft zu machen, da Hanslick (Musikkritiker der „Neuen Freien Presse", Anm. d. Verf.) traurigerweise verreist sei. Ein Religionsunterschied sei kein Hindernis[7]. In der Tat wandte sich Johann Salvator in diesem Stück gegen jedwede Art von religiösem Fanatismus, worüber auch das historische Gewand nicht hinwegtäuschen kann. (Ort der Handlung ist das Hl. Land zur Zeit der Kreuzzüge; die Assassinen, ein politisch-religiöser Geheimbund der Mohammedaner, sind die Gegenspieler der Kreuzritter.) Dem Erzherzog ging es aber auch darum, „den Konventionalismus im Ballet zu brechen", wie er in einem Gespräch mit der berühmten Tänzerin Fanny Elßler darlegte. „Denn mir scheint", soll er gesagt haben, „kein Genre aller theatralischen Produktionen ist im Laufe der Zeit so der Entartung unterworfen worden wie das Ballet, und es scheint mir wichtig, daß die einzelnen Situationen und Szenen auch einer choreographischen Dichtung nicht nur mit Poesie, sondern auch mit psychologischer Wahrheit zu erfüllen seien . . ." (Neues Wiener Tagblatt, 20. November 1883).

Die Schwester Luise im fernen Birstein sah es anders. „Gestern abend waren meine Gedanken bei Dir", schrieb sie dem geliebten Bruder, „doch war mein Herz dabei erfreut und zugleich betrübt; erfreut, wenn ich an die schönen edlen Gedanken und Gefühle dachte, die in den wahrhaft poetischen Worten der ‚Assasssinnen' ausgedrückt sind, betrübt, wenn ich dachte, daß Du Dein Talent, diese schöne Gabe Gottes, für so etwas geringfügiges, wenig geachtetes, wie es ein Ballet ist, hergegeben hast[8]."

Trotz der im allgemeinen günstigen Aufnahme war die Kritik doch mit der Regie und der Inszenierung des Stückes nicht zufrieden. Einige Szenen hätten auf den Gang der Handlung lähmend gewirkt, rügte man. Der Erzherzog reagierte darauf unverzüglich. Am Morgen nach der Premiere richtete er an den Hofoperndirektor Baron Hofmann folgendes Schreiben:

„Euer Exzellenz!
Leider für den ganzen Tag nach dem Diner beim Kronprinzen abwesend, bitte ich Euer Exzellenz nochmals schriftlich das Weglassen der Sternerscheinungen nebst der dazugehörigen Musik unbedingt schon für die heutige Vorstellung anzuordnen. Sollte Hr. Forster vielleicht die Musik doch retten wollen, so bitte ich Euer Exzellenz ergebenst ein absolutes Veto einzulegen . . . Die Stimmung des Publicums war durch die endlose astronomische Production sichtlich gedrückt. Sollte man nicht das zurückhaltende Publikum etwas durch die Claque animieren lassen? . . . Euer Exzellenz
Johann Orth FML.[9]"

Sofort wurden ein paar Szenen gestrafft, und die Wirkung blieb nicht aus. „Das Ballet ‚Die Assassinen' ist bereits bei seiner gestrigen zweiten Aufführung mit bedeutenden Kürzungen gegeben worden", schrieb das „Neue Wiener Tagblatt" in seiner Ausgabe vom 21. November, „alle diese Veränderungen' und Kürzungen wurden auf direkte Anregung des Verfassers des ‚Buches' in's Werk gesetzt und so werden denn die ‚Assassinen' schon bei der nächsten, d. i. dritten, Reprise in Begleitung irgendeiner kleinen Oper, etwa der ‚Kadi' oder des ‚Abu Hassan' erscheinen."

Und die „Neue Freie Presse" schrieb: „Das schon bei der ersten Aufführung überaus beifällig aufgenommene Ballet ‚Die Assassinen' hat bei seiner vorletzten und bei der heutigen Aufführung einen noch größeren Erfolg errungen. Man hat das Ballet zu seinem Vortheile zweckmäßig gekürzt . . . Die Assassinen gewinnen dadurch erheblich an dramatischer Wirkung" (27. November 1883).

Im übrigen hatte es die Regie nicht versäumt, dem Publikum eine technische Neuerung zu präsentieren. Sie bediente sich dabei, gewiß mit Zustimmung des Erzherzogs, der Elektrizität. Die Tänzerinnen traten mit kleinen elektrischen Birnen auf den Kostümen auf. Dem Kritiker der „Neuen Freien Presse" gefiel es. „Eine ungemein schöne Wirkung brachten die Glühlichter hervor, welche – Irrlichter darstellend – in der Luft und in den Haaren des Balletcorps die Bühne belebten", schrieb er. Die „Assassinen" erlebten in der Hofoper insgesamt sechs Aufführungen. Dann wurde das Stück aus Gründen, die wir nicht kennen, vom Spielplan abgesetzt.

Erzherzog Johann hatte seit seinen Jugendtagen auch eine innige Beziehung zur (deutschen) Literatur. Er rezitierte, wie der Musiklehrer Emil Hess berichtet, aus dem Stegreif lange Passagen aus Goethes „Faust", „Egmont" und anderen Werken und agierte dabei „nicht wie ein Dilletant, sondern wie ein geborener Schauspieler[10]." So groß seine künstlerischen Ambitionen und wissenschaftlichen Neigungen auch waren, Erzherzog Johann Salvator war in erster Linie Soldat. Er war ein hochbegabter, theoretisch glänzend geschulter Offizier, der nicht nur auf dem Exerzierplatz, sondern auch, wie wir gesehen haben, im Felde seinen Mann stellte. Der Reform der Armee galt sein (lebenslanges) Interesse, während die Begeisterung des Kronprinzen für das Heer im Laufe der Jahre mehr und mehr abkühlte. Es kann keinen Zweifel darüber geben, daß Johann seinem Vetter auf militärischem Gebiet bei weitem überlegen war. Erzherzog Albrecht hatte Johann Salvator gelegentlich als den einzigen bezeichnet, auf den er Hoffnungen als seinen eventuellen Nachfolger setzen könnte. Von dieser Meinung war er jedoch längst abgekommen. „Der Erzherzog hat gezeigt", meinte er, „daß es ihm an jenen wesentlichen Qualitäten fehlt, die Montecuccoli, Prinz Eugen und Erzherzog Karl ausgezeichnet haben."

Johann war physisch zäher als der Kronprinz, forscher, soldatischer, der stärkere Charakter. Für Rudolfs militärische Fähigkeiten hatte der Toskaner denn auch lediglich ein mildes Lächeln, wenn nicht überhaupt Verachtung übrig. So schrieb er am 24. August 1884 anläßlich der Manöver in Bruck an der Leitha an die Mutter: „. . . Rudolf ist am Militär nicht interessiert. Ich hatte gestern im Beisein des Kaisers nur einmal das Kommando. Es war einfach, es ging alles gut, der Kaiser und selbst Albrecht war zufrieden. Seine Majestät spendete mir großes Lob dafür, daß ich eine Abteilung rasch und entschieden vorpreschen ließ, während Rudolf in einiger Entfernung ein Ablenkungsmanöver durchführte, was lächerlich schien." Es wurmte ihn natürlich, daß er, der glänzende Militär, aus Gründen der Etikette immer wieder hinter dem Kronprinzen zurückstehen mußte. Solange der Kronprinz minderjährig war und weder militärisch noch politisch eine größere Rolle spielte, hielt sich Johann Salvator mit Kritik an Rudolf zurück. Erst als sich die Konturen seines Charakters deutlicher abzuzeichnen begannen, seine Fähigkeiten und Ansichten klar zu erkennen waren, gab der ältere, sich überlegen dünkende toskanische Prinz mißbilligende Äußerungen von sich. Er ging damit jedoch nicht an die Öffentlichkeit, sondern schrieb sich seinen Kummer und seine Ärgernisse in der Korrespondenz mit der Mutter von der Seele. Dem Kronprinzen gegenüber hat er seine Kritik zumeist lediglich indirekt geäußert. Es ist zwischen den beiden Männern wohl zu ernsthaften Verstimmungen, jedoch, wie es scheint, nur selten zur direkten Konfrontation gekommen. Da der Briefwechsel zwischen Rudolf und Johann nicht komplett vorliegt – wir sind nur im Besitz einiger Schreiben[11] –, läßt sich das wechselhafte Verhältnis zwischen den beiden unorthodoxen Erzherzogen nur skizzenhaft rekonstruieren. Als der Kronprinz 1881 eine Reise nach Ägypten und in das Heilige Land unternahm, schrieb Johann an die Mutter: „Mir scheint, daß diese Pilgerfahrt nach Jerusalem nur ein Vorwand für das wirkliche Ziel der Reise ist, Jagd und orientalische Partys im Garten des ägyptischen Vizekönigs" (Brief vom 11. Jänner 1881). Und tadelnd fügte er hinzu: „Der Kronprinz soll einen Haufen Schulden haben." Vier Tage später schrieb er anläßlich der bevorstehenden Hochzeit des Thronfolgers der Mutter: „An Ihrer Stelle würde ich nicht hingehen, denn Seine Kaiserliche und Königliche Hoheit, der erlauchteste Kronprinz, verdient diesen Ausdruck der Ehrerbietung nicht. Er hat Ihnen weder in Gmunden noch in Wien die geziemende Aufmerksamkeit gezollt. Verzeihen Sie, liebe Mama, daß ich so offen bin, aber es ist traurig zu sehen, wie dieser zukünftige Souverän seine Verwandten behandelt, trotz der Tatsache, daß er in seinem Alter jenen (Menschen) Respekt und Aufmerksamkeit erweisen sollte, die viel erlebt haben, noch ehe er geboren wurde."

Aus diesen Zeilen spricht unverhohlene Eifersucht gegenüber dem jüngeren, vom Schicksal begünstigteren Kronprinzen. Gleichwohl nahm Johann an den Hochzeitsfeierlichkeiten selbst teil, und Rudolf setzte ihn telegraphisch von der Geburt seiner Tochter in Kenntnis. „Stefanie soeben von einem gesunden Mädchen glücklich entbunden. Mutter und Kind vollkommen wohl", kabelte er am 2. September 1883, um 10.10 Uhr[12].

1883, als Rudolf ein militärisches Kommando in Wien übernahm und Johann Salvator nach Linz ging, kamen sich die beiden Erzherzoge nicht nur räumlich, sondern auch persönlich näher. Der Erzherzog wurde vom Kronprinzen danach des öfteren zum Diner eingeladen. Interessant und aufschlußreich ist in diesem Zusammenhang eine Speisekarte vom 26. Mai 1883, die ich im Nachlaß Johanns gefunden habe. Auf ihrer Rückseite ist handschriftlich die Buchstabenkombination AFDBIDGF angebracht und darunter steht der Satz: Aus Finsternis durch Blut in die Goldene Freiheit. Johann kommentierte dazu: „Die Initiale von der Kronprinzessin, die Worte vom Kronprinzen geschrieben. Alle Kronprinzen sind liberal: möge unserer das auch als Kaiser bleiben." Es war ein Wunsch, der (leider) nicht in Erfüllung gehen sollte[13].

In dem Kesseltreiben, das höchste Hof- und Militärkreise gegen Johann nach der Veröffentlichung der Broschüre „Drill oder Erziehung" in Szene setzten, stand der Kronprinz, wie wir gesehen haben, auf seiten des freisinnigen, nonkonformistischen Erzherzogs. Er warnte ihn in zwei Briefen vor den Gegenmaßnahmen der Militärs. „Sie haben Dich bei Papa wieder sauber hergerichtet", schrieb Rudolf seinem Intimfeind. „Du untergräbst die Subordination. Wenn ein Mitglied des Allerhöchsten Kaiserhauses, in den soldatischen Tugenden usw. – das Beispiel der Insubordination gebe, so müsse das auf die jungen Offiziere usw. – denke Dir das übrige. Papa war sehr aufgeregt, beherrschte sich aber und sagte am Schlusse des Lamentos: ‚Meine Herren, seien Sie sicher, daß ich Insubordination in Meiner Armee nicht dulden werde. Ich erwarte in der Sache Sr. kaiserlichen Hoheit Ihre weiteren Berichte.' Du kannst Dich also freuen, wenn Onkel Albrecht wieder über Dich berichten wird. Jetzt bist Du nicht mehr der brave Gianni, der immer so fleißig lernt[14]." Der Bericht wurde erstattet, und der Kronprinz informierte den Erzherzog abermals darüber: „Onkel Albrecht hat wieder mit Papa gesprochen . . . Das sage ich Dir: Albrecht und Beck sind über Dich einig und haben, wie immer, Papa ganz auf ihrer Seite. Wenn ich etwas sage, wird Papa nur gereizter. Es ist das Gescheiteste, Du thust Buße und versöhnst den gekränkten Helden von Custozza[15]."

Für Johann offen einzutreten, war Rudolf also nicht bereit. Der Toskaner hatte andererseits nicht die Absicht, den Rat des Kronprinzen zu befolgen und bei Albrecht zu Kreuz zu kriechen. Sein Haß gegen den Doyen des Hauses Habsburg, dessen Ansichten er für reaktionär hielt (was sie in der Tat waren), ging so weit, daß er Albrecht sogar seine Verdienste in der Schlacht bei Custozza absprach.

„. . . Die Niederlage der Italiener in der Schlacht bei Custozza war nur möglich gewesen", soll Johann gesagt oder geschrieben haben, „weil an ihrer Spitze ein General stand, dessen Feldherrngaben die des Erzherzogs Albrecht nicht überragten – der Erzherzog hatte übrigens in der Stunde der Entscheidung zum Überdruß auch noch geschlafen. Der Erfolg, der ganz der Unfähigkeit der gegnerischen Leitung zu danken war, wäre jedenfalls um ein Drittel des vergossenen Blutes zu haben gewesen[16] . . ."

Ich zitiere diese Sätze mit kritischem Vorbehalt. Tatsache ist jedenfalls, daß Johann Salvator 1876 die Schlachtfelder von Custozza, Solferino und Magenta besuchte und nach einem genauen Studium des Geländes und der militärischen Operationspläne zur Überzeugung gelangte, daß die taktischen Dispositionen Albrechts (beziehungsweise seines Generalstabschefs Franz John) vollkommen falsch waren. Von der wissenschaftlichen Militärgeschichtsschreibung wird diese Auffassung allerdings nur zum Teil bestätigt.

Im Jänner 1884 rafften sich Rudolf und Johann an einer freilich eher unbedeutenden geistigen Nebenfront zu einer gemeinsamen Aktion auf. In der zweiten Hälfte des 19. Jahrhunderts hatte, von Nordamerika kommend, der Spiritismus (Geisterglaube) in Europa rasche Verbreitung gefunden. In den Salons der Aristokraten (aber nicht nur dort) fanden Séancen (Sitzungen) statt, bei denen die Geister der Verstorbenen beschworen wurden. Auch das Kaiserhaus blieb von dieser Torheit nicht verschont. Kaiserin Elisabeth war Spiritistin. Der Kronprinz, der seit seiner (glücklosen) Kindheit von Gespensterfurcht geplagt wurde, machte sich, möglicherweise, um diesen Komplex loszuwerden, bei den verschiedensten Gelegenheiten über die spiritistischen Neigungen der Aristokratie lustig. Er schrieb anonyme Zeitungsartikel und publizierte 1882, gleichfalls anonym, eine Broschüre mit dem Titel: „Einige Worte über den Spiritismus", als dessen Autor er sich selbst entlarvte, als er ein paar Exemplare mit freundlicher Widmung an böhmische Adelige verschenkte. Er fand im Kampf gegen diese „traurige Verirrung des menschlichen Geistes" in Erzherzog Johann Salvator einen beherzten Mitstreiter. Johann blieb das antispiritistische Schrifttum seines Vetters freilich offenbar verborgen. Er glaubte im Gegenteil bemerkt zu haben, daß der Kronprinz „durch diese Betrügerei sehr verschüchtert sei", weshalb er sich vorgenommen habe, ihn davon zu heilen (Brief vom 15. Februar 1884 an die Mutter). Ob er sich tatsächlich aus diesem Grund mit Rudolf gegen den Wahn des Spiritismus zusammengetan hat, bleibe dahingestellt.

Zu Beginn der achtziger Jahre des vorigen Jahrhunderts trieb ein englisches Medium namens Harry Bastian in Europa sein Unwesen. Der berühmte Geisterbeschwörer sammelte eine ihm blind ergebene Schar von Anhängern um sich und machte in der Presse Schlagzeilen. Johann, der von der Scharlatanerie Bastians überzeugt war, lud mit Zustimmung des Kronprinzen Bastian nach Wien ein, um „vor geladenen Gästen eine Vorstellung" zu geben. Als Vermittler fungierte der bekannte spiritistische Schriftsteller Baron Lazar Hellenbach. Bastian wurde nicht nur die Vergütung seiner Spesen, sondern darüber hinaus ein Honorar von einhundert Gulden pro Sitzung zugesichert. Er hielt am 28. Jänner 1884 im Haus Johanns in der Wollzeile 40 seine erste Séance ab, die programmgemäß verlief. Auch bei der zweiten Vorstellung ein paar Tage später ging alles klaglos vonstatten. Das arglose Medium sollte nach den Plänen der beiden Erzherzoge erst bei der dritten Sitzung in die gestellte Falle tappen. Und so kam es dann auch. Johann hatte an der Flügeltür, die sein Schreibzimmer mit der Bibliothek verband, einen geschickt getarnten Mechanismus anbringen lassen, der es ermöglichte, die Tür mittels einer Zugleine zu schließen. Die Séance begann. Wie bei den beiden vorangegangenen Sitzungen war nach dem Abschalten des Lichtes im Raum ein Kreischen, Heulen und Winseln zu hören, eine Spieluhr erklang, auf einer Gitarre ertönten dumpfe Akkorde. Die Anwesenden wurden von Geisterfingern, die sich feucht anfühlten, im Gesicht, an Händen und Füßen berührt, unsichtbare Hände reichten Gegenstände herum, die vorher auf dem Schreibtisch gelegen waren. Die geladenen Gäste wagten kaum zu atmen. Da zog Johann Salvator im Augenblick der höchsten Spannung die Zugleine. Die Flügel der schweren Eichentür schlugen zusammen. Rasch griffen der Kronprinz und der Erzherzog nach einer zappelnden Gestalt, die sich hinter einem Vorhang zu entfernen versuchte, der zum Zweck der Geisterbeschwörung zwischen den beiden Zimmern angebracht worden war, und zogen sie ans Licht. Es war – Mr. Harry Bastian. Mit einem weißen, mantelförmigen Tuch angetan, ohne Schuhe und Socken stand der Schwindler kreidebleich, zitternd und schlotternd vor seinem Publikum. Als er sich einigermaßen erholt hatte, packte er seine Requisiten ein und verließ die Stätte seiner Beschämung.

Der Kronprinz und der Erzherzog frohlockten. „Das war ein totaler Sieg für mich und die Niederlage jenes Spiritismus, der in Wien schon große Fortschritte gemacht und viele Leute von der Vernunft und vom Glauben abgebracht hatte", schrieb Johann Salvator am 15. Februar 1884 der Mutter. „Rudolf ist völlig überzeugt", setzte er hinzu, und: „Ich glaube, daß ich damit Gutes getan habe." Die Mutter war freilich mit der Aktion nicht einverstanden. „Sie meint, es wäre gefährlich und nicht recht für einen Katholiken sich mit dergleichen Sachen einzulassen", schrieb Luise dem Bruder[17] (Birstein, 8. April 1884).

Der Kronprinz schrieb über die Affäre einen Artikel im „Neuen Wiener Tagblatt", der Erzherzog veröffentlichte kurze Zeit später im Verlag des Linzer Buchhändlers Ebenhöch eine Broschüre mit dem Titel: „Einblick in den Spiritismus". Der Kaiser äußerte sich darüber im günstigen Sinn, nur Onkel Albrecht fand wieder einmal ein Haar in der Suppe. Er tadelte, daß sie nicht anonym erschienen sei. „Sei also einer belehrenden väterlichen Predigt gewärtig", schrieb Rudolf seinem Komplizen[18].

Die Entlarvung Bastians machte in der Presse Schlagzeilen. Zahlreiche Zeitungen des In- und Auslandes beschäftigten sich in spaltenlangen Artikeln mit dem Ereignis. Der Name des nonkonformistischen Erzherzogs wurde weithin bekannt. Die antispiritistische Broschüre Johanns wurde über Betreiben der Budapester Freimaurerloge Könyves Kólmán in das Ungarische übersetzt, ihr Verkauf anderen Logen in einem Rundschreiben empfohlen. „Mit Rücksicht darauf", heißt es da, „daß die Entlarvung der unter dem Titel Spiritismus betriebenen Gaukeleien und Bethörungen eine wahrhaft freimaurerische Handlung ist, indem sie die Verbreitung der Aufklärung entschieden befördert, und als solche gerechten Anspruch erheben kann, von jedem Bruder seiner Kraft gemäß unterstützt zu werden – so erfüllen wir eine angenehme Pflicht, indem wir die Aufmerksamkeit der Logen auf jenes Werk lenken und sie ersuchen, darauf hinzuwirken, daß dasselbe wohl im Kreise der Brüder als unter deren Vermittlung unter den Profanen große Verbreitung finde. Das Werk ist in der Buchhandlung des Bruders Dobrovsky für 50 kr. zu haben."

Das Rundschreiben fiel dem kaiserlichen Geheimdienst in die Hände und wurde als Konfidentenbericht den Behörden übermittelt[19].

Ich habe keine Anhaltspunkte dafür gefunden, daß Erzherzog Johann Salvator selbst einer Freimaurerloge angehört hat. Auszuschließen ist es freilich nicht. Trotz seiner streng katholischen Erziehung stand der Erzherzog der katholischen Kirche im reiferen Alter kritisch und reserviert gegenüber, ohne sich von ihr zu trennen. Sein Verhältnis zur Religion stellte Johann in einem Brief vom 31. Mai 1879 an seine Schwester folgendermaßen dar: „Du weißt daß ich kein Frömmler bin, aber ich kann nicht anders als in der Abwendung mancher Gefahr überhaupt in manchem ernsten Augenblicke meines Lebens das schützend Walten der Allmacht zu erkennen; Gott möge auch ferner helfen und mir das einzige wahre irdische Glück: das Bewußtsein treu erfüllter Pflicht schenken[20]!"

Ich nehme davon Abstand, den weltanschaulichen Gehalt dieser Zeilen zu kommentieren. Es sei mir jedoch der Vermerk gestattet, daß die Gleichsetzung von Glück und Pflichterfüllung für das Charakterbild des Erzherzogs als ein nicht uninteressanter Hinweis zu werten ist.

Erzherzog Johann Salvator war stets voller Pläne. Ende 1883 übermittelte er dem Kronprinzen den Entwurf für ein zehnbändiges Werk über die Österreichisch-Ungarische Monarchie. Der programmatische Titel der Skizze lautete: „Ethnographie Österreich-Ungarns in Wort und Bild". Der ideenreiche Erzherzog wollte mit dem Werk den Beweis erbringen, „daß die Monarchie kein Gebilde des Zufalls, sondern der Notwendigkeit" ist. Er beabsichtigte, ihre Lebensfähigkeit zu beweisen, ihre „Mission im Dienste der Menschheit" darzustellen, die Wechselwirkung ihrer einzelnen Glieder in kultureller und nationalökonomischer Beziehung aufzuzeigen. Neben den Deutschen und den Magyaren, die im politischen Alltag die erste Geige spielten, sollten auch die übrigen Völker und Völkerstämme des Reiches gebührend zu Wort kommen. Selbst die kulturelle Bedeutung der Juden sollte vorurteilsfrei gewürdigt werden.

Der Kronprinz war an der Gestaltung und Publikation eines solchen Werkes sehr interessiert. Er änderte das Programm und unterbreitete Mitte März 1884 die Idee dem Kaiser, ohne zu erwähnen, daß sie im Grunde von Johann Salvator stammte. (Rudolfs geistiger Anteil an der Entstehungsgeschichte des

Joseph
Ritter von Weilen

Werkes ist nie stichhältig nachgewiesen worden.) „Er (Franz Joseph) war sichtlich erfreut", schrieb Rudolf dem Erzherzog am 16. März 1884, „am meisten über den Gedanken ein Werk in Wien entstehen zu sehen, welches alle Theile der Monarchie, auch Ungarn in sich schließt. Der Kaiser ist in der That für das Werk sehr eingenommen und spricht mit sichtlicher Freude davon, hat auch falls finanzielle Störungen eintreten sollten, Seine Privatkassa zur Verfügung gestellt", teilte Rudolf elf Tage später Johann mit[21]. Die Ministerpräsidenten Taaffe und Tisza stimmten zu. Damit stand der Realisierung nichts mehr im Wege. Über Vorschlag des Kronprinzen sollte das Sammelwerk unter dem Titel: „Die Österreichisch-Ungarische Monarchie in Wort und Bild" in einer deutschen und einer ungarischen Ausgabe erscheinen. Die Redaktion der deutschen Ausgabe übertrug Rudolf dem Präsidenten des Schriftstellerverbandes, Joseph Ritter von Weilen, für die Leitung der ungarischen Ausgabe gewann er den Dichter Maurus Jokái. In das leitende Redaktionskomitee, dessen Vorsitz er führte, berief er auch Erzherzog Johann. Johann, der offenbar darüber verstimmt war, daß seine Vorschläge von Grund auf umgestaltet worden waren und das Werk zudem auch noch unter der geistigen Leitung Rudolfs stand, lehnte ab. „Rudolf hat mir geschrieben und telegraphiert", teilte er der Mutter am 25. März 1884 mit, „um mich bei der gestrigen Sitzung dabei zu haben. Aber da ich als Soldat bezahlt werde, kann ich nicht den Beruf eines Wissenschafters annehmen und mich den Befehlen der ‚Neuen Burg' (gemeint ist der Kronprinz, Anm. d. Verf.) unterstellen. Ich habe mich aus der unangenehmen und schwierigen Lage befreit, in die ich durch das von Rudolf inszenierte Werk geraten bin", setzte er fort. „Ich habe ihm mitgeteilt, daß ich weder Mitglied des Direktoriums noch sein Berater sein wolle. Ich habe mich aber bereit erklärt zu dem Unternehmen einen Beitrag zu leisten, und, wie der Kaiser weiß, werde ich über die Architektur, die Bauernhäuser und die Denkmäler Oberösterreichs schreiben; das ist ein Thema, das meiner Ansicht nach ohne jede politische Färbung ist. Es wird weder meine Anwesenheit in Wien noch Kontakt mit Wissenschaftern und Journalisten erfordern."

Der Kronprinz versuchte, seinen Cousin, den er trotz aller Meinungsverschiedenheiten gut leiden konnte, zu einer engeren Mitarbeit zu überreden. „Ich begreife vollkommen", schrieb er ihm, „daß Du nicht an der Spitze eines Unternehmens stehen willst, ohne an der Leitung desselben mitzuarbeiten; schade daß die Geschäfte in Linz Dich verhindern öfters hieher zu kommen, um den Platz auszufüllen den Du am Beginne der Arbeiten eingenommen hast, denn bei der Leitung mitbetheiligt zu sein, hätte Dir mehr zu thun gegeben und wäre eine Deinen Fähigkeiten, Kenntnissen und Deiner energischen Arbeitskraft entsprechendere Thätigkeit gewesen, als jene kleine Aufgabe eines einfachen Mitarbeiters, die Du Dir in Oberösterreich selbst gestellt hast." (Schreiben vom 27. März 1884)[22]. Aber Johann Salvator ließ sich nicht umstimmen.

Er scheint sogar seine Mitarbeiterrolle aufgekündigt zu haben, wie man aus einem Brief Rudolfs vom 30. Mai 1884 indirekt folgern kann. „Lieber Johann! Weilen meldete mir heute den Erhalt eines Briefes von Dir und eines Schriftstückes dessen Inhalt ich nur lebhaft bedauern kann; sowohl für unser

Werk, das eine tüchtige Kraft verliert, als auch wegen Dir selbst", begann der Kronprinz sein Schreiben und setzte offen und tadelnd fort: „Dass ich es gut mit Dir meine, hat Dir mein aufrichtiger Brief bewiesen; doch Du hörst nicht gerne die Wahrheit und das thut mir leid. Was habe ich für ein Interesse daran Dir offen und ehrlich zu schreiben", fuhr Rudolf etwas versöhnlicher fort, „sage ich Dir nichts, oder schöne Phrasen, so kome ich nicht besser weg, doch wahres Freundschaftsgefühl und die Überzeugung, dass es schade ist, wenn Du durch derartiges, schroffes Benehmen, Deine Arbeitskraft und Deinen Schaffensdrang lähmst, bewogen mich Dir zu schreiben wie ich denke und fühle . . . Ich wollte mit Dir arbeiten und mit Dir gemeinschaftlich beweisen", meinte er dann ermunternd, „dass es auch in unserer Familie und Stellung geistigen Adel geben kann. Viel davon ist so nicht vertreten und die wenigen müssen zusammenhalten." Er solle seinen rasch gefaßten Entschluß überdenken und sich nicht schmollend zurückziehen, bat Rudolf abschließend.

Johanns Antwort fiel kurz, beinahe barsch aus. „In Beantwortung Deines Briefes zeige ich Dir an", formulierte der Erzherzog unversöhnlich, „daß ich bei meinem nicht unüberlegten Entschluße bleibe und bitte Dich daher von meiner an die Redaction gerichteten Zuschrift Kenntniß nehmen zu wollen. Dein ergebenster Johann[23]."

Der Kronprinz war verärgert. Ende 1884 raffte sich der Erzherzog zu einem Versöhnungsversuch auf. „Dann entschuldigte ich mich", berichtete er der Mutter (Brief vom 17. Dezember), „und schrieb dem Sohn Franz Josephs einen sehr offenen Brief. Ich hoffe, er wird meine Offenheit nicht krumm nehmen." Das Original dieses Schreibens ist nicht erhalten. Über seinen genauen Inhalt sind wir daher nicht informiert. Einen Monat später schrieb Johann an Weilen: „Da ein Zwischenfall – zu meinem innigsten Bedauern – meine Teilnahme an dem großen Werke des Kronprinzen ausgeschlossen hat, ich ihm aber doch mein bestes Können und Wollen weihen möchte, so habe ich die Absicht, ihm in anderer Weise zu dienen, und zwar zunächst literarisch. Vorerst muß ich aber erfahren, ob es dem höchsten Herrn recht ist, wozu ich demnächst in Wien Gelegenheit zu finden hoffe."

Dem „höchsten Herrn" war es offenbar recht, und Johann

setzte „seine Studien, Notizen und Aufnahmen" über die Baudenkmäler Oberösterreichs fort. Er ließ die nötigen Daten über diese umfangreiche Arbeit durch die Bezirkshauptmannschaften erheben, wie aus einem Faszikel im Oberösterreichischen Landesarchiv hervorgeht. Gleichwohl kam er damit nur langsam voran, da ihn anderweitige Aufgaben, Pläne und persönlicher Starrsinn daran hinderten. In der zweiten Jahreshälfte 1888 war es aber dann doch so weit. „Sonst constatire ich", schrieb er am 10. Juli 1888 seinem ehemaligen Lehrer Ferdinand Kellner von Treuenkron, aus Pola, „daß ich mich in Orth der Vollendung meines begonnenen Werkes über die Baudenkmäler Oberösterreichs widme, ab und zu aber diese Pfaffenarbeit durch Aufenthalt auf der See – eben wie jetzt – unterbreche um wenigstens durch Kampf mit dem Wasser nicht ganz ein Schreiber zu werden[24]."

Der Kronprinz widmete sich der Kompilation und Publikation des Werkes, dessen oberste Leitung er innehatte, mit großem Eifer und Hingabe. Er präsidierte den Arbeitssitzungen des Redaktionskomitees, besprach und redigierte heikle Artikel persönlich und lud die Mitarbeiter, zu denen eine Reihe hervorragender Gelehrter gehörten, zwei- bis dreimal pro Jahr zu einem Diner ein. Trotz allerlei Schwierigkeiten, vor allem finanzieller Natur, erschien der erste Band des Werkes im Dezember 1885. Aus diesem Anlaß gab der Kaiser einen Empfang, bei dem Rudolf eine kurze Rede hielt, in der Freude und Stolz über die literarische Leistung mitschwangen, wie Maurus Jokái berichtet. „Der Kaiser", so Jokái, „gab seinem Sohne eine gnädig aneifernde Antwort, ermahnte ihn zur Ausdauer, gab seiner Zufriedenheit Ausdruck. Sodann wandte er sich zu mir und fragte mich: ‚Hat denn wirklich mein Sohn diesen einleitenden Artikel selbst geschrieben?[25]" Nichts macht die geistige Kluft zwischen Vater und Sohn blitzlichtartig deutlicher als diese naiv-treuherzige Frage.

Wie sich bald herausstellte, fand das Werk eine geteilte Aufnahme. Den Jungtschechen, deren Presseorgan „Narodny listi" von einem Abonnement abriet, war es zu großösterreichisch, auch den Rumänen paßte seine politische Richtung nicht. Von klerikaler und deutschnationaler Seite gab es versteckte und indiskrete Angriffe gegen die Zusammenarbeit mit dem „Juden" Weilen. Aber auch von Erzherzog Johann liegt ein abfälliges Urteil vor. „Das Werk des Kronprinzen, das von der Judenpresse hoch eingeschätzt wird, hat zu erscheinen begonnen", schrieb er der Mutter. „Die Südslawen sind sehr gegen dieses Werk, das infolge seines dualistischen Akzentes ihre Hoffnungen von vornherein negiert, und die kroatischen Zeitungen agieren gegen dieses Werk des zukünftigen Herrschers. Viele Personen haben alles das vorausgesagt" (Brief vom 17. Dezember 1885).

Das Verhältnis zwischen dem Kronprinzen und dem launenhaften Erzherzog, der sich längst zum Enfant terrible des Kaiserhauses ausgewachsen hatte, blieb weiterhin Schwankungen unterworfen. Es erreichte Ende 1886 einen absoluten Tiefpunkt. Der Grund hiefür war Johanns bulgarisches Abenteuer, über das später in einem eigenen Kapitel noch zu sprechen sein wird. Von seinem unbändigen Ehrgeiz getrieben, von seiner Phantasie und romantischen Träumereien beflügelt, machte der Erzherzog hinter dem Rücken des Kaisers und der Behörden eigenständig hohe Politik: Er versuchte, sich selbst oder zumindest einen (wie er glaubte) ihm willfährigen Kandidaten auf den Fürstenthron Bulgariens zu hieven. Als die Angelegenheit ruchbar wurde und ein Sturm der Entrüstung über dem Haupt des leicht entflammbaren, sprunghaften Erzherzogs zusammenschlug, hielt auch der Kronprinz mit scharfer Kritik an seinem Intimfeind nicht zurück.

„Lieber Graf!" schrieb er unter dem Datum des 22. Dezember 1886 an den amtierenden Minister des Äußeren, Gustav Graf Kalnoky von Köröspatak, „Bombelles machte mir soeben in Ihrem Auftrage die höchst eigentümliche Mitteilung über die Unterhändlersrolle des Erzh. Johann; ich habe schon viel uncorrectes Benehmen bei diesem Herrn erlebt, doch ein Unterhandeln mit einer fremden Deputation in auswärtigen Angelegenheiten, in dieser kritischen Zeit ohne Erlaubnis und hinter dem Rücken des Kaisers und des Ministers des Äußeren, das ist geradezu für einen Erzherzog und General eine Handlungsweise, die auf das strengste bestraft werden muß. Wohin kommen wir, wenn dergleichen Dinge innerhalb der kaiserlichen Familie und der Armee möglich sind, wenn der Kaiser sich nicht mehr auf diese Elemente verlassen kann, die kein anderes Princip kennen dürfen, als das des unbedingten Gehorsams und der vollsten Treue. Wenn ich Ihnen einen Rat geben darf, so ist es derjenige, nach vollkommener Feststellung der Thatsache zum Kaiser zu gehen, es Ihm zu melden und Ihn zu bitten, dergleichen Dinge absolut zu verhindern, denn wie kann man Minister des Äußern sein, wenn Erzherzoge ungenirt hinter dem Rücken ihre eigene auswärtige Politik treiben[26] . . ."

An Johann persönlich richtete Rudolf folgendes Schreiben: „Deine bulgarische Geschichte finde ich odios. Ich möchte Dich ganz gerne als Admiral an der Spitze meiner großen österreichisch-ungarischen Flotte sehen (jetzt sind es ja nur ein paar alte, qualmende Kasten), aber als Balkanese könntest Du mir zuwieder werden[27]."

Obwohl sich der Kronprinz und der Erzherzog gegen ein weiteres Vordringen Rußlands auf dem Balkan aussprachen, waren sie in außenpolitischen Fragen doch in manchem verschiedener Meinung. Rudolf mißfiel wohl die preußische Mentalität, er war aber mit Vorbehalt ein Befürworter des Bündnisses mit Deutschland und fürchtete Rußland. Johann hegte gegen Preußen und das Deutsche Reich eine tiefe, lebenslange Abneigung und war davon überzeugt, daß nur ein gutes Verhältnis zu Rußland den Bestand der Monarchie längerfristig sichern könne. Die beiden abwechselnd miteinander befreundeten wie verfeindeten Männer hatten jedoch dieselben (innen-)politischen, liberal-demokratischen Grundanschauungen. Sie waren in Glaubensfragen tolerant, antiklerikal und antiaristokratisch gesinnt.

Der Erzherzog interessierte sich auch für soziale Probleme und brachte der Arbeiterbewegung großes Verständnis und Sympathie entgegen. Heinrich Pollak gegenüber äußerte er sich einmal: „Ich habe Sie zu mir bitten lassen, um Ihnen mein Compliment über den Aufsatz zu machen, den Ihr Blatt letzthin gelegentlich des Arbeiterprocesses brachte. Er war mir aus der Seele geschrieben; wenn nur unsere Regierung die gutgemeinten Worte auch beherzigen würde! Sie verhält sich aber leider der ganzen Arbeiterbewegung gegenüber passiv und glaubt, durch Prozesse todt machen zu können. Welcher Irrthum! Als wenn man vulkanische Eruptionen durch einen dünnen Damm verhüten könnte! Die Arbeiterbewegung ist zu mächtig; mit Gewaltmaßregeln ist ihr nicht beizukommen. Sie hat meiner Ansicht nach eine Berechtigung, und so lange man diese nicht

anerkennt, wird sie an Umfang nur zunehmen . . . Es ist eine
patriotische Pflicht der Presse, die Regierung zu drängen, daß
sie auch für die Arbeiter etwas thue, und daß sie nicht die Ohren verschließe, um den Nothschrei von Tausenden nicht zu hören . . ." Pollak weiter: „Der Erzherzog sprach sich über die
Forderungen der Arbeiter und über das, was man ihnen gewähren könnte, ohne den Staat und die bürgerliche Ordnung zu gefährden, in einer Weise aus, wie sie wärmer kaum von den fach-
kundigsten und eifrigsten Vertretern der Arbeiter hätte vorge-
bracht werden können[28]."

Als sich die Wogen in der Bulgarienaffäre einigermaßen
geglättet hatten und nach seiner Enthebung vom Militärdienst
(näheres siehe Kapitel 6), versuchte Johann, sich dem Kronprinzen wieder zu nähern. Als Vermittler bediente er sich hiebei Ritters von Weilen, den Rudolf sehr schätzte. In einem
Schreiben vom 30. Jänner 1888 aus Arco demonstriert der
Erzherzog reuige Gesinnung. „Wie gerne hätte ich schon längst
dem Kronprinzen geschrieben und manches ausgesprochen,
was mir die Seele beschwert, doch besorge ich stets und besorge
noch, allzu ungnädigen Gesinnungen unseres zum Theil mit
Recht verstimmten Herrn zu begegnen. Ich glaube die Rückkehr seiner Gewogenheit nur von der ehrlichen Sühne eines
zwar nicht grundlosen aber doch unrichtigen und mich auch
reuenden Entschlusses erhoffen zu dürfen", heißt es darin.

Weilen antwortete unverzüglich: . . . „Von dem inhaltsrei-
chen Briefe, den Eure Kais. Hoheit an mich zu richten die
Gnade hatten", schrieb er salbungsvoll, „habe ich dem durchlauchtigsten Kronprinzen Mitteilung gemacht. Ich glaubte damit den Intentionen Eurer Kais. Hoheit zu entsprechen u. darf
versichern, daß weñ Eure Kais. Hoheit sich unmittelbar und
vertrauensvoll an den Kronprinzen wenden, Eure Kais. Hoheit
des liebenswürdigsten und freundschaftlichsten Entgegen-
kommens gewiß sein können[29]." (Schreiben vom 4. Februar
1888.)

Bereits am 6. Februar schrieb Johann, offenkundig erleich-
tert, an Weilen zurück: „Ich kann Ihnen gar nicht sagen, welche
Freude mir Ihr freundliches Schreiben vom 4. d. M. machte . . .
Die unseren verehrten Kronprinzen betreffende Mitteilung hat
mich von einem drückenden Alp befreit und danke ich Ihnen
bewegten Herzens für einen wahren Freundschaftsdienst."

Johann schrieb Rudolf einen Sühnebrief, den wir leider nicht kennen. Ritter von Weilen teilte er darüber folgendes mit: „Unmittelbar nach Erhalt Ihrer *erlösenden* Zeilen habe ich dem Kronprinzen geschrieben und nur gesagt, was ich tief und wahr empfand. Glauben Sie mir, ich weiß, daß ich gefehlt; doch habe ich auch einen Prozeß in mir durchgemacht, den ich nicht meinem ärgsten Feind wünsche und der – ich gestehe es Ihnen offen – vorübergehend *mein Gemüt gebrochen und meinen Geist getrübt hat.*"

Nach dem Scheitern aller seiner Pläne und Hoffnungen scheint Johanns Verhältnis zum Kronprinzen in freundschaftliche Ergebenheit eingemündet zu sein. Nun, da es zwischen den beiden Männern keine Reibungsflächen mehr gab, galt offenbar das Werturteil, das Johann einmal gegenüber Heinrich Pollak, dem nachmaligen Verfasser seiner Lebensgeschichte, geäußert hatte. „Der Kronprinz", soll er gesagt haben, „berechtigt zu den schönsten Hoffnungen; er hat ein streng ausgebildetes Rechtsgefühl, das er wohl von seinem Vater . . . geerbt hat, er besitzt eine feine Empfindung für alles Gute, Schöne und Edle, und er ist, was ich besonders betonen möchte, durch und durch constitutionell, und zwar im ausgesprochen liberalstem Sinne." Auf die Frage Pollaks, welchen Parteistand der Kronprinz bezüglich der *inneren* politischen Angelegenheiten einnehme, antwortete Johann: „Sprechen wir lieber darüber nicht! Ich kenne zwar die politischen Anschauungen des Kronprinzen sehr genau, wir haben oft genug über die Vorgänge im Innern unsere Ansichten ausgetauscht, ich glaube sagen zu können, daß wir in Vielem ganz übereinstimmend denken . . ." Den Charakter des Kronprinzen umriß der Erzherzog mit folgenden Worten: „Ich bewege mich, wie Sie wissen, sozusagen in allen gesellschaftlichen Kreisen, und ich kann Sie nur versichern, daß ich noch auf keine Persönlichkeit gestoßen bin, die concilianter, liebenswürdiger und entgegenkommender wäre, wie der Kronprinz; darum ist es auch erklärlich, daß er überall den besten Eindruck hinterläßt, auf Jeden eine faszinierende Wirkung ausübt. Wer unseren Kronprinzen nur einmal im Leben gesprochen, muß für ihn schwärmen und kann den Eindruck nie vergessen, den er durch sein liebenswürdiges Wesen hervorruft. Was ich jedoch für meine Person am meisten an ihm schätze, ist die grenzenlose Pietät für seine Professoren und die hohe

Achtung für die Männer der Wissenschaft und der Kunst . . . In Bezug auf die Presse", fügte der Erzherzog dann noch hinzu, „sind wir Beide d'accord, nur daß meine Beziehungen zu ihr sehr übel genommen werden, ich darunter viel zu leiden habe, während man sich an den Kronprinzen doch nicht so recht heranwagt[30]."

Diese Lobeshymne auf den Kronprinzen ist aus dem Munde des eher zynisch bis sarkastisch formulierenden Erzherzogs ungewohnt. Die beiden Intimfeinde hatten jedenfalls ab 1888 wenig Gelegenheit, ihr erneuertes Freundschaftsverhältnis unter Beweis zu stellen. Johann war viel auf Reisen. Begegnungen hat es jedoch gegeben. Rudolf und Johann sahen einander im Juli 1888 in Fiume und Monate später in Wien. Was sie einander mitzuteilen hatten, ob sie gemeinsame politische (Umsturz-)Pläne wälzten, wie von manchen Historikern angenommen wird, bleibe dahingestellt. Es gibt dafür keine Beweise. Das freund-feindschaftliche Verhältnis zwischen diesen beiden Männern, das in allen seinen menschlichen Verästelungen und politischen Verstrickungen aller Wahrscheinlichkeit nach mangels an Unterlagen nie mehr zur Gänze auslotbar sein wird, fand jedenfalls durch den Selbstmord des Thronfolgers in der Nacht vom 29. zum 30. Jänner 1889 ein jähes Ende. Erzherzog Johann befand sich zu diesem Zeitpunkt in Fiume. (Das später kolportierte Gerücht, er habe Rudolf in Mayerling im Streit erschlagen, ist eine glatte Erfindung.) Er wurde vom Grafen Eduard Paar, dem Generaladjutanten des Kaisers, am 30. Jänner, 17.00 Uhr, gleichzeitig mit allen anderen Erzherzogen, die von Wien abwesend waren, vom Tod des Kronprinzen fernschriftlich verständigt. Das Telegramm hatte folgenden Wortlaut: „Seine kaiserliche Hoheit Kronprinz Erzherzog Rudolf ist heute früh in Mayerling an Herzschlag gestorben.

Paar FMlt."

Johann übersandte sofort ein Kondolenztelegramm, das um 19.40 Uhr in Fiume aufgegeben wurde und folgenden Inhalt hatte: „An Seine kaiserliche und königlich Apostolische Majestät. Tief erschüttert von furchtbarem Unglück, welches uns Alle betroffen, bitte Euere Majestät sowie Ihre Majestät die Kaiserin unterthänigst, meine innigste schmerzlichste Theilnahme genehmigen zu wollen.

Erzherzog Johann Fml."

Franz Joseph kabelte zurück: „Kaiserin und ich danken Dir vielmals für Deine innige Theilnahme an dem schweren Unglück, das uns alle betroffen hat[31]."

Am nächsten Tag, dem 31. Jänner 1889, reiste Johann nach Wien, um am Begräbnis Rudolfs teilzunehmen, das am 5. Februar stattfand. Spätestens am 14. Februar (Brief an Weilen) war er wieder in Fiume zurück. Der Erzherzog wohnte während dieses Wien-Aufenthaltes im Palais Karl Salvators in der Alleegasse. Was er in diesen Tagen in der kaiserlichen Hauptstadt unternahm, welche Wege er erledigte, mit wem er zusammentraf, wo er sich aufhielt, welche Spuren er (möglicherweise) verwischte, entzieht sich weitgehend unserer Kenntnis. In seinem umfangreichen schriftlichen Nachlaß findet sich darüber keine einzige Zeile. Fest steht, daß er am 1. Februar den toten Vetter im Cerclezimmer der Hofburg besuchte, wie Arthur Freiherr Giesl von Gieslingen, der dort Dienst tat, berichtet. (Giesl war als Ordonnanzoffizier des Kaisers dem Hofstaat Rudolfs zugeordnet.) Der Erzherzog machte Giesl gegenüber die Äußerung: „Hier liegt ein großer Mann, ich möchte ihm nachfolgen, wenn ich nicht zu feige wäre[32]."

Mit Sicherheit ist auch eine Begegnung mit Heinrich Pollak am 4. Februar bezeugt. Im Verlaufe des Gespräches, das sich hauptsächlich über die Tragödie von Mayerling drehte, soll Johann unter anderem gesagt haben: „ Es ist jammerschade um den Kronprinzen, jammerschade! Er zeigte stets ein großes Interesse für alles Edle, Gute und Schöne; er war vortrefflich veranlagt, er hatte auch ein gutes Herz und war vorurtheilsfrei und wohlwollend. Dem Zauber seines Wesens konnte sich Niemand entziehen, der ihm einmal von Angesicht zu Angesicht gegenübergestanden ist. Man durfte große Hoffnungen auf ihn setzen! Vielleicht wäre er noch zu retten gewesen, wenn man ihn aus dem unwürdigen Verkehr gerissen hätte. Es hatte offenbar Niemand gewagt, ihm ernstliche Vorstellungen zu machen. Ich begreife es. Der Rudolf war etwas reizbaren Temperaments. Wer sich's mit ihm nicht verderben wollte, der mußte sehr vorsichtig sein[33]."

Gräfin Marie Larisch-Wallersee, die Nichte Kaiserin Elisabeths und Vertraute des Kronprinzen, erzählt in ihren Memoiren, Rudolf habe ihr ein paar Tage vor Mayerling eine „Schachtel, die schwer wie Blei war", mit der Bitte übergeben, sie zu verwahren und nur demjenigen auszuhändigen, der ihr die Buchstaben R. I. O. U. nenne. Sie habe die Kassette nach dem Tod des Kronprinzen im Schutze der Dunkelheit an den vermummten Johann Salvator ausgeliefert, nachdem ihr dieser das Kennwort ins Ohr geflüstert habe. Ob sie die Wahrheit sagte, konnte bis heute nicht nachgewiesen werden.

Die berühmte Stahlkassette spielt auch in den Erinnerungen von Marie Zwirner (geb. Stubel), der Schwester der Lebensgefährtin des Erzherzogs, eine Rolle. „Ob jene vielgenannte Stahlkassette wirklich, wie vielfach behauptet wurde, die Pläne Rudolfs und Genaues enthielt, den Kaiser zur Abdankung zu zwingen", erinnerte sie sich später, „weiß ich nicht. Was ich mit Bestimmtheit weiß, ist, daß die Stahlkassette, die die Gräfin Larisch, die Nichte der Kaiserin, von Rudolf unter geheimnisvollen Umständen erhalten und Gianni übergeben haben will – daß diese Stahlkassette scheinbar wirklich existiert und in Giannis Besitz sich gefunden hat. Sie war länglich, unscheinbar, von mäßiger Größe. Sie stand in Millis Verwahrung. Ihr Inhalt bestand aus chiffrierten Schriftstücken; ob der Chiffreschlüssel derselbe war wie der, den Gianni und Milli in späteren Jahren bei ihrer Korrespondenz benutzten und den wir in Millis Nachlaß gefunden hatten, wußte ich nicht zu sagen. Aber Milli wußte, was die Kassette enthielt, sonst hätte sie ja nicht öfters geschluchzt: ‚Diese Kassette! Diese Kassette[34]!'"

Wenn man von einer Stahlkassette spricht, die *scheinbar* wirklich existiert hat, was soll man von deren Existenz *wirklich* halten?

Der Tod Rudolfs hat Johann, das darf man annehmen, gewiß berührt. Wahrscheinlich ist er ihm sogar nahegegangen. Als ihm Stephanie, die ihm übrigens den Tod des Gatten telegraphisch anzeigte, mit Datum vom 20. Februar 1889 aus Miramar „von dem, der ihm einstens so nahe gestanden", ein letztes Liebeszeichen sandte und ihn bat, Rudolf ein treues Angedenken zu bewahren, sprach er ihr „bewegten Herzens" seinen innigsten Dank dafür aus und versprach, das Andenken an „unseren unglücklichen Kronprinzen mit aller Kraft der Überzeugung hochzuhalten[35]".

Folgende Doppelseite:
Chiffriertes Schreiben Milli Stubels an ihren Johann

Кисрлинг, лон 8/VIII 85

Инингстгелибте Мама!

Ихх вар герадэ им бегриф дир
зу сухрейбен алс ден песухехен
бвели ду мир айер менне 2 бриефе
Кеине лион обекин радон алс ихх
ден и сухрейбен ердинит Ихх мур
дир петхехен дасс ихх седен есу
траурит вар проте меннер
битти, мир ванд Каурищат
убер ден и бефинден ду реден, со
ланте ниухти вон дир зу хохрн.
Хсуте бин ихх абер вииухр руиин
бвели ихх ввеие ес деи и дир
гути. Со сррсути мииа дасс
ду сеиние Лисфлуп мацитеон
ум дина сивбае зу ерстреуси

Es ist denkbar, daß der Tod des Kronprinzen den taten-
hungrigen Erzherzog in Wirrnisse gestürzt hat. Vielleicht hat
dieser Tod auch Konsequenzen für das Schicksal Johanns gehabt, das sich eineinhalb Jahre später erfüllte. Wir wissen es
nicht. Die einzige schriftliche Äußerung des Erzherzogs dazu,
die wir kennen, findet sich in dem bereits erwähnten Schreiben
vom 14. Februar 1889 an Weilen: „. . . Ich teile Ihre Empfindung", schrieb Johann seinem vertrauten Briefpartner, „daß
unsere Verehrung für den Dahingeschiedenen nur wachsen
müsse, wenn sich das Mitleid einstellt und umso tiefer verletzen
mich die Ausbrüche klerikaler Gehässigkeit . . ." Dieser Satz
läßt viele Deutungen zu, ist so unauslotbar wie das Verhältnis
und die letzten Absichten der beiden kaiserlichen Prinzen, die
weltanschaulich so viel verband und deren ungewöhnliches
Ende das Ende der Donaumonarchie (symbolhaft) vorwegge-
nommen hat.

4. Giovanni und die Frauen

In der Zeit, in der Johann Salvator in Linz stationiert war, in den Jahren zwischen 1883 und 1887, erhielt der urwüchsige, tatenlustige Erzherzog eine große Zahl glühender Liebesbriefe. „Mein lieber, geliebtester Johann! Mein süßes Alles auf der Welt!" redete ihn eine Unbekannte an und schwärmte dann in kühnen Phantasien, in (oft) grellen, kaum wiederzugebenden Worten von nicht stattgefundenen Zusammenkünften und Liebesabenteuern. Als anonyme Briefschreiberin wurde von der kaiserlichen Geheimpolizei eine gewisse Karoline Heller von Hellersberg ausgeforscht, 28 Jahre alt, protestantisch, verheiratet, Mutter von vier Kindern[1].

Die Liebesbriefe dieser wahrscheinlich geistesgestörten, sehr vermögenden Frau an ihren vermeintlichen Galan sind nicht die einzigen Dokumente dieser Art, die erhalten geblieben sind. Im Nachlaß des Erzherzogs finden sich zahlreiche Briefe von Frauen, die der „Kaiserlichen Hoheit" offen und unverhüllt ihre Liebe bekundeten, ihn um ein Rendezvous, um seine Gunst baten. „Kaiserliche Hoheit", schrieb ihm eine dieser Damen, „Verzeihn Sie, daß ich mir heute die Freiheit nehme, einige Zeilen an Sie zu richten; denken Sie sich kaiserliche Hoheit, ich habe die ganze Nacht nicht geschlafen, da mir Ihr liebes Bild stets vor Augen war, leider war daß Glück zu kurz! Doñerstag früh stand ich um 5 Uhr auf, um daß Vergnügen zu haben, Ihnen kaiserliche Hoheit einen ‚schönen *guten* Morgen' zu wünschen, und habe die große Freude gehabt Sie auf einen Moment wirklich zu erblicken ... Darf die Eñy hoffen, daß kaiserliche Hoheit, mich mit Ihren so lieben Besuche beglücken wollen, deñ es wäre furchtbar für mich, wenn die kurze so seelige Begegnung mit ihnen, nur ein flüchtiger Traum gewesen wäre! Eine einzige Bitte wage ich noch, werde ich aus Ihren lieben schönen Handerln ein paar liebe Zeilen bekoñen? Kaiserliche Hoheit möchten mich damit zur glücklichsten Frau machen, Sie würden die hohe Gnade an keine Unwürdige verschenken . . ."

Dann drückte ihm die ihn hochverehrende, ganz ergebene Emmy in tiefster Ehrfurcht Herz und Hand, ohne zu vergessen, Seiner Kaiserlichen Hoheit auf der letzten Seite unten links ihre Wohnadresse bekanntzugeben. Der leutselige Giovanni mag sich über solche Briefe amüsiert haben. Er machte sich nichts daraus, aber er warf sie auch nicht weg. Er sammelte sie und gliederte sie, wie gesagt, seinem Nachlaß ein. Mit Sammelleidenschaft allein ist das wohl nicht zu erklären. Mag sein, daß ihm, der ja nicht gerade ein Adonis war, diese Briefe geschmeichelt haben.

Erzherzog Johann war kein Frauenheld. Während der genußsüchtige, unterhaltungsbedürftige Kronprinz seiner Gemahlin leidenschaftlich untreu war, mit Damen der verschiedensten Gesellschaftsschichten (flüchtige) Beziehungen unterhielt und in seinen letzten Lebensjahren von einem Liebesabenteuer in das andere taumelte, unterhielt Johann Salvator zeitlebens nur zu einigen wenigen Frauen intime Beziehungen. Bei der Entflammbarkeit seines Temperamentes und der Strahlkraft seiner Stellung ist das gewiß verwunderlich. Er war auch in dieser Hinsicht eher ein untypischer Erzherzog.

Im Alter von zwanzig Jahren lernte der Erzherzog auf seiner ersten größeren Reise in das östliche Mittelmeer eine junge Engländerin kennen, die offenbar sein Herz im Sturm eroberte. Von der Korrespondenz zwischen den beiden jungen Menschen ist nur ein Brief erhalten, der bei Lavander Cassels abgedruckt ist (siehe Literaturverzeichnis). Da es der einzige Liebesbrief Johann Salvators ist, den wir (bislang) kennen, sei er hier zur Gänze wiedergegeben:

„Herzallerliebster Engel.
Ich muß Dich mit Kosenamen überhäufen. Du bist meine reizendste Geliebte, mia cara carissima, ma petite chérie, meine süße Rose von Kent. Ich hielt mich oft für verliebt, ehe ich das Glück hatte, Dich zu treffen, denn es war ein Irrtum. Du hast von meiner Seele Besitz ergriffen wie kein Mensch zuvor. Ich bin verzweifelt über die Nachricht, daß ich Dir in Zukunft keine Aufmerksamkeit mehr schenken darf. Mein kaiserlicher Rang steht meinem Werben *pour le bon motif* im Weg, sagst Du und

Deine verehrte Mutter. Das sollte wohl so sein, würde ich nicht erkennen, wie außerordentlich selbstgefällig es ist, zusammen mit 70 Verwandten auf einer einsamen Bergspitze eingepfercht zu sein. Ich hasse meinen Rang und bin entschlossen wie ein Mensch zu leben, nicht wie eine arme Kreatur, die von der Wiege bis zum Grabe verhätschelt werden muß. Es wird an Dir liegen, ob ich weiterhin ein ‚Erzherzoglein' bleiben muß oder nicht . . . Ich habe den Mut nach Australien auszuwandern, wo ich zweifellos mein Glück finden würde. Ich wollte Theaterintendant sein, Französisch-, Deutsch- oder Italienischlehrer, Leiter eines Zoos oder eines botanischen Gartens, ich könnte Reitlehrer sein oder ein berittener Hirte. Es müßte nicht einmal das ferne Australien sein. Ich könnte das Mädchen meiner Wahl in Italien heiraten. Ich wurde in der Toskana geboren, wo die Gesetze der großherzoglichen Familie nur noch tote Buchstaben sind. Da Du nie eine Erzherzogin sein kannst, würde es mich glücklich machen, die Erzherzogswürde zurückzulegen, doch hoffe ich, immer Dein liebes Erzherzoglein zu bleiben

Johann.

– oder, da Du meinen zärtlichen italienischen Namen magst, Giovanni – aber auf gar keinen Fall (Don) Juan[2]."

Obwohl in diesem Schreiben gewiß nicht alle Beteuerungen, Pläne und Feststellungen ernst zu nehmen sind, gibt es uns doch einen interessanten Einblick in die Gefühls- und Gedankenwelt des zwanzigjährigen Erzherzogs. Johann Salvator war sich schon in jungen Jahren über die Isoliertheit seiner Existenz vollkommen im klaren. Er lebte nur unter seinesgleichen (oder sollte es zumindest), in einer Welt des talmihaften Glanzes, der höflichen Verstellungskunst, der geschickt getarnten Intrige. Der Zutritt zu den Millionen Menschen, die ihm gesellschaftlich ferne standen, die man in seinen Kreisen als Kreaturen, bestenfalls als Leute betrachtete, blieb ihm verwehrt. Als Angehöriger des Kaiserhauses erfreute er sich wohl vieler Privilegien, es wurden ihm viele Freiheiten gestattet, ohne daß er wirklich frei war. Er und seine Standesgenossen waren im Grunde nicht Herr ihrer eigenen Entschlüsse und Entscheidungen. Ein kaiserlicher Prinz durfte nach einem habsburgischen Hausgesetz aus dem Jahre 1837 ohne Genehmigung des Souveräns nicht in das Ausland reisen, er durfte nicht heiraten, er besaß nicht einmal die österreichische Staatsbürgerschaft. Er war gewissermaßen persönlich exterritorial. Seine Vergehen wurden nicht von einem öffentlichen Gericht, sondern vom Obersthofmeisteramt geahndet, das selbstverständlich der Weisungsgewalt des Kaisers unterstand. Ein Erzherzog wurde tatsächlich von der Wiege bis zum Grabe bemuttert, bevormundet, überwacht, gegängelt. Es gab viele Mitglieder des Kaiserhauses, denen das nichts ausmachte, die sich nolens volens in diesen Ordnungsrahmen fügten. Johann Salvator fügte sich nicht. Er war freiheitsliebend und aufmüpfig. Und so war es nur natürlich, daß er eines Tages wahrmachte, was er in diesem Brief ankündigte: Daß er aufhörte, ein Erzherzog zu sein, daß er aus dem Kaiserhaus ausstieg und sich auf seine eigenen Beine stellte. Aber von dieser Absichtserklärung bis zum endgültigen Entschluß war es noch ein weiter Weg.

Aus der Romanze mit der jungen Engländerin wurde nichts. Ungefähr zur selben Zeit, aller Wahrscheinlichkeit nach im Jahre 1871 – das genaue Datum ist nicht mehr feststellbar – begann eine andere Liebesbeziehung, die alle Wechselfälle seines unsteten Lebens begleiten und überdauern sollte: die Liebe zur Balletteuse Ludmilla Hildegard Stubel. Es kann als sicher gelten, daß der Erzherzog bei einem Besuch der Wiener Hofoper an der jungen Tänzerin Gefallen fand, sich mit ihr bekanntmachen ließ, ihr den Hof machte und schließlich auf seine unkonventionelle Art ihr Herz gewann.

Ludmilla Hildegard Stubel entstammte kleinbürgerlichem Milieu. Ihr Vater, Andreas Stubel, ein stattlicher, großer Mann, machte zunächst als Angestellter bei der Fürstlich Salm'schen Gutsverwaltung in Seisenberg im vormaligen Herzogtum Krain Dienst, ehe er in die Güterdirektion nach Wien versetzt wurde. In der kaiserlichen Hauptstadt wurde „Milli", wie sie später im Familienkreis genannt wurde, als dritte von vier Töchtern geboren. Die Taufmatrikel der Pfarre St. Josef im zweiten Wiener Gemeindebezirk weist den 11. September 1852 als den Tag ihrer Geburt aus. Die Familie war zu diesem Zeitpunkt im Haus Donaustraße 1 wohnhaft[3]. Milli – und das verdient festgehalten zu werden – war also ein paar Monate älter als Johann Salvator.

Wie ihren Schwestern Lory, Marie und Jenny wurde auch ihr von der schönen, temperamentvollen Mutter eine über-

Milli Stubel, die Lebensgefährtin und spätere Frau des Erzherzogs

durchschnittliche künstlerische Begabung in die Wiege gelegt. Sie trat schon als Kind in eine Ballettschule ein, atmete am Harmonietheater in der Wasagasse zum erstenmal Bühnenluft und kam dann nach einem kurzen Engagement im Theater an der Wien an die Hofoper.

Ludmilla Stubel war keineswegs eine strahlende Schönheit. Sie war schlank, hatte eine wohlproportionierte Figur, dichtes, blondes Haar, schöne blaue Augen und ein fein geschnittenes Gesicht. Sie fiel im Ballettkorps der Hofoper weder durch besonderes Talent noch durch ihre außergewöhnliche Erscheinung auf. Sie war auch keine Solotänzerin. Dennoch fand ein Mitglied des Kaiserhauses an ihr Gefallen. Das war an sich nichts Außergewöhnliches. Im Gegenteil, es war beinahe eine Alltäglichkeit. Die Flirts von Erzherzogen mit Tänzerinnen der Hofoper und anderen Theatern gehörten im kaiserlichen Wien

121

*Erzherzog Johann als Teilnehmer an einem Festspiel anläßlich
der Silbernen Hochzeit des Herrscherpaares*

(und anderswo) zum amourösen Gesellschaftsbetrieb wie das
Amen im Gebet. Was die Beziehung zwischen Johann Salvator
und Ludmilla Stubel, zwischen „Gianni“ und „Milli“, über das
Alltagsmaß hinaushob, war ihre Dauerhaftigkeit. Wäre sie Epi-
sode geblieben, wäre Ludmilla Stubel heute längst vergessen.

Was die Zeitungen später über dieses Liebesverhältnis geschrieben, was die Filmregisseure daraus gemacht haben, klingt
übertrieben operettenhaft. Aber obwohl die Liebe des Erzherzogs Johann Salvator zu seiner „Miltschi“, wie sich bald herausstellte, keine leichtfertige Tändelei zwischen einem Hochari-
stokraten und einem Mädchen aus dem Volke war, birgt sie
doch Stoff genug für ein Operettendrehbuch. Das muß man zu-
geben.

Der Erzherzog soll die Tänzerin in Probenpausen auf der 4. Galerie der Hofoper kennengelernt und sie durch Bestechung ihrer Tante, die als Anstandsdame fungierte, nach den Vorstellungen des öfteren privat zum Abendessen eingeladen haben. Wo immer sich die ersten Kontakte zwischen den beiden verliebten jungen Menschen abgespielt haben, Tatsache ist, daß der Erzherzog aus seiner Liebe kein Geheimnis machte. Schon wenige Wochen nach seinem ersten Zusammentreffen mit Milli stattete er Mutter Stubel, die mit ihren Kindern nun auf der Wieden wohnte (dem heutigen 4. Wiener Gemeindebezirk) – Andreas Stubel war 1867 gestorben –, einen Besuch ab und offenbarte ihr seine Gefühle für ihre Tochter. Er war in der Folgezeit bei Familie Stubel oftmals zu Gast.

Es kann auch als sicher gelten, daß Johann Salvator seine Geliebte gesellschaftsfähig machte. Ludmilla Stubel hatte nur eine geringe Schulbildung. Der Erzherzog brachte ihr einen gewissen „äußeren Schliff" bei, besorgte ihre oder sorgte sich um ihre Sprach- und Gesangsausbildung. Wenn man Zeitungsmeldungen Glauben schenken darf, sprach Milli in späteren Jahren geläufig Italienisch und Französisch, spielte leidenschaftlich Klavier, trug Lieder vor und schrieb sogar kleine eigene Kompositionen.

Das Liebesverhältnis zwischen Johann Salvator und der Balletteuse Ludmilla Stubel blieb selbstverständlich auch dem Kaiser nicht verborgen, und die Klatschbasen in der Kaiserresidenz zerrissen sich darüber natürlich die Mäuler.

Solange das Verhältnis des Erzherzogs zur kleinen Balletteuse als bloßer Flirt, als vorübergehende, flüchtige Liebesbeziehung betrachtet werden konnte, verschlossen der Kaiser und die Hofkreise davor die Augen. Als sich aber herausstellte, daß dabei das Herz mitspielte, daß daraus eine echte Zuneigung geworden war, erhielt der heißblütige Toskaner den unmißverständlichen Wink, die Liaison abzubrechen. Johann, der schon in jungen Jahren einen eigensinnigen, trotzigen Willen hatte, beugte sich dem als Wunsch ausgesprochenen Verlangen.

„Liebe Milli", schrieb er eines Tages seiner Angebeteten, „Hohen Orts ist unser bisheriges Verhältnis in Erfahrung gebracht worden und wurde mir nicht nur das hierüber herrschende Mißfallen sondern auch die Erwartung ausgesprochen, daß anläßlich meiner Ferien eben dieses Verhältnis abgebro-

chen werde. So schmerzlich mich das betroffen hat, so habe ich nichtsdestoweniger den Entschluß gefaßt, mich und meine Empfindungen den hohen Intentionen zu unterordnen. Auch bin ich durch eine objektive Betrachtung selbst zur Überzeugung gelangt, daß eine Fortführung unserer Beziehungen für unsere Zukunft nicht angezeigt erscheint, deine soziale Existenz mehr als beeinträchtigt und die Erfüllung aller mit meiner Stellung verbundenen Pflichten erschwert. Ich hoffe daß Du Dich dieser Uiberzeugung nicht verschließt und mit vernünftiger Fassung Dich in die Notwendigkeit schicken wirst; Ich erwarte dieses Opfer von Dir als den letzten und besten Beweis Deiner Liebe . . ." Der Erzherzog dankte sodann seiner Geliebten für die treue Anhänglichkeit und zärtliche Sorgsamkeit, die sie ihm entgegenbrachte, und verpflichtete sich, sie materiell zu unterstützen und vor Not zu schützen. Er habe, so teilte er ihr mit, im Bankhaus Rothschild 20.000 Gulden für sie angelegt . . . Abschließend fand er in diesem über weite Strecken im sachlichen Amtsdeutsch abgefaßten Schreiben auch noch ein paar innige, persönliche Töne. „Wenn ich Dich hin und wieder gekränkt habe", schrieb er, „so kann ich das jetzt nur durch die Versicherung gutmachen, daß ich Dich unaussprechlich geliebt habe. Ich habe in Dir ein gutes, gefühlvolles, anständiges Mädchen gefunden.
Liebe gute Milli, Lebewohl

Johann[4]."
Das undatierte Schreiben, das im Nachlaß in zwei Entwürfen vorliegt, muß dem Erzherzog einiges Kopfzerbrechen bereitet haben. Es schlug im Hause Stubel offenbar wie eine Bombe ein. Millis Schwester Marie, verehelichte Nunziante, die das Schreiben des Erzherzogs beantwortete, fand für Schani zunächst lobende Worte. Er hätte sich der Familie gegenüber so liebenswürdig verhalten, daß man ihn wie einen Bruder liebgewonnen habe, schrieb sie ihm am 6. Dezember 1873. Milli sei über den „unglückseligen Brief mehr Tod als lebend", sie sei krank und halbwahnsinnig, teilte sie ihm dann mit, und bat ihn um eine Empfangsbestätigung der angebotenen Summe von der Fa. Rothschild. Mutter Stubel, eine Frau von heftigem Temperament, nahm den Entschluß des Erzherzogs weniger gelassen hin. Sie drohte ihm mit der Befassung der Obervormundschaft, falls er das Vermächtnis nicht notariell fertigen

lasse (Schreiben vom 31. Jänner 1874) und erhob vierzehn Tage später gegen Johann schwerste Vorwürfe. Ihre Tochter sei keine Straßendirne, schrieb sie ihm unumwunden, er solle die Hände von ihr lassen. Und dann wörtlich in ungelenker Formulierung: „Mir wäre lieber meine Tochter hätte einen Geschäftsmann mit dem sie sich öffentlich zeigen kann ohne Scheu vor aller Welt, nicht aber wie eine Verbrecherin unter falschem Namen sich muß verborgen halten und zum Lohn ist das Mädchen nur ein Spielball bei ihnen . . ." Und dann stellte die resolute Frau, die nach dem Tod ihres Mannes mit schweren Existenzsorgen zu kämpfen hatte, Bedingungen: Milli solle ab dem 24. Lebensjahr über den angebotenen Betrag verfügen können. Falls sie aber beim Erzherzog bliebe, bestehe sie darauf, daß er 30.000 Gulden bei einer Bank hinterlege und Milli jeden Monat für ihre Dienste als Beschließerin einen Betrag von 250 Gulden ausbezahle. Von dieser Summe beanspruchte sie 100 Gulden für sich selbst. Schließlich drohte sie Johann sogar damit, beim Kaiser ihr Recht zu suchen, falls er sich mit diesen Bedingungen nicht einverstanden erkläre (14. Februar 1874). Ihre Tochter beschwor sie, von Schani zu lassen, und auch Ernst, Millis Bruder, mahnte: „Der Herr Schani meint für sich Alles recht gut, für dich aber herzlich schlecht" (7. Februar 1874). Milli wollte von solchen Ermahnungen nichts wissen. „Ich bin mit meinem Leben zufrieden", schrieb sie am 16. Februar 1874 der Mutter[5]. Sie hielt unbeirrbar zu ihrem Giovanni, sie wollte sich von ihm nicht trennen. Zwischen den beiden Liebenden kam es bald zu einer Versöhnung. Der Erzherzog hatte sich die Sache, aus welchen Gründen immer, anders überlegt. Er widersetzte sich dem Wunsch des Kaisers, er blieb bei seiner Miltschi.

Das war natürlich eine offene Kampfansage an Franz Joseph und die Hofkreise, aber der Erzherzog hatte sich entschlossen, den Kampf aufzunehmen. Als er im Februar 1875 nach Krakau strafversetzt wurde, nahm er Milli kurzerhand als „Beschließerin" in die neue Garnisonsstadt mit. In den Augen der Hofkamerilla war das eine Ungeheuerlichkeit, eine anmaßende Provokation, die ihm und seiner Geliebten natürlich eine Reihe von Schwierigkeiten und Anfeindungen aller Art eintrug. Sie scheinen ihn, bei aller äußeren Gelassenheit, auch persönlich betroffen zu haben. „Meine Beschließerin macht hier

(Krakau) das größtmögliche Aufsehen", schwärmte er zunächst in einem Brief an einen Verwandten, möglicherweise den Kronprinzen. „Sie erregt überall die gleiche Bewunderung, sie wird als das schönste Mädchen gefeiert, sie entzückt durch ihre imposante Statur, durch ihr vornehmes Wesen, wie durch ihre Herzensgüte. Sie macht mir Freude, verkürzt mir die Tage, und mit ihrem rarem Gemüth und stets guten Laune läßt sie mich alle die Leiden vergessen, die ich in Wien erdulden mußte und die auch jetzt noch kein Ende nehmen."

Aber schon in einem seiner nächsten Schreiben bricht ein anklagender Ton durch. „Es ist mir unfaßbar", schreibt er, „weshalb man die arme Milli so verfolgt. Mag sich der Zorn gegen mich richten, daß ich unbesonnen, leichtsinnig, ja sträflich handle; was will man aber von ihr, die nichts anderes gethan, als das, was rein menschlich ist, die ja doch nur dem Zuge ihres Herzens folgt? Weshalb verfolgt man sie, sagt man ihr Dinge nach, die absolut aus der Luft gegriffen sind? Weshalb verleumdet man sie in so schändlicher Weise? – Fünfzehn Jahre war sie alt, als ich sie kennen lernte. Über ihrem ganzen Wesen lag der Reiz der Jugend. Sie glich der Rosenknospe, eingehüllt in Frühlingstau, von keiner rauhen Hand je berührt[6] . . ."

Ludmilla Stubel war nicht fünfzehn Jahre alt, als sie Johann Salvator kennenlernte, sie war neunzehn. Warum sie der im allgemeinen ehrliche, wahrheitsliebende Erzherzog – offenbar mit voller Absicht – jünger machte als sie war, ist schwer zu sagen? Wollte er dadurch ihre Unschuld beteuern, allen gegen sie gerichteten Verleumdungen die Spitze nehmen? Wollte er als der reifere Partner erscheinen, dem allein die Verantwortung für ihre Liebesbeziehung zukam? Auf alle diese Fragen gibt es keine Antwort.

Wie dem auch sei, die Bitternisse, die man seiner Miltschi zufügte, schmerzten ihn. Immer wieder kam er darauf zurück. „Die bitteren Kränkungen, die man mir schon zugefügt", schrieb er einem seiner Freunde, „habe ich im Laufe der Zeit ertragen gelernt, die Kränkungen jedoch, die man meiner armen, unschuldigen Miltschi bereitet, diese verbittern mir das ganze Leben; ich kann allen meinen Verfolgern verzeihen – die Urheber der gegen meine Miltschi ausgestreuten Verleumdungen jedoch trifft mein unauslöschlicher Haß und meine Verachtung und bleibt ihnen erhalten für alle Zeiten[7]."

Während Johann Salvator seinen Freunden gegenüber ab und zu sein Herz ausschüttete, erwähnte er Milli in den Briefen an die Mutter überhaupt nicht. In der umfangreichen Korrespondenz sucht man vergebens nach ihrem Namen. Der Grund hiefür ist darin zu suchen, daß Maria Antonia die Liebesbeziehung ihres Sohnes zu Ludmilla Stubel ablehnte, von ihr nichts wissen wollte. Giovanni, der seine Mutter heiß liebte, hat das gewiß geschmerzt.

Natürlich war das Verhältnis zwischen dem ungestümen Erzherzog und seiner treuen, biederen, aus den untersten Volksschichten stammenden Geliebten nicht nur Anfechtungen und harten Bewährungsproben ausgesetzt. Es machte auch Krisen durch. Der Erzherzog, der als Angehöriger des Kaiserhauses und als (hoher) Offizier einen weiten Pflichtenkreis hatte, konnte Milli nicht überallhin mitnehmen. Es gab lange Wochen und Monate der Trennung, die die sensible Balletteuse nur schwer ertrug. Sie mußte in diesem Fall bei der Mutter und ihrer Schwester Marie Unterschlupf suchen oder irgendwo in Wien eine Wohnung mieten. Und da sie kein Einkommen besaß, war sie vollkommen auf die Großmut Johanns angewiesen.

In der Öffentlichkeit zeigte sie sich wenig oder durfte sie sich vielmehr kaum zeigen. Ungeduldig sehnte sich die alleingelassene, einsame Frau dann nach einem Lebenszeichen von ihrem „theuersten Schani", ihrem „Alterl", ihrem „innigstgeliebten Mann", ihrem „Bübchen" oder wie immer sie den geliebten Mann auch anzureden pflegte. Ihr Gianni ließ sie freilich oft genug (allzu) lange warten. Die Klagen, daß er zu wenig von sich hören lasse, sind neben der Sorge um seine Gesundheit in ihren Briefen ein sich ständig wiederholendes Thema.

Das unstete Leben, das Ludmilla Stubel an der Seite Johanns zu führen gezwungen war, das ständige Versteckenspiel vor der Öffentlichkeit, die Geringschätzung, die ihr selbst aus der Umgebung des Erzherzogs zuweilen entgegenschlug, das Gefühl der gesellschaftlichen und intellektuellen Unterlegenheit, ihre Unebenbürtigkeit dem Geliebten gegenüber zerrten an ihren Nerven. „Vergebens warte ich auf ein Lebenszeichen von Dir", schrieb sie ihrem Giovanni am 12. April 1886 nach Linz, „aber leider scheinst Du schon ganz vergessen zu haben, daß ich *noch* lebe, denn wenn Du bei Deiner von Dir so geliebten Mutter bist, ist meine Person aus Deinem Herzen ver-

Lory Stubel, die lebenslustige Schwester Millis, im Theaterkostüm

schwunden ... Wenn Du in Gesellschaft Deiner Mutter bist fühlst Du Dich in einer anderen Sphäre ... Übrigens sollte mich dies nicht berühren", stellte sie dann, sich selbst beruhigend, fest, „denn ich muß immer denken daß ich ja nur eine ganz arme Kreatur gegen euch bin[8]."

Vor diesen Anfällen von Minderwertigkeitsgefühlen und all den anderen schwer zu ertragenden Widerwärtigkeiten flüchtete sie sich in die Krankheit. Wie wäre es sonst zu erklären, daß die Briefe der Dreißig- bis Fünfunddreißigjährigen voll sind von Berichten über Unwohlsein, Kopf-, Hals-, Zahn- und Magenschmerzen, Bauchweh, Nierenleiden und anderen Übeln? Die Mitteilungen über Arzt- und Bäderbesuche nehmen darin kein Ende. Wie Giovanni darauf reagiert hat, wissen wir nicht, da mit Ausnahme des Schreibens, das ich zitiert habe, bislang kein einziger Brief von ihm an sie aufgetaucht ist.

Erzherzog Johann Salvator hat Ludmilla Stubel gewiß geliebt, sonst hätte er sich über kurz oder lang auf Dauer von ihr getrennt. Er hatte eine solche endgültige Trennung 1882/83 auch im Sinn, wie wir später noch sehen werden. Von einem Kind oder einer Familiengründung wollte er jedoch absolut nichts wissen. Dies hätte sein Ausscheiden aus dem Kaiserhaus bedeutet, sein Traum von einer großen militärischen Karriere wäre damit zu Ende gewesen. Dieses Opfer zu bringen, war er im Alter von 25 Jahren ganz einfach (noch) nicht bereit.

Auf Kind und Familie kommt Milli in zwei Briefen vom Mai 1877 zu sprechen. Nach der Konsultation eines Facharztes berichtete sie ihrem Lebensgefährten: „Meine einzige Kur sei die, etwas dafür zu machen daß ich wieder empfange und er meinte dann würde ich ganz gesund werden, wenn ich ein Kleines bekommen möchte und er stellte mir den Antrag mir einen kleinen Schnitt in die Organe zu machen" (9. Mai). Zwei Tage später schrieb sie ihm ein wenig mysteriös in ihrem fehlerhaften Deutsch: „Waß Du mir schriebst das ich alles tun soll um kein Kind zu bekomen, das ich mir wegen Deinen einen Ausspruch keine Famillie wünsche[9]" (11. Mai).

Ich möchte es mir ersparen, diese beiden Passagen zu kommentieren. Der Erzherzog, der damals in Komorn stationiert war, hatte offenbar andere Sorgen. Er hatte mittlerweile an Lory, der ältesten, extravaganten, flatterhaften Stubel-Tochter, Gefallen gefunden, und Lory hatte ihn gerne erhört. Als sie im

Herbst 1877 in Pest gastierte, sandte sie ihm aus der ungarischen Hauptstadt folgendes Brieflein (4. Oktober 1877):

„Mein süßes Hanserl! Wie erfreute mich Dein so liebes Briefchen, glaubte ich doch Du hast mich vergessen . . . Bei Dir wahr es ein heiligeres Gefühl welches Dich zu mir brachte, eine Zuneigung, nicht allein nur sinnlich, sondern wahr, aufrichtig, Dir geht meine ganze Person nah . . . Du hast mir jetzt den Kopf ganz verdreht, ich denke immer und immer an Dich . . . Millionen aufrichtige Küsse sendet Dir Deine Dich
treu liebende

Lory."

Drei Wochen später bettelte sie den Erzherzog um Geld an, das sie auch erhielt, und hoffte auf einen gewissen Besuch aus Komorn. „Vergesse mich nicht mein süßes Hanserl komme recht bald in die Arme Deiner Dich sehr verehrenden Lory", schrieb sie abschließend (29. Oktober). Das süße Hanserl, dem höchstwahrscheinlich die ewige Bettelei um Geld auf die Nerven ging, machte der Liebesbeziehung bald ein Ende. Lory beklagte sich wohl darüber, aber sie fügte sich in ihr Schicksal. „Milli ist gutmütig", schrieb sie dem lieben Janny, „ich dagegen energisch, zum Alleinherrscher geboren. Du hast Dich bei mir verirrt, hast aber bald wieder heimgefunden zu meiner Schwester . . . Milli soll aus meinem Mund nie erfahren was zwischen uns vorgefallen . . ." Und auch diesmal bat sie um eine letzte Gefälligkeit, um Geld. „Du bist ja so reich, Dir wird es nicht so schwer ankomen, mir zu helfen . . ." argumentierte sie[10] (28. November 1877).

Als Johann Jahre später ihr rundweg die Bitte abschlug, ihr 7.000 Gulden zu leihen, schrieb ihm die temperamentvolle Schauspielerin, die sich in ihren Äußerungen kein Blatt vor den Mund nahm, bitterböse: „Sollten Dich Deine Gefühle wiedereinmal von Milli ablenken und zur Schwester Lory führen, wie *dieß* schon *zweimal der Fall war,* so möchte ich Dir doch rathen, es dir reiflich zu überlegen da für die Zukunft meine Freundschaft, so wie meine *Thüre* für *dich* verschlossen ist[11] . . ." (22. 9. 1882). Diese deutliche Absage hielt Lory jedoch nicht davon ab, Johann auch später immer wieder um Geld anzupumpen. Der eifersüchtigen Milli, die damals wieder einmal unter dem Pseudonym Hildegard Schmidt in Karlsbad zur Kur

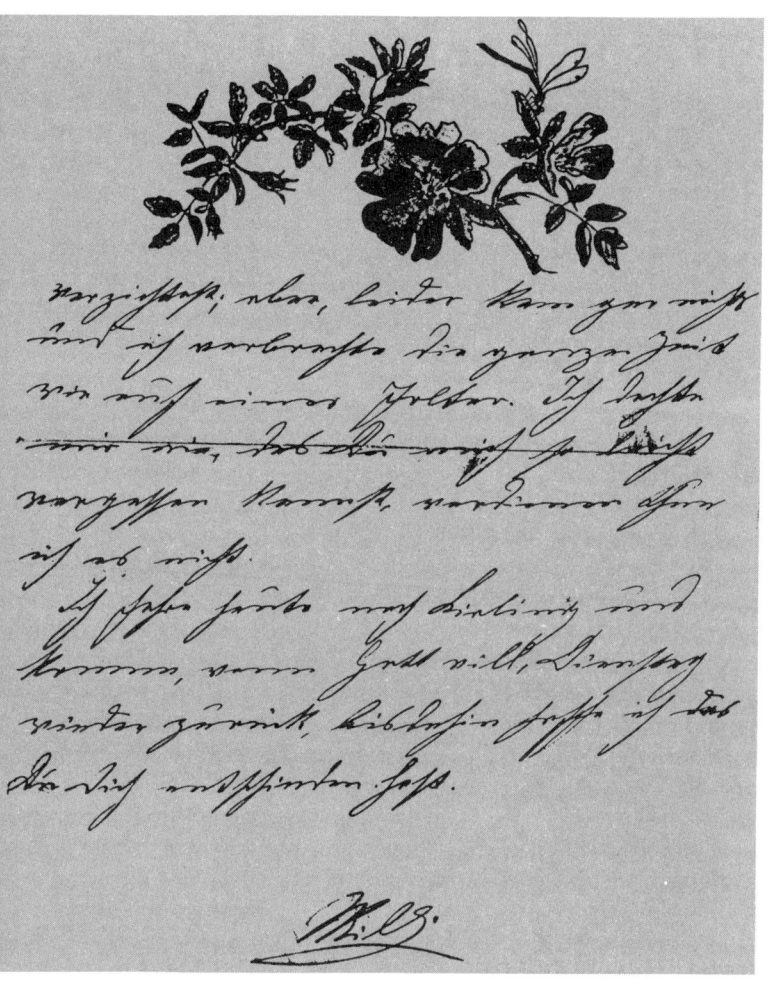

Ausschnitt aus einem Abschiedsbrief Millis an Johann

weilte, blieb das Techtelmechtel ihres Schani mit der Schwester
nicht verborgen. „Also du gehst nicht nach Bruck, gehst daher
nach Wien?" stellte sie in einem Brief vom 19. Juli 1882 zunächst fragend fest, um ihrem „theuersten Alten" im Handum-
drehen handfeste Vorwürfe zu machen. „Aufrichtig gesagt ist
mir das gar nicht angenehm das du deinen Plan geändert hast",

fuhr sie fort, „da du jetzt häufiger als sonst bei der *lieben feschen Lory* sein kannst, . . . deine Schwärmerei über diese falsche Kreatur geht zu weit . . . aber das sage ich dir *entweder entscheidest du dich* für sie oder für mich[12] . . .“

Sie konnte ab und zu sehr energisch werden, die Milli Stubel. Wie sie ja überhaupt in ihren Briefen frisch von der Leber weg alles zu Papier brachte, was sie auf dem Herzen hatte. Sie schrieb, wie ihr der Schnabel gewachsen war. In ihren Zeilen spiegeln sich ihre natürliche Intelligenz, ihre Klugheit, ihr Humor, ihre Hypochondrie, ihre Voreingenommenheiten, ihre Kümmernisse, ihre Fürsorglichkeit, ihr zeitweiliger Lebensüberdruß, ihre Eifersucht. Letztere zieht sich geradezu leitmotivisch durch die gesamte Korrespondenz. So schrieb sie ihrem Tausendsassa am 9. Oktober 1882: „Über deine Jagderlebnisse und diversen Kirchgänge mußte ich wahrlich sehr lachen; auf der einen Seite den Mörder spielen auf der anderen den Pfaffen; ich wußte ohnedem daß Ersteres weniger gelingen wird als letzteres denn zum Jäger scheinst Du nicht Geboren, Du hörst Dir lieber die frommen Gesänge an das liegt Dir besser, und dabei denkst Du Dir, wie schade das man nicht die Sängerinnen sehen kann, einbethen darf. Du bist ein großer Häuchler hast es faust Dick hinter Deinen Ohren[13] . . .“ Oder: „Lasse Dir die Waden der kurzgeschürzten . . . nicht zu sehr gefallen, sonst wäre es gefehlt, Du würdest weniger schnell gesunden“ (26. Mai 1880). Ein andermal: „Sei recht brav mein theurer und denke manchmal an mich, lasse Dich nicht durch momentane *Schwäche* verleiten, denn es ist nicht alles Gold was glänzt; bleibe bei Deiner Alten die es wirklich verdient hat, ihr treu zu bleiben (12. Februar 1886). Und dann wieder: „. . . Ich hoffe das Du die Cur schon begonnen hast und Dich darauf recht wohl fühlst. Sei nur recht braf und vergesse mich nicht durch den Anblick vieler schöner Badebesucherinnen, deren es gewiß schon in einer Unzahl geben wird; denke an eine treue Seele die Dir von ganzen Herzen ergeben ist, und Du wirst den Versuchungen gewiß wiederstehen können . . .“ (23. Mai 1881). Endlich: „Mache jetzt nur recht fleißig Dienst, das wird Dich auch zerstreuen, dann dauert es ohnedem nicht mehr lange und Du wirst auch Deine Freiheit und damit Zerstreuung finden. Sei nur vernünftig und mache keine dummen Streiche, Du würdest mich dann auf immer verlieren[14]“ (27. August 1887).

Neben der Eifersucht kommt auch der Lebensüberdruß in ihren Briefen nicht zu kurz. So schrieb Milli am 23. April 1887 ihrem Angebeteten: „. . . sollte es mit mir wirklich schon zu Ende gehen, wenn es sein müßte, so wäre es mir ganz egal, denn das fortgesetzte Leiden, wo an den ganzen Leben ohne dem so wenig freundlich dran ist, verbittert noch das Wenige[15]."

Sie machte es sich selbst und dem Mann ihres Herzens nicht immer ganz leicht, die kleine, unscheinbare Milli Stubel.

Knapp vor der Okkupation Bosniens und der Herzegowina, im Juli 1878, bedachte der Erzherzog Milli in seinem Testament (wir haben im zweiten Kapitel darauf hingewiesen). In einem Zusatz zum Hauptschriftstück heißt es da:

Kodizill

„Mit Bezug auf die von mir am 24. Juli 1878 gemachten letztwilligen Bestimmungen erkläre ich im Nachhange zu denselben, daß von dem dort erwähnten Kapital von fl. 40.000, sage vierzigtausend Gulden Oe. W., die entfallenden Zinsen lebenslang als Fruchtgenuß dem Fräulein Ludmilla Stubel bestimmt sein sollen. Dieses Kapital soll in diesem Behufe auf einem Wiener Stadthaus prima loco pupillarisch sichergestellt werden und die entfallenden Zinsen halbjährig anticipando dem obgenannten Fräulein ausbezahlt werden. Die Kosten dieser Transaktion sind aus der Verlassenschaft zu bestreiten[16] . . ."
Wie man sieht, hatte der Erzherzog für alle Eventualitäten vorgesorgt. Der Ernstfall trat nicht ein. Johann Salvator kehrte unverwundet, aber krank in seine Heimat zurück. Die Rekonvaleszenz, die er auf Schloß Ort bei Gmunden verbrachte, nutzte er unter anderem zum brieflichen Gedankenaustausch mit Verwandten, Freunden und Bekannten. Aus dieser Zeit stammt ein aufschlußreicher Brief an Marie Luise. Johanns Lieblingsschwester, die mit dem Fürsten Carl Isenburg verheiratet war, redete dem Bruder, „dessen irdisches und ewiges Glück ihr sehr am Herzen lag", immer wieder zu, zu heiraten. Auf diese Zusprüche antwortete Johann im erwähnten Schreiben: . . . „Zum Schlusse Deines Briefes sagst Du mir, Du möchtest mich glücklich wissen. Gewiß auch ich habe für mich den gleichen Wunsch, doch fragt es sich ob ‚glücklich' und ‚verheiratet' Synonime sind. Die vielen, ja zahllosen unglücklichen

Ehen, deren wir schon mehrere auch unter unseren Angehörigen zu verzeichnen haben, sind leider ein abschreckendes Mittel gegen das Lotto der Ehe. Es wäre das Wagniß noch leichter wenn dabei nur das eigene Lebensglück im Spiele wäre; nun aber macht man, bei mißglückter vielleicht auch bei geglückter Wahl, möglicher Weise auch ein anderes Wesen unglücklich. So schmeichelhaft es für mich ist, daß Du mir die Eigenschaften zumuthest, ‚die erforderlich sind Jemand glücklich zu machen‘ so erlaube ich mir diese doch sehr zu bezweifeln, da ich meine diesbezüglichen Mängel sehr genau kenne. Nichtsdestoweniger bin ich ‚im Principe‘ für die Ehe – ähnlich wie die österreichische Regierung ‚im Principe‘ für die Regelung der Finanzen ist – doch bin ich wieder zu sehr Gemüthsmensch um mich in einem nur ‚aus Princip‘ geschloßenen Lebensbunde zufrieden zu fühlen. Auch muß ich mir die etwas unbescheidene Bemerkung erlauben daß auf dem durch die Vorurtheile der Welt begrenzten Gebiethe die Species ‚geeignete Braut‘ nur durch sehr unvollkommene Exemplare vertreten ist[17] . . ."

Die Schwester antwortete darauf: „. . . Wenn Du mir auch schreibst und sagst Du zweifelst daß *glücklich* und *verheirathet* ein Synonim sei, so glaube ich fest daß Du mit Deinem liebebedürfendem Herz nur in der Ehe glücklich sein wirst. Wohl sehe ich ein wie schwer es ist Jemand zu finden die alle erwünschten Vorzüge besitzt, doch zweifle ich nicht daß dieser Jemand einmal zu finden sein wird. Vollkommen glücklich hier auf Erden zu sein ist eine Unmöglichkeit, denn das vollkommene Glück ist nur bei Gott im Himmel zu finden" (24. Februar 1879).

Als Johann sie einige Zeit später um Rat bat, wie er Schloß Ort einrichten solle, schlug sie das Thema noch einmal an. „Ist aber Dein Nest einmal so heimlich und so traut eingerichtet", schrieb Luise dem Bruder, „wie glücklich wäre ich eine liebliche Schwägerin darin zu finden! Verzeihe Johann wenn ich wieder diesen wunden Punkt berührt habe; es ist nur meine aufrichtige Liebe für Dich die mir diese Gedanken einflößt. Zürne mir nicht! Du hast ein warmes liebend Herz, bist geboren um jemand glücklich zu machen[18]!" (Weihnachtsabend 1879).

Die Ratschläge der Schwester fielen auf unfruchtbaren Boden. Der Erzherzog hatte zu dieser Zeit nicht die Absicht, zu heiraten. Andererseits wollte er sich auch von Milli nicht trennen, wiewohl er allmählich zur Überzeugung zu gelangen schien, daß sie nicht die geeignete Frau für ihn sei. Diese Feststellung läßt sich aus einem Brief Luises folgern, die ihm mit Datum vom 22. März 1883 schrieb: „Ich habe nicht vergessen was Du mir vor zwei Jahren in Gmunden sagtest wie wir mit der Mutter beisammen saßen und über Deine künftige Frau sprachen. Du sagtest Du möchtest ein Mädchen finden die ohne ein Blaustrumpf zu sein viele Interessen hätte, die Dir keine Schande machte, ein frommes tugendhaftes Mädchen an die Du Dich erbauen könntest, durch welches Du beßer werden würdest . . . von ganzem Herzen wünsche ich, daß Du Dein Ideal findest[19] . . .‟

Wenn der Erzherzog ein Mädchen mit den beschriebenen Eigenschaften finden wollte, dann muß er diese Tugenden an Ludmilla Stubel vermißt haben oder er war seiner langjährigen Lebensgefährtin, aus welchen Gründen immer, überdrüssig geworden. Er war auf der Suche nach einer Frau, die ihm geistig und gesellschaftlich ebenbürtig war.

Im Frühjahr 1882 fiel sein Auge schließlich auf Gräfin Caroline (Carla) Attems, der Hofdame der Erzherzogin Maria Immaculata. Da wir nur die Briefe der Gräfin kennen, die noch dazu größtenteils undatiert sind, ist es nicht möglich, die Geschichte dieser Liebesbeziehung exakt nachzuzeichnen, es ist aber gewiß auch nicht notwendig.

Wo Johann und Carla einander kennenlernten, kann man nur vermuten. Es wird wohl auf einem Hoffest oder einer anderen derartigen Veranstaltung gewesen sein. Der erste Kontakt wurde dann durch Briefe weiter gepflegt und intensiviert. „Wenn K. Hoheit morgen Donnerstag geneigt wären mich zu sehen und zu sprechen, so würden K. Hoheit mich punkt 1/2 12 Uhr beim Obelisk in Schönbrunn treffen‟, schrieb die Gräfin dem Erzherzog offenkundig in einem frühen Stadium ihrer Beziehungen, und setzte hinzu: „Wenn es einwenig regnen oder schneien sollte, lasse ich mich nicht abhalten es würde mir sogar Assurance geben in der Voraussicht wenigen Menschen zu begegnen. Ich werde von der Seite des Schloßes komen d. h. beim Haupttor . . . Mir ist so weh ums Herz wie ich es gar nicht sagen kann, möge das in Aussicht gestellte Wiedersehen einen Sonnenstrahl in mein Seelenleben bringen. Mit einem innigen Gruß Euer K. Hoheit aufrichtig ergebene

Carla Attems.‟

Als die Bekanntschaft zur Liebesbeziehung wurde – Johann und Carla trafen einander im Prater, in der Wohnung von Carlas Schwester in Rudolfsheim, im Amstel Rondeel-Hotel in Amsterdam und gewiß auch an anderen Orten – wurde der Ton der Briefe natürlich inniger.

„Ich sende Dir einen Kuß so innig, so glühend als läge mein ganzes Lebensglück darin, sie sollen alle sagen was sie wollen ich bin Dein ganz Dein – Carla", heißt es da etwa und: „Es ist schon 10 Uhr Abend, ich bin allein und träume von den so süß verlebten Stunden."

Die Gräfin war natürlich gebildeter als Milli, die Mutter Johanns akzeptierte sie, und so faßte der Erzherzog den Entschluß, sie zu heiraten. Er brauchte hiefür jedoch die Zustimmung des Kaisers. Da er sich der Täuschung hingab, das kaiserliche Einverständnis ohne größere Mühe zu erlangen, ersuchte Johann Salvator Franz Joseph um eine Audienz. Die Unterredung fand Ende März 1883 statt. Carla bebte ihr mit bangem Herzen entgegen. „Mein innigst geliebter Johann! Wenn ich darüber nachdenke wie ich nach und nach zum Bewußtsein meiner und Deiner Liebe kam", schrieb sie dem Erzherzog am 25. März 1883 formvollendet, „dann könnte ich begeistert Gott bitten er möge uns nicht trennen, denn so viel Liebe muß Glück bringend sein wie ein göttlicher Funke den nur eine edle Leidenschaft entzündet[20]."

Franz Joseph hörte sich die Bitte des Erzherzogs gnädig an – und wies sie zurück. Johann teilte einige Zeit später den Wortlaut des Gespräches vertraulich der Mutter mit (Schreiben vom 8. April 1883):

„Schon seit geraumer Zeit interessiere ich mich lebhaft und ernsthaft für die Gräfin Attems, und da ich ihre Tugend schätze, habe ich die Absicht, sie zu heiraten", begann der Erzherzog das Gespräch.

„Oho, also das ist es, was Du im Sinn hast", unterbrach mich der Kaiser, und nachdem er sich von der Überraschung erholt und eine gönnerhafte Miene aufgesetzt hatte, sagte er: „Wenn Dir die Sache nicht besonders zu Herzen geht, wäre es mein Wunsch, daß Du auf diese Idee verzichtest."

Ich: „Majestät, wenn mir die Sache nicht sehr am Herzen läge, hätte ich es nicht gewagt, sie Eurer Majestät vorzutragen."

Kaiser Franz Joseph I. als Inhaber des Husarenregimentes Nr. 1

Der Kaiser: „Ja, aber trotzdem würde ich es vorziehen, wenn Du verzichten würdest, da es in der Familie bereits genügend solcher Ehen gibt."

Ich: „Eure Majestät sehen, daß ich mir nicht erlaube, diese Gnade für selbstverständlich zu halten, da ich es für meine Pflicht hielt, vorerst von Eurer Majestät zu erfahren, ob meine Bitte nicht im Widerspruch mit Ihren erhabenen Absichten steht – und Eure Majestät können sicher sein, daß mir dieselben immer heilig sein werden."

Der Kaiser: „Im Gegenteil, lieber Johann, ich danke Dir für die Loyalität und die Offenheit, mit der Du zu mir gekommen bist, und danke Dir wirklich dafür, daß Du meine Wünsche respektieren willst." Das sagte er mit aufrichtiger Güte.

Ich: „Eure Majestät werden die Güte haben, die Bitte, die ich mir erlaubt habe vorzutragen, für sich zu behalten."

Der Kaiser lebhaft: „Sicherlich wird niemand etwas von dem erfahren, was Du mir gesagt hast."

„Die Audienz war damit zu Ende, da es der Kaiser der Staatsgeschäfte wegen sehr eilig hatte", berichtete Johann weiter, „aber er gab mir sehr herzlich die Hand, und ich sah aus seinem ganzen Gehaben, daß er nicht ein bißchen aufgeregt war und daß seine Ablehnung nicht gegen die Person gerichtet, sondern von prinzipiellen Überlegungen bestimmt war."

In der Aufregung der Stunde hatte es der Erzherzog verabsäumt, dem Kaiser zu sagen, daß es sich nur um die Zustimmung zu einer morganatischen Ehe gemäß § 19 des Familienstatutes handelte. Dieses Versäumnis fand er nachträglich deshalb ärgerlich, weil er sich in der Hoffnung wiegte, Franz Joseph wäre unter diesen Umständen seinem Wunsch zugänglicher gewesen. Er ersuchte deshalb die Mama, beim Kaiser in diesem Sinn zu intervenieren und dabei zu betonen, „wie glücklich er ihn machen könnte[21]".

Es ist anzunehmen, daß sich Maria Antonia bei Franz Joseph für ihren Sohn verwendet hat. Wenn sie es tat, dann war sie gewiß nicht erfolgreicher als er. Unstandesgemäße Ehen waren dem Kaiser ein Greuel. Sie überstiegen die Grenzen seiner Vorstellungskraft, die in diesem Fall auf einem genau markierten gesellschaftlichen Erdreich abgesteckt waren.

Die Gräfin gab die Hoffnung auf ihr Eheglück nicht auf, als sie durch Johann von der kaiserlichen Absage erfuhr. Sie wußte nicht, wie hart Franz Joseph in diesen Dingen sein konnte. „Vielleicht stellt der Kaiser Bedingungen", meinte sie, „setzt einen Termin oder hat er wirklich eine vollständige abschlägige Antwort unwiederruflich gegeben? . . . Noch einmal will ich Dir sagen . . . daß ich Dich liebe mit der ganzen Macht meines warmen Herzens, der ganzen Innigkeit, Ehrlichkeit und Hingebung meines Gemüthes", versicherte sie Johann, „und kann ich Dir auch nicht angehören mit Leib und Seele so werde ich Dich weiter lieben treu und wahr bis in den Tod[22]" (Schreiben vom 29. März 1883).

Das Liebesverhältnis zwischen Johann und Carla ging weiter. „Laß uns eine Stunde glücklich sein, ich denke der liebe Gott wird seine Freude daran haben", schrieb sie am 18. Juli 1883. Es ist der letzte aus einer größeren Anzahl von Briefen, die Johann für den Nachlaß gesammelt hat. Mit ihm verlieren sich die Spuren, die Gräfin Caroline Attems im Leben des Erzherzogs Johann Salvator hinterlassen hat.

Und was tat, während sich diese Romanze abspielte, Milli Stubel? Wußte sie davon, daß ihr Johann sie loswerden wollte, daß er die Absicht hatte, eine Aristokratin zu heiraten? Und wenn, wie verhielt sie sich, wie reagierte sie darauf? Aus ihren Briefen geht hervor, daß es zunächst zwischen ihr und Schani zu einem heftigen Streit kam, dessen Ursache (unausgesprochen) höchstwahrscheinlich die Liaison des Erzherzogs mit Gräfin Attems war. Johann insultierte Milli vor der Dienerschaft, worauf sie sein Haus verließ, die monatliche Rente, die sie erhielt, zurückschickte und beabsichtigte, ein paar Möbelstücke, die ihr gehörten, abholen zu lassen. „Aus all dem vorangegangenen komme ich doch allmählich zur Ansicht", schrieb sie Johann, „das Du dies alles provozierst nur mit *der Absicht* um mich auf eine feine Weise los zu werden . . . nun hast Du volle Freiheit, genieße sie und ich wünsche Dir für alle Zukunft das Beste!
Milli." (Undatiert)
Der Erzherzog scheint daraufhin eingelenkt zu haben, doch Milli zierte sich, stellte ihre Bedingungen. In einem Brief ohne Anrede vom 19. Mai 1882, Kierling, 11 Uhr nachts, grollte sie: „Für die tiefe Demüthigung und Beleidigung die Du mir angesichts Deiner Diener zufügtest hast Du nur als Entschuldigung das eine Wort ‚Ärger'; wenn jemand Grund zum Ärger hätte so wäre ich es gewesen; warum provozirst Du immer solche Auf-

tritte? das ich es mit der Zeit satt bekommen muß, ist leicht begreiflich; . . . Du schreibst mein Herz oder die Vernunft soll mich zu Dir zurückführen, ja was das Herz anlangt würde selbes mir sofort sagen, in Deine Arme zurückzukehren, aber die Vernunft räth mir zu reiflicher Überlegung, denn weiter so eine unsichere Existenz zu haben als es besonders in der letzten Zeit der Fall war, wo Du mir jede Minute unverblümt zu verstehen gabst, ich kann gehen wenn es mir beliebt, dem will und kann ich mich nicht mehr aussetzen; ich müßte mich vor mir selbst schämen, ewig nur als die Geduldete (und die sich nur bei Dir anfrißt dies Deine eigenen Worte am Tag unserer letzten Begegnung) . . . zu leben . . ."

Sie wolle sich ihr Brot selbst verdienen, erklärte sie dann, sie habe nichts Böses getan, es müßte ihr einziger Fehler gewesen sein, ihn zu sehr geliebt zu haben. „Es giebt nur einen Weg uns wieder zu vereinen", schloß sie ihren Brief, „und zwar diesen, das Du mir die gebührende Achtung in Gegenwarth Deiner Diener zolst und ebenso volle Garantie für meine Zukunft.

Milli[23]."

Johann ließ sich mit seiner Antwort Zeit, worauf Milli neun Tage später ihrerseits wieder zur Feder griff. „Ich bin die ganze Woche hier in Wien und warte immer auf ein entscheidendes Wort von Dir, ob es Dir lieb ist das ich komme oder ob Du für *immer* auf mich verzichtest", schrieb sie reumütig-ergeben. „Leider kam gar nichts und ich verbrachte die ganze Zeit wie auf einer Folter. Ich dachte mir nie, das Du mich so leicht vergessen kannst, verdienen thue ich es nicht. Ich fahre heute nach Kierling und komme, wenn Gott will, Dienstag wieder zurück, bis dahin hoffe ich das Du Dich entschieden hast.

Milli[24]."

Zum vollen Bruch zwischen dem Erzherzog und seiner „Beschließerin" kam es nicht, doch die Partnerschaftskrise schwelte weiter. Sie erreichte ein knappes Jahr später, zur Zeit, als der Erzherzog und die Gräfin Attems in ihrem Liebesglück schwelgten, einen Höhe- und Wendepunkt. Milli schrieb Johann, der lange nichts von sich hatte hören lassen, aus Berlin: „. . . Ich gab mich schon ganz dem Gedanken hin, das die vergangenen Jahre die ich mit Dir verlebte nur mehr zu einem vergangenen Traum zu rechnen sind . . . Ich bin Dir zwar überall hin gefolgt wie ein Hund, und gelte vor aller Welt als Deine

Dienerin, so glaube doch daß nicht, das Du die Anforderungen von einem Dienstmädchen auf mich übertragen wirst . . ." (22. April 1883)

Schließlich nahm die so oft Gedemütigte überhaupt von ihrem Märchenprinzen Abschied.

„Lieber Schanni!

Hier übersendet Dir, vielleicht das letzte Mal, zu Deinem Namenstag ein Sträußchen Deine von Dir gestoßene und Dich leider dennoch liebende, recht unglückliche Milli", schrieb sie ihm. Und dann setzte sie noch dazu: „Vergesse nicht Deine treue ehemalige Freundin. Lebe wohl!!!

Milli."

Eine langjährige Lebensgemeinschaft schien ihr Ende gefunden zu haben. Aber der Prinz aus der Toskana und die Balletteuse aus Wien fanden dann doch wieder zusammen. Sie waren offenbar füreinander geschaffen.

„So will ich in Gottes Namen wieder zu Dir kommen", schrieb sie ihm versöhnlich, „aber ich richte die einziege Bitte an Dich, sei anders mit mir, behandle mich nicht mit der gewissen Verachtung, denn ich schwöre es Dir . . . das die Worte aus Deinem Mund mir oft das Herz zu brechen schienen . . . Reiche mir die Hand im Geiste mein Theurer zum Friedens-Bunde und Gott möge uns beiden wieder in Zufriedenheit und Eintracht glücklich werden lassen[25]" (30. April 1883).

Erzherzog Johann Salvator und Ludmilla Stubel führten ihr gemeinsames Leben weiter. Milli begleitete den Erzherzog in den Jahren 1887 bis 1889 auf seinen Kreuzfahrten in den Atlantik, das Mittelmeer und in die Adria. Sein ungeliebter Kammervorsteher Hamilkar Freiherr de Fin, der über das schlechte Benehmen des Erzherzogs bittere Klage führte, entrüstete sich darüber, daß Johann „nicht den geringsten Versuch machte, die Anwesenheit einer Dame an Bord seiner Yacht zu verbergen", als er im Mai 1888 im Hafen von Venedig anlegte. Selbst als der Erzherzog nach einem schweren Konflikt mit dem Kaiser auf alle seine Titel und Würden verzichtete, hielt Milli treu zu ihm. Sie war neben der geliebten Mutter der zuverlässigste Anker in der Unrast seines Lebens. Sie teilte sein Schicksal bis in den Tod.

Seite der Schreiberei informirt;
endlich in England Schiffe
gesucht und — per Procu-
ration gehandelt; meine
Braut schwimmt nämlich
nach. Alles ist geschehen; nur
meine staatsrechtliche Stellung
meine Nationalität ist noch
unverletzt.

Welche verschiedenen Menschen,
mit welch' unglaublichen
Ideen sind nicht an mich
herangetreten! Das
geht mir aber über Geld!,
auch da ich Geld brauche! —

Nach der Schiffskatastrophe im Atlantik im Juli 1890 wurde von der Familie Stubel und von anderer Seite behauptet, Johann und Milli hätten einige Monate zuvor in England geheiratet. Schaffelhofer (siehe Literaturverzeichnis) schreibt dezidiert: „In aller Stille und Heimlichkeit löste der einstige Erzherzog das seiner treuen Lebensgefährtin Milli Stubel gegebene Eheversprechen ein. In einer Londoner Vorstadt-Kirche fand die Trauung statt[26]."

Für diese Feststellung konnte er jedoch keinen dokumentarischen Beweis erbringen. Ich selbst war lange Zeit der Meinung, daß der Erzherzog und seine Herzensdame ihren Lebensbund nicht legalisiert haben. Sehr viele Indizien sprachen für meine Annahme:

- Johann hat in seinem Testament vom 26. März 1890, dem Tag, an dem er seine große Seereise antrat, „seiner treuen *Lebensgefährtin* Ludmilla Stubel" das Haus Goldschmiedgasse Nr. 4 in Wien und eine Summe von 100.000 Gulden vermacht[27]. Welchen Grund hätte er haben sollen, sie zu diesem Zeitpunkt und in diesem Dokument nicht als seine *Frau* zu bezeichnen?

- Nach der Auflösung ihres Wiener Haushaltes wurden die Personalien Millis auf dem amtlichen Meldezettel wie folgt ausgewiesen: „Ludmilla Stubel, in Wien, 1856 (sic!) geboren, katholisch, *ledig,* zuletzt IV. Bezirk, Karlsplatz 7 wohnhaft. Am 10. April 1890 nach Berlin abgemeldet[28]."

- In einer Personenbeschreibung des Österreichisch-Ungarischen Konsulats in London, datiert vom 28. März 1890, die an die Seebehörde in Fiume gerichtet war, wurde Johann Orth als „ledigen Standes" bezeichnet[29].

- Kapitän Sodich gab am 12. Jänner 1891 im Österreichisch-Ungarischen Generalkonsulat zu Protokoll, „daß er von einer Heirat S. k. u. k. Hoheit des Durchl. Herrn E. J. nichts wisse, ja, daß er sich gegen das Heirathen immer in der entschiedensten Weise ausgesprochen habe, und in keinem Fall annehmen könne, daß wenn er geheirathet hätte, seine Frau hier gewesen sei, da er während des ganzen Aufenthaltes in London und in Chatham, mit Ausnahme einer einzigen Nacht, immer an Bord seines Schiffes geschlafen habe[30]".

- Das General Register Office in London, in dem seit 1837 alle Geburten, Heiraten und Todesfälle in England und Wales registriert werden, teilte mir auf meine Anfrage mit, daß aus den Jahren zwischen 1888 und 1892 keine Eintragung über eine Verehelichung Johann Orths mit Ludmilla Stubel existiert. Bei dieser Behörde liegen auch die Tauf- und Hochzeitsbücher der Londoner Pfarrkirche St. Pancras auf, in der die Hochzeit stattgefunden haben soll (Auskunft des Pfarrers an Dipl.-Wbfm. Clemens M. Gruber, der mir den Schriftverkehr freundlicherweise überlassen hat).

Nach langen Recherchen, mit freundlicher Hilfe und viel Finderglück, gelang es mir, meine eigene These zu widerlegen. In einem Brief aus Birstein an seinen letzten Kammervorsteher, Viktor Graf Schaffgotsch, vom 27. Dezember 1889 schreibt Johann: . . . „ich habe zuerst gereist um zu sehen wie es mir unter härteren Verhältnissen zur See geht; dann habe ich mich in HAMBURG über die Commerzielle Seite der Rhederei informiert; endlich in England Schiffe gesucht und – per procuration geheirathet; meine Braut schwimmt nämlich nach. Vieles ist geschehen; nur meine staatsrechtliche Stellung meine Nationalität ist noch *unerledigt*[31] . . .“ (Siehe S. 142/143).

Der dokumentarische Nachweis für die Verehelichung des Erzherzogs, der damals bereits aus dem Kaiserhaus ausgeschieden war, ist damit erbracht.

Warum er per procurationem, wen er für Ludmilla Stubel stellvertretend geheiratet, wo und an welchem Tag er die Ehe geschlossen hat, wird sich wohl kaum mehr ermitteln lassen. Die englische Zeitung „Lady's Pictorial" schrieb am 19. Dezember 1896: „Die romantische Heirat wurde geheim, aber völlig legal durch den Registrar von Islington geschlossen und vom österreichischen Konsul gegengezeichnet." Es ist mir nicht gelungen, diese Mitteilung zu verifizieren.

5. Gescheiterte politische Ambitionen

Im Jahre 1885 kriselte es wieder einmal auf dem Balkan, dem Pulverfaß Europas. Mittelpunkt der Krise war das Fürstentum Bulgarien, das nach dem Russisch-Türkischen Krieg der Jahre 1877/78 von den Großmächten auf dem Berliner Kongreß aus der Konkursmasse des Osmanischen Reiches geschaffen worden war. Um den Einfluß Rußlands auf der Balkanhalbinsel einzudämmen – der Zar hatte ein unter seiner Einflußnahme stehendes „Großbulgarien" schaffen wollen –, war auf Betreiben Großbritanniens und Österreich-Ungarns das Gebiet zwischen dem Balkan und der Ägäis als Provinz Ostrumelien unter der Oberhoheit der Pforte verblieben. Zum Fürsten Bulgariens war von der Sobranje, der bulgarischen Nationalversammlung, durch Akklamation Alexander von Battenberg gewählt worden. Er entstammte einem deutschen Adelsgeschlecht, war der Lieblingsneffe des Zaren Alexander II. und der Schwager einer Tochter der englischen Königin Viktoria. Der junge, großgewachsene, gutaussehende Mann gewann innerhalb kurzer Zeit die Herzen seiner Untertanen. Politisch unerfahren wie er war, mußte er jedoch bald zur Kenntnis nehmen, daß seine Position keineswegs so unkompliziert und unabhängig war, wie er es sich vorgestellt hatte. Alexander III., der 1881 nach der Ermordung seines Vaters den Zarenthron bestiegen hatte, war dem Battenberger nicht nur weniger gewogen als sein Vorgänger. Er versuchte, den russischen Einfluß in Bulgarien – die Schlüsselstellungen in der Armee und der Verwaltung wurden ohnedies von Russen eingenommen – noch zu verstärken. Dieser verstärkte Druck aus Petersburg brachte die russenfreundlichen Bulgaren jedoch gegen das Zarenreich auf.

Das gespannte Verhältnis zwischen den beiden Ländern wurde durch Vorgänge verschärft, die in Ostrumelien ihren

Ausgang nahmen. Im September 1885 brach in Philippopel eine von bulgarischen Nationalisten geschürte Rebellion aus. Der türkische Gouverneur wurde gefangengenommen, die kleine türkische Garnison kapitulierte. Die Revolutionäre wandten sich an Alexander Battenberg mit der Bitte, Ostrumelien durch reguläre bulgarische Truppen besetzen zu lassen und den Anschluß der Provinz an Bulgarien zu proklamieren. Sandro, wie der Fürst im Familienkreis genannt wurde, konnte oder wollte sich dem Appell nicht verschließen. Er marschierte an der Spitze seiner Armee in Ostrumelien ein und annektierte die Provinz. Die Annexion stand in flagrantem Widerspruch zu den Beschlüssen des Berliner Kongresses. Sie schuf jenes „Großbulgarien", das die europäischen Großmächte, freilich unter anderen Vorzeichen, 1878 zu verhindern gewußt hatten. In den beiden nächsten Jahren stand die bulgarische Frage auf der Tagesordnung der Weltpolitik.

Die Reaktion auf das selbstherrliche Vorgehen des Fürsten von Bulgarien war unterschiedlich. Die britische Regierung neigte dazu, die Annexion widerspruchslos hinzunehmen, der Groll des Zaren war unüberhörbar. In Österreich-Ungarn war man darüber geteilter Ansicht. Der Kronprinz und die Magyaren machten sich für ein militärisches Eingreifen auf dem Balkan stark. Rudolf, der auf einer Repräsentationsreise in die Türkei, nach Rumänien, Bulgarien und Serbien im Frühjahr 1884 die Balkanprobleme aus eigener Anschauung kennengelernt hatte, wandte sich scharf gegen die rußlandfreundliche Politik des damaligen Außenministers, des Grafen Kalnoky von Köröspatak. „Im Balkan kocht es wieder sehr stark", schrieb er am 23. Juli 1885 an seinen ehemaligen Erzieher Latour, „es bereiten sich weitverzweigte Bewegungen vor; am Ballplatz weiß man wenig darüber und behandelt die Sachen mit souveräner Dummheit. Rußland benützt die so kurzsichtige Ministerschaft Kalnokys und die sogenannte Annäherung zu Österreich, um ungenirt Comités zu bilden, Gelder, Waffen etc. etc. nach Bulgarien, Rumelien, Macedonien, Serbien und selbst *Bosnien* zu schicken. Ich habe gute Quellen und weiß einige merkwürdige Sachen; ich glaube, daß wir bald sehr bewegte Zeiten an unserer südöstlichen Grenze erleben werden[1]."

Einige Zeit später riet er, daß Österreich-Ungarn für die Vereinigung Bulgariens und Rumeliens unter dem selbständi-

Alexander Battenberg, Fürst von Bulgarien

gen Fürsten Alexander auf das energischste eintreten müsse.
Beim Kaiser und seinem Außenminister stießen die kronprinz-
lichen Ratschläge auf taube Ohren.

Als im November 1885 der österreichfreundliche König
Milan von Serbien, der die Vergrößerung Bulgariens als eine
Bedrohung empfand, dem Nachbarland den Krieg erklärte,
blieb die Unterstützung der Donaumonarchie aus. Milans Armee wurde gleich zu Beginn der Kriegshandlungen bei Slivnitza
empfindlich geschlagen. Erst als die Bulgaren in Serbien ein-
drangen und mehrere Städte einnahmen, intervenierte die

Wiener Regierung. Alexander gab daraufhin den Befehl zum Rückzug. Serbien hatte eine demütigende Niederlage erlitten, die Stellung des Fürsten von Bulgarien schien gestärkt zu sein. Aber der Schein trog. Durch seine militärischen Erfolge ermutigt, entledigte sich Fürst Alexander seiner russischen „Berater", indem er sie des Landes verwies. Es war ein politischer Schlag ins Wasser. Russische Agenten organisierten, von Petersburg gelenkt, im Untergrund eine Verschwörung gegen den Battenberger. Am 21. August 1886, um zwei Uhr nachts, drang eine Gruppe bulgarischer Offiziere in das Schlafzimmer des Fürsten ein und zwang ihn mit vorgehaltener Pistole zum Verlassen seiner Residenz. Alexander wurde auf einem Donauschiff nach Rußland gebracht, kehrte aber nach einigen Tagen wieder nach Sofia zurück, wo mittlerweile der österreichfreundliche Politiker Stefan Stambulow die Zügel der Regierung an sich genommen hatte. Die Rückkehr des Fürsten war nicht mehr als ein Intermezzo. Unter dem Druck Rußlands verzichtete er am 7. September 1886 auf sein Fürstentum. Fünf Tage später verließ er auf einem österreichischen Schiff für immer Bulgarien. Er ließ ein Land zurück, das einem ungewissen Schicksal entgegentrieb. Weder das Deutsche Reich noch Österreich-Ungarn hatten Alexander in seinen Unabhängigkeitsbestrebungen gegenüber Rußland unterstützt. Der deutsche Reichskanzler Bismarck war lediglich darum bemüht, den Ausbruch eines Krieges zwischen dem Zarenreich und der Donaumonarchie zu verhindern.

Die Ereignisse in Bulgarien bedrohten nicht nur den Frieden Europas, sie führten auch zu einer schweren Vertrauenskrise zwischen Wien und Berlin. In den liberalen Kreisen Ungarns und im Kreis um den Kronprinzen wurden Stimmen laut, die das Bündnis mit dem Deutschen Reich in Frage stellten und an seiner Stelle eine Annäherung an Großbritannien und Frankreich in Erwägung zogen. Das „Neue Pester Journal" schrieb am 6. September 1886: „Was nützt uns das vielgepriesene deutsche Bündnis, wenn es Rußland vollkommen freie Hand läßt? Ebensowenig wie Deutschland auf der Balkanhalbinsel haben wir im Elsaß oder Lothringen ein Interesse . . . Wenn die deutsche Allianz den Übergriffen Rußlands keinen Damm entgegenstellt, dann wäre es beinahe klüger, sich direkt mit Rußland auseinanderzusetzen . . ."

Unterdessen bemühte sich der bulgarische Regentschaftsrat, der nach der Abdankung des Fürsten Alexander mit Stefan Stambulow an der Spitze die Geschicke des Landes lenkte, einen neuen Herrscher für den Balkanstaat zu finden. Im November 1886 bot die bulgarische Nationalversammlung Prinz Waldemar von Dänemark die Fürstenkrone an, doch stieß diese Wahl am Zarenhof auf entschiedene Ablehnung. Petersburg favorisierte seinerseits den Fürsten Nikolaus Dadian von Mingrelien, den Nachkommen eines längst entthronten georgischen Teilfürsten, der in St. Petersburg und Paris ein bequemes Leben führte und nur bei Damen und im Schachspiel für erfolgreich galt. Großbritannien, die Donaumonarchie und der bulgarische Regentschaftsrat lehnten den russischen Vorschlag indessen als völlig indiskutabel ab. Die Frage der Besetzung des bulgarischen Fürstenthrones blieb somit weiter auf der Tagesordnung der europäischen Politik. In diplomatischen Kreisen, in der Tagespresse zahlreicher Länder und auf der Gerüchtebörse wurden die verschiedensten Namen als Kandidaten gehandelt: König Karl von Rumänien (Vorschlag einer Personalunion Rumänien-Bulgarien), Herzog Alexander-Friedrich von Oldenburg, Prinz Friedrich von Hohenzollern, Graf Nikolai Ignatiev, Fürst Nikolaus von Montenegro, Prinz Oskar von Schweden, Aleko Pascha. Unter allen diesen Thronanwärtern gab es keinen einzigen, der den an der Bulgarienfrage interessierten Mächten akzeptabel schien. In dieser Situation entschlossen sich Stambulow und die beiden übrigen Mitglieder des Regentschaftsrates, eine aus drei Männern bestehende Deputation – Justizminister Stoilov und die beiden Abgeordneten Grekov und Kalčev – Anfang Dezember 1886 in die Hauptstädte der Signatarmächte des Berliner Vertrages zu entsenden, um sich nach einem geeigneten Fürsten umzusehen. In das politische Intrigenspiel um den Thron des Fürstentums Bulgarien, das damit in ein neues Stadium trat, mischte sich auch Erzherzog Johann. Er verbrannte sich dabei gehörig die Finger.

Der ehrgeizige Erzherzog, der sich nun, wenn auch aus dem Hintergrund agierend, auf das glatte Parkett der Politik wagte, hatte bereits im Frühjahr 1885 Interesse für Bulgarien bekundet[2]. Er wollte den neugeschaffenen Balkanstaat aus eigener Anschauung kennenlernen und knüpfte zu diesem

Zweck über seine Schwester Luise und deren Gemahl Carl Fürst von Isenburg Kontakte zu Alexander von Battenberg. Der Einladung Alexanders zu einem Besuch des Landes durfte Johann jedoch dann nicht Folge leisten. Auch eine vom Kaiser bereits genehmigte Reise nach Rußland, die Baron Nikolai Kaulbars, der Militärattaché des Zaren in Österreich-Ungarn, angeregt hatte, kam nicht zustande. Schließlich blieb es dem Erzherzog auch versagt, jener Militärkommission angehören zu dürfen, die nach dem Krieg zwischen Bulgarien und Serbien die Demarkationslinie zwischen den beiden Ländern festlegte. Franz Joseph hatte den Wunsch des Erzherzogs, den dieser in einem Telegramm äußerte, nicht berücksichtigt[3].

Von einem unbändigen Geltungsbedürfnis angetrieben, mengte sich Johann Salvator im Herbst 1886 völlig eigenmächtig in die Frage der Besetzung des bulgarischen Fürstenthrones und damit in die offizielle Außenpolitik Österreich-Ungarns ein.

Seiner eigenen Darstellung zufolge lancierte der in der Wahl seiner Mittel keineswegs zimperliche Erzherzog im Oktober 1886 „auf geeignetem Wege" im Pariser Figaro die Meldung, Prinz Ferdinand von Coburg habe die Absicht, sich um den bulgarischen Thron zu bewerben. Die Nachricht wurde von der „Neuen Freien Presse" sofort übernommen, worauf Johann am 20. Oktober 1886 an Ferdinand einen Brief folgenden Inhaltes schrieb:

„Lieber Ferdinand!
Soeben lese ich folgende Notiz:
Paris, 18. October: Die *bulgarische Regierung* ist bemüht, sich über die *Throncandidaten der einzelnen Großmächte* zu informieren. Man nennt in den hiesigen diplomatischen Kreisen als Candidaten für den Fürstenstuhl von Sophia, abgesehen von dem Prinzen von Oldenburg, besonders häufig den *Prinzen Ferdinand von Coburg-Gotha,* dessen Wahl von den Großmächten sympathisch aufgenommen wurde. (Prinz Ferdinand ist der dritte Sohn des im Jahre 1881 verstorbenen Prinzen August und der Prinzessin Clementine d'Orleans, D. Red.)[4]
Ist es wahr? Ich würde mich *herzlich* und *aufrichtig* freuen wenn es der Fall wäre und wenn Du ein, wenn auch dorniges so doch Deines Geistes würdiges Feld fändest. Für eine selbstverständ-

lich vollkommen verschwiegen bleibende Mitteilung wäre Dir unendlich verbunden

Dein ergebener Vetter Johann."

Ferdinand reagierte drei Tage später mit einem Telegramm: „Domine non sum dignus."

Johann, der diese Erwiderung für eine bloße Ziererei hielt, spann den Faden weiter. In einem zweiten Telegramm vom 2. November 1886 schlug Ferdinand ein Treffen im Verlauf des Monats vor, das dann auch Ende November zustandekam. Wie der Erzherzog berichtet, kam Ferdinand im Personenzug angereist. Johann, der den Prinzen in Enns erwartete, wurde von Ferdinand in dessen Coupé gelotst, wo das erste politische Gespräch zwischen den beiden einander keineswegs wohlgesinnten Männern stattfand. Johann fragte Ferdinand ganz unverblümt, ob er Fürst von Bulgarien werden wolle. Da der Prinz Einwände erhob, versuchte ihn der Erzherzog zu überreden und appellierte an seinen Stolz. „Es wäre eine bedeutungsvolle und Deines Geistes würdige Stellung", meinte er. Nachdem der Zug in Linz angelangt war, fuhren die beiden Hobbypolitiker zum Haus Johanns, wo die Gespräche bei einem lukullischen Mal weitergeführt wurden. Hierauf begleitete der Erzherzog den Prinzen in Zivil im Orientexpreß nach Wien. Im Verlaufe der weiteren Unterredung schlug Johann vor, Ferdinand solle mit der in Kürze in Wien eintreffenden bulgarischen Delegation in Verbindung treten, was dieser nur zögernd akzeptierte. Er wollte vor einem solchen Schritt noch die Stimmung des Kronprinzen und des Außenministers Kalnoky erkunden.

Die Vorsicht des Prinzen, der sich nicht blindlings in ein politisches Abenteuer stürzen lassen wollte, ist bemerkenswert. Um seinen Absichten Nachdruck zu verleihen, versicherte Johann dem Fürsten in spe, er wäre bereit, als XY im dunkeln ihm ehrlich zu dienen. „Ich gehöre demjenigen, der etwas will", schloß er die Unterredung. Nach dem Versprechen, miteinander in Kontakt zu bleiben, kehrte der Erzherzog nach Linz zurück.

Über seine Gespräche berichtete er seiner Mutter am 12. Dezember 1886, völlig entstellt: „Prinz Ferdinand von Coburg hat mich mit seinem Besuch beehrt und sich herabgelassen, zum Mittagessen zu bleiben ... Er schien mir genauso lüstern auf einen Thron zu sein wie er Angst hatte vor den Gefahren, die damit verbunden sind; ich glaube er ist glücklich und zufrieden, wenn er nur seinen Namen in den Zeitungen lesen kann."

Johann Salvator hielt von dem Mann, den er zum Regenten des jungen Balkanstaates machen wollte, wenig. Viele seiner Äußerungen beweisen es. So fällte er als militärischer Vorgesetzter Ferdinands (der Prinz diente unter dem Kommando des Erzherzogs einige Zeit in Linz) im Qualifikationsakt des Jahres 1884 folgendes Urteil: „Bei sehr guten Fähigkeiten und vielseitigem außermilitärischem Wissen fehlt Entschiedenheit und nöthige Berufskenntnis. Ist noch kein brauchbarer Offizier[5]."

In manchen Passagen seiner Briefe fiel sein Urteil noch viel offener und härter aus. So bezeichnete er ihn in einem Schreiben an Kaulbars (29. Oktober 1887) als „unverläßlich und zweideutig" und qualifizierte ihn gegenüber Alexander Battenberg als „weibischen, unaufrichtigen, persönlich eitlen und furchtsamen Herrn" ab (undatierter Briefentwurf). In Linz pflegte er am Schluß von Offiziersbesprechungen zu fragen: „Hat mich alles verstanden?" und dieser Frage fügte er, zum Prinzen gewendet, die weitere an: „Auch Sie, königliche Hoheit?[6]"

Es drängt sich nach diesen Zitaten geradezu gebieterisch die Frage auf, warum der kluge, wenn auch oft unbedacht handelnde Erzherzog ausgerechnet diese „männliche Cocotte" an die Spitze des bulgarischen Staates hieven wollte. Sah er in ihm einen Strohmann, den er nach Belieben zu gängeln und zu beeinflussen hoffte? War es sein ungestilltes und unstillbares Verlangen nach Ruhm, das ihn zum ränkevollen Handeln trieb, oder war das Ganze ein Scherz, den er sich ausdachte, um die österreichische Diplomatie zu verärgern? Die Antwort auf diese Fragen nach den Motiven seines Handelns gibt Johann in seinen Aufzeichnungen zur Bulgarienfrage, die ich im Nachlaß gefunden habe, selbst. Das aufschlußreiche Schriftstück trägt den (bezeichnenden) Titel: „Mein letzter Streich oder: Wie wurde Prinz Ferdinand von Coburg Fürst von Bulgarien?"

„Fürst Alexander hatte abgedankt und sich zum väterlichen Herd zurückgezogen. Die Abdankung des Prinzen Waldemar war vorauszusehen, wenngleich sich die Sobranje (die bulg. Nationalversammlung, Anm. d. Verf.) erst zu seiner Wahl anschickte; Die Dinge schienen in Bulgarien und im Oriente im-

mer wirrer werden zu sollen", schreibt Johann einleitend und
setzt dann fort: „Wie wäre es wenn ich in der Person des Prinzen Ferdinand Coburg Bulgarien einen Fürsten von meinen
Gnaden schenkte und damit vielleicht einen großen Brand vor-
beugte.

Wohl wäre es komisch wenn die Qualification dieses Prinzen der doch 13 Monate unter meinem Commando gestanden
lauten würde: ‚Zum Oberleutnant nicht geeignet – zum Fürsten
von Bulgarien außer der Tour!' In der That", spinnt Johann
diese Argumentation weiter, „er ist nicht der Mann der verdiente der Nachfolger des Helden von Slivnica zu werden, welchen man dem Bulgarenvolk am liebsten schenken möchte.
Aber was liegt daran? Besser er als ein anderer, da es ein *ganz*
anderer schon nicht sein kann."

„Was mich veranlaßte den von mir hart behandelten und eigentlich weder geliebten noch geachteten Ferdinand zu diesem
Nimbus, zu einer so beneidenswerthen, wenn auch schwierigen
Stellung zu verhelfen?" fragte der Erzherzog nach den Beweg-
gründen seines Handelns und gab gleich die Antwort darauf:
„Das Gefühl daß ich mein seine militärische Carriere abschnei-
dendes Urtheil doch gut machen muß, weil er am Ende ja nichts
konnte, daß er mehr zu einer männlichen Cocotte als zum Soldaten geboren ist. Zweitens die Erkenntniß daß ich niemals
jene Stellung anstreben kann, dagegen er viele Vorbedingun-
gen der Geburt und der Beziehungen in sich vereinigt, daß
wenn ich ihm hiezu verhelfe ich durch eine gewisse Gefühls
Übertragung den Erfolg mitgenieße und mir . . . eine wesentli-
che Unterstützung für die Verfolgung anderweitiger Ziele ge-
winne.

Diese ruhigen Erwägungen gefördert durch eine Art fie-
berhaften Dranges in die Begebenheiten einzugreifen, zu intri-
gieren, sich irgend eines Erfolges rühmen zu können ließen
mich aktiv werden."

Der Erzherzog, der gegenüber Ferdinand und anderen Persönlichkeiten in der Bulgarienfrage ein unwürdiges Doppelspiel trieb und zuweilen unehrlich agierte, legt in diesem proto-
kollarischen Bericht ein offenes Bekenntnis ab. Wenn auch sein
„Wiedergutmachungsargument" nicht überzeugt, so sind doch
die anderen Gründe, die er für seine Initiative anführt, glaub-
haft.

*Ferdinand von Coburg. Er spielte in der Bulgarienkrise der Jahre
1886/87 eine wichtige Rolle*

Wer war dieser Ferdinand von Sachsen-Coburg eigentlich,
von dem nun schon so oft die Rede war?

Ferdinand Prinz von Coburg wurde am 26. Februar 1861
als fünftes Kind des Generals August von Coburg und der Prinzessin Clementine, einer Tochter des französischen Königs
Louis Philippe, in Wien geboren. Er stammte aus einer katholisch gewordenen Seitenlinie des Hauses Coburg, die sich in
Österreich niedergelassen hatte und in Oberungarn (der heutigen Slowakei) reich begütert war. Dieser Besitz war ihr durch

Einheirat in die ungarische Magnatenfamilie Kohary zugewachsen. Mitglieder des Hauses Coburg saßen im 19. Jahrhundert auf zahlreichen europäischen Thronen. König Leopold I. von Belgien (1790—1865) gehörte ebenso zu diesem weitverzweigten Herrscherhaus wie Albert, der Prinzgemahl Königin Viktorias von England, und König Ferdinand von Portugal (1816—1855).

Prinz Ferdinand verbrachte seine Kindheit teils im väterlichen Wiener Stadtpalais, teils auf Schloß Ebenthal bei Dürnkrut im Marchfeld, dem Landsitz der Familie. Er begleitete seine Eltern auf vielen Reisen in entfernte Länder und zu den Verwandten an den europäischen Fürstenhöfen. Schon als Knabe zeigte er eine ausgesprochene Neigung für Geschichte und Geographie, eine Befähigung für Sprachen und eine leidenschaftliche Vorliebe für Vögel und Schmetterlinge. Darüber hinaus hatte er ausgeprägte künstlerische Interessen. Er liebte Musik und Theater und war vor allem ein Freund der „großen Oper". Persönlich liebenswürdig und von gefälligen Umgangsformen, war Ferdinand in Adelskreisen eher ein Objekt des Spottes als der Achtung. Da er ein schlechter Reiter war, ja sogar Angst vor Pferden hatte, reichte bei der damaligen Wertschätzung des Reitsportes in der Aristokratie die spöttische Herablassung seiner Standesgenossen bis an die Grenze der Geringschätzung heran.

Für Politik interessierte sich der Prinz lange Zeit wenig, für seinen militärischen Beruf zeigte er, wie bereits erwähnt, weder Zuneigung noch Befähigung.

Seinem ganzen Selbstverständnis nach war Ferdinand stolz darauf, ein Bourbone zu sein. Als er sich mit Prinzessin Luise von Bourbon-Parma vermählte, schloß er den Trinkspruch, den er beim Hochzeitsmahl ausbrachte, mit den Worten: „Auch in meinen Adern fließt das Blut Ludwigs des Heiligen!" Dieser Stammbaumstolz und der Glaube an eine Herrschermission wurden dem Prinzen von seiner Mutter Clementine eingeimpft, die den brennenden Ehrgeiz hatte, ihrem Letztgeborenen einen Thron zu sichern, koste es, was es wolle. Die Pläne der immens reichen, ambitionierten alten Dame, die in (Wiener) Adelskreisen unter dem bezeichnenden Spitznamen „Clementine von Medici" figurierte, nahmen, wie es schien, in der Vorweihnachtszeit des Jahres 1886 greifbare Gestalt an.

Die bulgarische Delegation traf am 7. Dezember 1886 in Wien ein und hielt sich bis zum 17. in der Donaumetropole auf. Die „Neue Freie Presse" schrieb: „Die aus den Herren Grekow, Stoilow und Kaltschew bestehende Deputation der bulgarischen Sobranje ist heute Abends um 8 Uhr in Wien eingetroffen. Während die Sendlinge des bulgarischen Volkes in den meisten Orten, welche den Train der Ungarischen Staatsbahn passierte, in herzlicher Weise empfangen wurde, ist in Wien jede Begrüßung unterblieben . . ." (Ausgabe vom 8. 12. 1886 unter dem Datum des Vortags.) In den elf Tagen ihres Wien-Aufenthaltes hatten die drei Herren aus Sofia in der Frage der Besetzung des bulgarischen Fürstenthrones zahlreiche Kontakte. Da man in der Monarchie jeden Anschein einer Einflußnahme und diplomatische Verwicklungen tunlichst vermeiden wollte, wurde die Delegation weder vom Kaiser noch von seinem Ministerpräsidenten empfangen. Lediglich Außenminister Kalnoky führte mit Stoilov, Grekov und Kalčev wenige Tage nach deren Ankunft ein inoffizielles, unverbindliches Gespräch. Kalnoky wußte zu diesem Zeitpunkt (noch) nicht, daß die Bulgaren hinter den Kulissen mit Ferdinand von Coburg bereits Kontakt aufgenommen hatten. Drahtzieher des Zusammentreffens war Johann Salvator.

Der Erzherzog trat mit der bulgarischen Delegation nicht direkt, sondern durch seinen Vertrauten, Major Laaba, in Verbindung, der mit den drei Herren im „Ronacher Theater", wenige Häuser vom Stadtpalais der Coburger entfernt, ein erstes Gespräch führte.

Seine Lebensgefährtin Ludmilla Stubel warnte: „Ich hoffe Du hast Dich mit Laaba nicht in zu verzwickte Sachen eingelassen, die Dir am Ende wieder ein riesiges Geld kosten, denn auf einer Seite willst Du immer sparen und auf der Anderen wirfst Du das Geld mit vollen Händen hinaus, bedenke, daß Dir diese Leute noch nie etwas genützt sondern nur geschadet haben[7]." (10. Dezember 1886.) Die Warnung war natürlich in den Wind gesprochen.

Laaba war es dann auch, der die Bulgaren mit dem Coburger zusammenführte. Die erste Begegnung zwischen dem Prinzen und den drei bulgarischen Delegierten, der später noch weitere folgen sollten, fand am 13. Dezember 1886 im Coburgischen Stadtpalais auf der Seilerstätte statt. Über den Verlauf des Gespräches sind wir nicht informiert. Johann Salvator schrieb mehr als ein halbes Jahr nach diesem Treffen Alexander von Battenberg, Prinz Ferdinand habe auf die Bulgaren nach deren Aussagen einen „mißlichen Eindruck" gemacht[8] (6. September 1887).

Der Prinz selbst meldete schon am folgenden Tag den bulgarischen Besuch im Außenministerium. Graf Kalnoky gab die Nachricht am 15. Dezember 1886 in einem vertraulichen Telegramm an Anton Graf von Wolkenstein, den österreichischen Botschafter in St. Petersburg, weiter.

Es war der Tag, an dem, von Johann Salvator lanciert, in der Wiener Presse der erste Artikel über die Kandidatur Ferdinands erschien. „Über den Empfang der bulgarischen Deputation beim Prinzen *Ferdinand von Coburg* wird uns mitgeteilt", meldete die „Neue Freie Presse", „daß daselbe sehr geheim veranstaltet worden war. Die Zusammenkunft fand auf dem Coburg'schen Schloß Ebenthal bei Dürnkrut statt . . ." Zwei Tage später schrieb die Zeitung, die Kandidatur des Coburgers habe keinerlei offiziellen Charakter und sei auf bulgarische Initiative zurückzuführen.

Kalnokys Bericht an den Grafen Wolkenstein liest sich folgendermaßen: „Prinz Ferdinand von Coburg machte uns gestern die unerwartete Mitteilung, daß die bulgarische Deputation sich bei ihm vorgestellt und ihm die Kandidatur für den bulgarischen Fürstenthron angetragen habe. Er gab derselben eine entgegenkommende Antwort, indem er unter anderem auch auf seine besonders guten Beziehungen zu dem Petersburger Hofe hinwies und scheint überhaupt ernstlich Lust zu haben, diese schwierige Aufgabe zu übernehmen.

Auf die Frage des Prinzen, ob unsererseits eine Einwendung vorwalte, versicherte ich ihn des Gegenteils. Zugleich riet ich dem Prinzen, welcher behauptet, persona gratissima in Petersburg zu sein, dem Fürsten Lobanov (dem damaligen russischen Gesandten in Wien, Anm. d. Verf.) von der Demarche der Bulgaren Kenntnis zu geben und machte ihn zugleich aufmerksam, daß vorerst noch die vom Kaiser von Rußland und vom Sultan akzeptierte Kandidatur des Fürsten von Mingrelien bestehe, und es wohl zweifellos sei, daß die bulgarische Deputation ein legales Mandat, ihm die Fürstenwürde anzutragen, nicht besitze."

„Wir stehen dieser Kandidatur ferne", schloß der Außenminister, „würden sie aber gerne unterstützen, wenn sie ernstliche Chancen besitzt, weil wir in der Erledigung der Fürsten-
frage die schnellste Lösung der gegenwärtigen Krise erblicken
würden.

(vertraulich Kalnoky[9])"

Die guten Beziehungen zum Petersburger Hof, auf die Ferdinand Kalnoky gegenüber hinwies, waren eine Selbsttäu-
schung. Zar Alexander III., der den Prinzen anläßlich seiner
Krönung kennengelernt hatte, hielt vom Coburger nichts. Als
der russische Außenminister, Nikolai Giers, Ferdinands Kandidatur erwähnte, sagte Alexander: „La candidature est aussi
ridicule que le personnage." (Die Kandidatur ist so lächerlich
wie die Person[10].)

Die russische Presse richtete sogleich nach dem Bekannt-
werden der Vorgänge in Wien heftige Angriffe gegen die Donaumonarchie. Ein katholischer Fürst, der noch dazu österrei-
chischer Heeresangehöriger sei, komme für den bulgarischen
Thron überhaupt nicht in Frage, tönte es unisono aus dem
St. Petersburger Blätterwald. Die Zeitungskommentare aus
Konstantinopel hatten denselben Klang. In Bulgarien hingegen
stieß die Kandidatur auf Zustimmung. „Die Meldungen der
Deputierten über den zweimaligen Empfang beim Prinzen
Ferdinand von Coburg", telegraphierte der österreichische Ge-
sandte Burian an Kalnoky, „haben bei den Regenten und den
Ministern einen vorzüglichen Eindruck hervorgebracht. Diese
Kandidatur würde den Wünschen der Bulgaren in jeder Hin-
sicht entsprechen[11]."

In den Gesprächen zwischen der bulgarischen Delegation
und Prinz Ferdinand kam es indessen zu keinen bindenden
Vereinbarungen. Offenbar um mit Hilfe der Presse den Dingen
doch noch eine andere Wendung zu geben, kam Johann Salvator, der sich bis dahin im Hintergrund gehalten hatte, am
17. Dezember 1886 von Linz nach Wien. Er traf in einem Hotel
insgeheim – wie er glaubte – den Journalisten Heinrich Pollak
und hatte auch eine Verabredung mit Ferdinand von Coburg.
Johann Salvator wähnte sich unbeobachtet. Er täuschte sich.
Jeder seiner Schritte wurde von der kaiserlichen Geheimpolizei
überwacht. Und so hielt schon kurze Zeit später der Wiener

Polizeipräsident Franz Freiherr von Krauss und bald darauf der Innenminister folgenden Bericht in der Hand:

„Wien, 22. Dezember 1886. Laut Meldung der Polizei-Inspektion am Westbahnhofe ist am 17. d. M. vormittags 10 Uhr seine k. k. Hoheit Erzherzog Johann in Uniform von Linz angekommen und am selben Tag nachmittags 5 Uhr mit dem Expreßzug Nr. 9 nach Linz zurückgekehrt.

Denselben Tag vormittags 1/2 11 Uhr bestellte der k. k. Major in Pension Menred Laaba von Rosenfeld in Hietzing, Altgasse Nr. 15 wohnhaft im Hotel Tegetthoff für nachmittags ein geheiztes Zimmer und es wurde ihm das Zimmer Nr. 15 angewiesen.

Gegen 3 1/2 Uhr nachmittags traf der Schriftsteller Heinrich Pollak, Redakteur des Neuen Wiener Tagblattes im Hotel Tegetthoff ein und ließ sich das Zimmer Nr. 15 aufsperren. Einige Minuten später erschien seine k. k. Hoheit in Begleitung von Laaba, begab sich sofort in das Zimmer, während Major Laaba auf dem Gang zurückgeblieben ist und den Zimmerkellner Neuwirth aufforderte, den Corridor zu verlassen. Sonstige Personen waren bei der Besprechung nicht gegenwärtig. Die Unterredung mit dem Schriftsteller P. dauerte beiläufig eine halbe Stunde, worauf seine k. k. Hoheit mit dem Major L. in den Fiaker Nr. 13 einstieg, jedoch oberhalb der Tegetthoffbrücke wieder ausstieg und zu Fuß ging. Der Fiaker brachte den Major L. zum Westbahnhof, und bei der Rückfahrt bemerkte der Fiakerkutscher Michael Schadek den Fiaker Nr. 678/Standplatz Schellinggasse in der Mariahilferstraße zunächst der Webgasse in der Richtung nach dem Westbahnhofe, und in diesem Wagen Se. k. k. Hoheit . . . in Gesellschaft des Prinzen Coburg[12].“

Über die geheime Unterredung mit dem Erzherzog, die er allerdings fälschlicherweise auf den Beginn des Jahres 1887 verlegte, berichtet Pollak: „Nach der üblichen Begrüßung ging der Erzherzog sofort auf die Sache selbst ein . . . Sie sehen – so beiläufig eröffnete der Erzherzog das Gespräch – einen Soldaten vor sich, den auch einmal die Lust anwandelte, hohe Politik zu machen. Ich betone gleich von vorneherein, um jedes Mißverständnis auszuschließen, daß ich selbständig, ohne von irgend einer berufenen Seite die Ermächtigung hierzu erhalten zu haben, handle. Ich fühle mich blos durch eine patriotische Empfindung gedrängt, das durchzuführen, was ich plane.“

160

Der Erzherzog fuhr fort: „Ich habe mein Augenmerk auf Bulgarien gerichtet. Ich will diesem vielgeprüften Ländchen einen neuen Fürsten geben, und ich möchte, daß der verwaiste Thron desselben einem österreichischen Prinzen zufalle. Die Sache ist schon angebahnt, und, wie ich Grund habe anzunehmen, auch im besten Zuge. Die Persönlichkeit nun, die ich im Auge habe, ist Prinz Ferdinand von Coburg."

Über die Motive seines Planes sagte Johann ungefähr folgendes: „Zugegeben muß doch allseitig werden, daß unser Staat ein großes Interesse daran hat, im Oriente Fuß zu fassen. Die Gelegenheit hiezu ist nun gegeben, sie war nie eine günstigere, als eben jetzt. Staatsmänner, die sich ihrer hohen Mission voll bewußt sind, würden im gegebenen Falle alle Rücksichten bei Seite setzen und energisch vorgehen. An Energie hat es aber unseren Staatsmännern immer, und ebenso an einem zielbewußten Vorgehen gefehlt. Man dreht am Ballplatze den Mantel nur immer nach dem Winde, und hält die Politik ‚von Fall zu Fall' immer noch für die für die österreichische Monarchie einzig richtige; man versäumt dann immer die Überfuhr. Damit das nun nicht auch in der Balkanfrage geschehe, muß man, im Staatsinteresse, über die Köpfe der Diplomaten hinweg ein fait accompli schaffen . . ."

Seinen Kandidaten Ferdinand von Coburg bezeichnete der Erzherzog als „eine durch und durch vornehme Natur, einen Mann, der durch seine vielen Reisen die Welt kennengelernt hat". Wenn man weiß, wie der Erzherzog den Prinzen tatsächlich einschätzte, kann man ermessen, wie doppelzüngig Johann Salvator agierte.

Auf die Frage des Journalisten, ob Prinz Coburg hinreichend militärisch geschult sei, um sich in einem Kriegsfall an die Spitze der Armee stellen zu können, erwiderte Johann: „. . . indessen glaube ich schon, daß Fürst Ferdinand ein tüchtiger Soldat ist, und schließlich – fügte der Erzherzog in scherzhaftem Tone hinzu – bin ja auch ich noch da, schließlich kann auch ein Johann das zustande bringen, was einem Alexander Battenberg gelungen ist, – das ist ja ein Leichtes. Ich lasse mich einfach vom Fürsten nach Sofia berufen, zum Oberkommandanten ernennen und stelle mich als Generalissimus an die Spitze der Armee. Malen Sie sich nun selber dieses Zukunftsbild einmal weiter aus[13]."

Diese scherzhaft hingeworfene Bemerkung des Erzherzogs offenbart eine Triebfeder für sein Engagement in der Bulgarienfrage. Johann Salvator wollte nicht Fürst von Bulgarien werden – mit diesem Gedanken spielte er erst, als die Entscheidung für Ferdinand von Coburg längst gefallen war – er strebte nach militärischem Ruhm, den er bei einer kriegerischen Auseinandersetzung an der Spitze der bulgarischen Armee zu erringen hoffte. Um sich bewähren, seine Fähigkeiten unter Beweis stellen zu können, sehnte er damals den Krieg geradezu herbei, wie aus Briefpassagen an die Mutter und an andere Personen hervorgeht.

Aus dem Traum vom Generalissimus wurde nichts, und auch das Gespräch mit Heinrich Pollak brachte ihn seinen Zielen um keinen Schritt näher. Im Gegenteil. Der Erzherzog hatte sich zu weit vorgewagt, sich – ohne es zu wollen – gewissermaßen demaskiert.

Noch am selben Tag, an dem der Polizeibericht abgefaßt wurde, erfuhr auch der Kronprinz von den politischen Aktivitäten seines Intimfeindes. Verärgert schrieb er Außenminister Kalnoky jenen Brief, den wir bereits auf Seite 107/108 zitiert haben. Auch Johann selbst bekam den Groll des Kronprinzen zu spüren.

Die bulgarische Delegation reiste am 18. Dezember 1886 unverrichteterdinge aus Wien ab. Tags darauf schrieb Ferdinand dem Erzherzog einen zum Teil chiffrierten Brief, in welchem er seinem Gönner das (vorläufige) Ende des bulgarischen Abenteuers bekanntgab.

„Gnädigster Herr!
Wir haben unseren Fötus zu Tode gejubelt; il est mort et enterré (er ist tot und begraben) und was mich heute und gestern beschäftigte, war nur noch den nicht ausbleibenden Lachsturm der Abtritte in gewisse legitime Bahnen zu lenken", begann Ferdinand sein Schreiben und ging dann auf die internationale Reaktion und die Gründe für das Scheitern ein. „In Deutschland heller Neid und Feigheit", setzte er fort, „in England boshafte Neutralität, in Österreich directe Verstimmung gegen das unschuldige Ich. Die wohlwollenden Gesandten condolierten über den durch die Zeitungen begangenen Mord, der in erster Linie doch nur auf Laaba zurückzuführen ist. Trop de zèle (Zu

viel Eifer) wie Talleyrand sagte und ich füge hinzu ‚un peu de vanité' (ein bißchen Eitelkeit).

Man spielt aber nicht mit dem Abtritt von Deutschland u. Alles was von Österreich kommt ist dort entweder lächerlich oder verwerflich."

Der Lächerlichkeit wolle er sich aber auf gar keinen Fall aussetzen, schrieb Ferdinand weiter, er werde bis zu seinem letzten Atemzug mit den einzigen Waffen, über die er verfüge, mit Zunge und Feder, kämpfen, um sich davor zu bewahren. Abschließend konstatierte der Coburger: „So stehen die Sachen, mein gnädigster Herr! Trüb, traurig, furchtbar lächerlich! Herzlichsten Dank für Brief und Schlüssel, darf ich bitten für die geheime Adresse einen Namen zu nennen! Ferner um Vervollständigung des Schlüssels (viele Namen fehlen)... Jetzt sei die Parole ‚Ruhe und Bettwärme'. Mit dem erneuerten Ausdrucke der Gefühle dankbarer Bewunderung
stets Dein aufmerksamer Schüler

Felix (= Ferdinand)"

Johann beantwortete das Schreiben postwendend.

„Mein lieber Ferdinand!

† wahrhaftig? – Nein. Ich glaube es nicht. In allen schwierigen Dingen geht es gleich wie im Gefechte vor und zurück. Man darf den Muth nicht sinken lassen und muß das Ziel im Auge behalten. Allerdings ist es richtig, nach einer Schlappe still zu sein, sich zu rallieren, um dann auf günstigerem Annäherungswege den Angriff zu erneuern..." (20. Dezember 1886.)

Für Ferdinand hatte die ganze Angelegenheit noch ein Nachspiel. Er wurde für den 24. Dezember 1886 vom Kronprinzen zu einem „Verhör" eingeladen. Er berichtete dem Erzherzog darüber in einem chiffrierten Schreiben (der Chiffre-Schlüssel war von Johann Salvator inzwischen erweitert und vervollständigt worden).

Der Kronprinz habe, meldete Ferdinand, seinen Ärger über die Zeitungen und besonders über die Zusammenkunft Pollaks mit Johann und Laaba im Hotel Tegetthoff zum Ausdruck gebracht. Er habe die Meinung vertreten, daß die Wahl Ferdinands für Österreich nichts Gutes bringen könne und daß sämtliche Erzherzöge in der Person des Prinzen nur einen Agenten Rußlands sähen. Rudolf habe Gewicht darauf gelegt zu erfah-

Chiffre-Schlüssel

Ich	1	Kaiser	19		Petersburg	38	
du	2	Zar	20		Moskau	39	
er	3	Herzog	21		Sofia	40	
wir	4	Großfürst	22		Ministerium	41	
ihr	5	König	23		Bayreuthfest	42	
sie	6	Fürst	24		Pobrenja	43	
mir	7	Österreich	25		Stufe	45	
dir	8	Rußland	26		Loyalität	46	
ihm	9	Deutschland	27		reisen	47	
und	10	England	28		▬kommen	48	
auch	11	Bulgarien	29		▬werden	49	
ihnen	2	Kalnoky	30		handeln	50	
mein	13	Szögyeny	31		wollen	51	
dein	14	Laaba	~~33~~ 32		erblassen	52	
sein	15	Giers	~~34~~ 33		Zeitungen	44	
unser	16	Lobanoff	~~35~~ 34		schreiben	53	
euer	17	Katkoff	~~36~~ 35		Ferdinand	Felix	
ihr	18	Wien	~~37~~ 36		Johann	Justus	
		Linz	37				

Die Vergangenheit der Zeitwörter wird durch voransgestelltes
ge , in vorangestellte Zeitwörter wird durch vorangestelltes Rar-
tikeln ausgedrückt z. B. „ge 47" — „mir 51" ä. s. w.

Johann Salvator und Ferdinand von Coburg verständigten sich in der
Bulgarienfrage mittels chiffrierter Schreiben. Den Code erfand der
Erzherzog.

ren, welche Rolle Johann gespielt habe, und habe auf die Frage Ferdinands, was weiter zu tun sei, geantwortet, der Prinz solle keine Silbe mehr an die Zeitungen weitergeben und verreisen, wenn die bulgarische Delegation zurückkehre.

Und wie verhielt sich der Kaiser in der ganzen Angelegenheit? Er sei bis jetzt nicht verstimmt, meinte Ferdinand im zitierten Schreiben, und er dürfte damit recht gehabt haben. Ich habe nirgendwo einen Hinweis darauf gefunden, daß Johann Salvator für sein unüberlegtes Handeln in der Bulgarienfrage zu diesem Zeitpunkt von Franz Joseph zur Verantwortung gezogen worden wäre.

Die internationale Aufregung über die Kandidatur des Prinzen Ferdinand von Coburg verebbte so rasch wie sie aufgeflammt war. Zu Beginn des Jahres 1887 tauchte in der Diskussion über den bulgarischen Thron wieder der Name Alexander Battenberg auf. Die Angst vor einer Rückkehr des abgedankten Fürsten beherrschte die europäische Politik. Der Friede schien ernsthaft gefährdet, die Besetzung Bulgariens durch russische Truppen rückte in den Bereich der Möglichkeit. Aber der Battenberger, den Bismarck in seiner Darmstädter Residenz fast wie einen Gefangenen behandeln ließ, hatte keine Lust, nach Bulgarien zurückzukehren.

Der ehrgeizige Erzherzog knüpfte indessen zu den Bulgaren persönliche Kontakte. Er ersucht den Kaiser für die zweite Jännerhälfte um einen Auslandsurlaub, der ihm von Franz Joseph anstandslos gewährt wurde. Johann Salvator fuhr nach Verona und reiste von dort nach Venedig weiter, wo er mit Kalčev, einem Mitglied der bulgarischen Delegation, zusammentraf. Über die Unterredung gibt es aus der Feder Johanns drei Darstellungen. In einer Art Gedächtnisprotokoll, das als Briefentwurf an einen unbekannten Adressaten, wahrscheinlich Ferdinand von Coburg, diente, faßte er das Gespräch folgendermaßen zusammen: „Nachdem ich in Verona den Vermittler getroffen hatte, begab ich mich nach Venedig, wo ich das Aviso für die ersehnte Unterredung abwartete. Der Aufenthalt der Bulgaren in Rom dauerte länger als vorgesehen. Am 23. Jänner reisten Stoilow und Grekow nach Brindisi, während Kaltschew dazu bestimmt wurde, mich zu treffen. Er zeigte mir seine Ankunft in Mestre für den 24. an. Ich bin ihm bis Padua entgegengefahren und habe ihn bis Cormons begleitet, um zu vermeiden, daß er seine Reise unterbricht und daß wir an irgendeinem Ort miteinander gesehen werden. Ich führte mit dieser Person in der Eisenbahn ein ca. sechsstündiges Gespräch.

Die Deputation und der Regentschaftsrat hatten die Absicht, mich sofort zu rufen und mich zum Regenten und zum Oberbefehlshaber des Heeres zu ernennen. Ich sagte, daß ich das nicht annehmen könne, da es eine Provokation Rußlands darstellen würde, daß ich vielmehr vorschlage, vorher jedes Mittel für eine friedliche Politik auszuschöpfen und den Weg der Versöhnung nicht aufzugeben. Nur dann, wenn der gute Wille erschöpft sei, Rußland dessen Existenz (die Existenz Bulgariens, Anm. d. Verf.) zerstören wolle und eine Okkupation realisiere, wäre ich bereit, meinen Degen zur Verfügung zu stellen. Vorbedingung sei aber erstens der Abschluß eines Bündnisses zwischen Rumänien, Serbien und Bulgarien; zweitens militärische Vorbereitungen, die Artillerie und Waffen betreffend; drittens wenigstens 50 Millionen Geld, das zu günstigen Bedingungen in Österreich aufgenommen werde.

Kaltschef, ein Mann von wachem Geist und großer Vaterlandsliebe, versprach mir, bis zum Äußersten im friedlichen Sinne zu handeln. Er werde den Regentschaftsrat von meinen Absichten und Bedingungen informieren und man werde in Bulgarien auf jeden Fall das Möglichste tun, um nicht überrascht zu werden. Viel erwartete sich Kaltschef von der Türkei, der er die Zusicherung gegeben hatte, der bulgarischen Bewegung in Makedonien entgegenzutreten. Die Türkei fand sich andererseits dazu bereit, die Unabhängigkeitspartei in Bulgarien zu unterstützen.

Er fragte mich, ob ich bereit sei, auch im Friedensfall den Thron zu akzeptieren. Ich antwortete, daß im Falle des Friedens alles glatt gehen müsse und meine Handlungsweise von den Absichten des Kaisers abhängen würde. Ich sagte ihm, daß ich persönlich nicht den Thron anstrebe und daß ich glaube, im Frieden seien andere Prinzipien besser geeignet.

‚Wir brauchen auch im Frieden einen Militär' – sagte er. Ich werde Dich über jede Nachricht informieren."

In einem Brief an die Mutter (Linz, 8. Februar 1887) erwähnt er das Treffen verklausuliert und ohne Nennung von

Namen: „Auf der Piazza", schrieb er Maria Antonia, „traf ich die Person, die auf mich wartete. Nachdem ich das Dokument, das er mitgebracht, an mich genommen hatte, erörterte ich es mit ihm. Wir aßen gemeinsam zu Mittag und fuhren dann zum Lido, wo wir das Gespräch fortsetzten. Die Person fuhr mit dem Nachtexpreß ab. Ich blieb in Venedig."

Seinem „Vetter" Alexander Battenberg stellte er, Monate später, am 6. September 1887, diese Begegnung unverschleierter, aber stark verkürzt dar: „Ich traf einen der Herren, Kaltscheff, bei Venedig", schrieb er. „Er schilderte mir einerseits ihre entsetzliche Lage, andererseits den mißlichen Eindruck, welchen Prinz Ferdinand auf die Deputierten machte, und appellierte an meine Sympathie für die bulgarische Sache, um mich für die Annahme der Fürstenwürde zu bestimmen, zumal Du schon, wiederholt gefragt und gebeten, nicht zur Wiederkehr zu bewegen wärest. Meine Antwort war, daß – wie Kaltscheff bereits wußte – ich mich zu Deinen ganz besonderen Verehrern rechne, und ich bei meinen Gefühlen für Dich unmöglich daran denken könnte, deinen Platz einzunehmen; daß ich mich zudem nicht fähig fühle, Dein Nachfolger zu sein, und daß ich nur als Soldat mit dem Säbel Bulgarien dienen möchte, wenn aus der Drohung ein wirklicher Angriff werden sollte[14]." Im übrigen spielte Johann auch gegenüber dem Battenberger nicht mit offenen Karten. Er verniedlichte im erwähnten Schreiben seine Rolle in der Bulgarienfrage und tat so, als ob Ferdinand von Coburg seine Kandidatur über Major Laaba selbst in die Wege geleitet hätte.

Nach Ablauf seines Urlaubes kehrte Johann Salvator in die Linzer Garnison zurück, reiste aber immer wieder nach Wien. Die kaiserliche Geheimpolizei meldete am 3. März 1887 ein Treffen zwischen dem Erzherzog und dem russischen Generalmajor Baron Kaulbars. „Einer vertraulichen Meldung zufolge", heißt es in der entsprechenden Meldung an den Kaiser, „erhielt der ehemalige russische Militärattaché Generalmajor Baron *Kaulbars* am 2. d. M. mittags den Besuch Sr. Kaiserl. Hoheit des durchlauchtigsten Herrn Erzherzogs Johann und Hochderselbe verweilte dort (IV. Schlüsselgasse Nr. 3) nahezu zwei Stunden. In den Nachmittagsstunden sprach Sr. Hoheit in der Kaulbar'schen Wohnung abermals in Begleitung eines österreichischen Obersten vor. Beide waren in österreichischer

Uniform. Seine k. Hoheit ist mittels Westbahn nach Linz wieder zurückgereist[15]."

Franz Joseph forderte Johann nicht eben freundlich auf, über den Vorfall unverzüglich Bericht zu erstatten.

Der Erzherzog versuchte in seiner Stellungnahme, sein Verhältnis zu diesem Emissär des Zaren herunterzuspielen. Kaulbars habe ihm seinerzeit zur Publikation seines Buches „Drill oder Erziehung" gratuliert. Er sei ihm dann bei seinen Urlaubsaufenthalten in Österreich in Gmunden und auf Jagden bei seinem Bruder Karl einige Male begegnet. Der Baron habe ihn sogar einmal nach Rußland eingeladen, doch sei die Reise nicht zustandegekommen. Die Kontakte zu ihm seien lediglich gesellschaftlicher Natur, Politik sei nicht im Spiel. Im übrigen sei Außenminister Kalnoky über die Berührungen zwischen ihm und dem russischen Generalmajor – das Wort „Verbindung" sei auszuschließen – seit langem informiert[16].

Diese Darstellung Johanns entsprach nicht der Wahrheit. Der Erzherzog pflegte mit Kaulbars in der Frage der Besetzung des bulgarischen Fürstenthrones von allem Anfang an einen lebhaften persönlichen wie brieflichen Verkehr. „Ich habe einen interessanten Brief von General Kaulbars aus Sofia erhalten", schrieb Johann am 26. November 1886 an seinen Bruder Ferdinand, „in dem der Moskauer Agent seine Vorgangsweise zu rechtfertigen versucht und die Situation genau gegenteilig zu den Zeitungen darstellt. Gestern (zu Johanns Geburtstag, Anm. d. Verf.) hat er mir Glückwünsche aus Konstantinopel übermittelt. Auf den Brief antwortete ich, daß es mir zur besonderen Genugtuung gereiche, authentisch das zu wissen, was ich mir schon vorgestellt hatte (!) Wer weiß", fuhr Johann fort, „ob jene Handlungen, die man ihm anlastet und die so unvereinbar sind mit den Prinzipien der Ehre und der Weisheit nicht böswillige Erfindungen waren und daß ich allen seinen rechtmäßigen Absichten einen besseren Erfolg wünsche[17]."

In einem undatierten Briefentwurf, der wahrscheinlich im November 1886 abgefaßt wurde, gratulierte Johann dem „hochverehrtesten General" dazu, die tragikomische Regentschaft Waldemars von Dänemark zu Fall gebracht zu haben und meinte dann: „Nun dürfen Sie sich gefaßt machen die Zügel der bulgarischen Herrschaft in die Hand nehmen zu müssen." Der Erzherzog pries Kaulbars als einen Mann mit selte-

168

nen Eigenschaften, der es allein unternommen habe – er selbst eine Armee –, ein nicht nur entfremdetes, sondern feindselig gesinntes Land dem berechtigten Einfluß wiederzuerobern. Er rechne es sich zur Ehre an, lobhudelte er weiter, sich zu den Freunden des Generals und seines Landes zählen zu dürfen, er beneide ihn, daß es ihm gegönnt sei, Geschichte zu machen.

Daß er selbst in der Bulgarienfrage seine Hände im Spiel hatte, „Geschichte machen" wollte, verschwieg er tunlichst. „Ich weiß nicht ob Ihnen die unterhaltsame Notiz aufgefallen sei, daß auch Prinz Ferdinand für den bulgarischen Thron ausersehen sei und daß seine Candidatur bei den Mächten sympatische Aufnahme gefunden haben soll", fragte der Erzherzog den russischen Agenten im Ton eines Unschuldslammes und versetzte dann seinem Protegé Ferdinand einen verbalen Faustschlag: „Ich kenne diesen ebenso unmännlichen als eitlen Prinzen gründlich", schrieb er, „da er ein Jahr als Jäger-Lieutenant in meiner Division soit-disant diente bis seine Unbrauchbarkeit ihn unmöglich gemacht hat, und kann die erwähnte Nachricht nur für eine wahrscheinlich selbst lancierte Ente halten."

Die Zeitungsente hatte, wie wir wissen, Johann Salvator selbst lanciert. Aber diese Wahrheit hat er nur seinem Nachlaß anvertraut. Der Erzherzog dann abschließend: „Sollte aber doch wirklich etwas daran sein, so müßte ich es ebensosehr für Bulgarien als wie besonders für Rußland bedauern, denn er ist nicht nur weibisch bis zur Lächerlichkeit, er ist auch durchaus unverläßlich und unerlaubt feig."

Der ehrgeizzerfressene Erzherzog trieb in der Bulgarienfrage fürwahr ein intrigantes politisches Spiel, das der Lauterkeit seines Charakters nicht gut anstand. Aber Politik und Lauterkeit scheinen einander offenbar auszuschließen.

Die Kontakte zwischen dem Politintriganten Johann Salvator und dem Emissär des Zaren, der gewiß kein Freund der Donaumonarchie war, liefen weiter. Kaulbars scheint dem Erzherzog in einem Schreiben sogar auf dessen eigene Kandidatur für den bulgarischen Fürstenthron angesprochen zu haben. Johann nahm zu diesem Vorschlag ausführlich und äußerst aufschlußreich Stellung. „Sie machen auch eine sehr liebenswürdige Andeutung betreff Besetzung des bulgarischen Fürstenpostens", leitete der Erzherzog seine Antwort ein. „Es wäre vielleicht das Klügste, wenn ich mich darauf beschränken würde, Ihnen für das so schmeichelhafte Compliment meinen verbindlichsten Dank auszusprechen. Dennoch möchte ich über dieses Thema mehr sagen, auf die Gefahr hin, mich in Ihren Augen gründlich lächerlich zu machen. Wenn ich trotzdem den Muth hiezu finde so ist es nur in dem Bewußtsein, daß mir – wie Ihnen wohlbekannt – jede persönliche Ambition fremd ist und ich am liebsten in Orth mein Flügelhorn blasen oder die Welt durchreisen möchte – in freier Ruhe, in ruhiger Freiheit." Und dann macht Johann die beachtenswerte Feststellung: „Ich will Ihnen sagen, daß es statt der Worte ‚er will nicht‘, richtig heißen soll, ‚er *wünscht* nicht, aber er würde, wenn *man* wollte.‘ "

Und der Erzherzog gibt für diese ein wenig mysteriöse Feststellung auch gleich die Erklärung. „Er würde einzig und allein deshalb", konstatiert er, „weil in dieser originellen Lösung vielleicht eine noch gar nicht zu ahnende Förderung der Friedens-Idee liegen könnte. Auf gütlichem Wege, ohne Krieg und Zank, und in einer Österreich schonenden Weise, dasjenige werden zu lassen, was – wie Sie richtig sagen – ‚nur ein Narr bezweifeln kann‘, scheint mir aber nicht nur wünschenswert, sondern auch eine Wohltat für mein Vaterland."

Und dann stellt der Erzherzog (macht-)politische Überlegungen an. „Wer weiß ob das europäische Conclave darauf eingehen würde?" fragt er und gibt gleich die Antwort darauf: „Österreich würde und müßte glauben, mit der Installierung eines österreichischen Prinzen in *Sophia* einen ‚Riesenfang‘ zu machen; die Zukunft müßte allerdings seine Erwartungen auf das mögliche Maß zurückführen. Fürst *Bismarck* hat feierlichst erklärt, er kümmere sich um diese Dummheiten gar nicht und es sei ihm ganz ‚Schnuppe‘ wer in Bulgarien regiert. England und Italien wären erfreut einen Nicht-Russen candidiren zu sehen. Die Türkei müßte sich zu der guten Nachbarschaft beglückwünschen. Frankreich würde das sagen, was Rußland sagt. Auf *das* käme es demnach einzig an. Wie kann ich aber annehmen", grübelt der Erzherzog dann weiter, „daß Seine Majestät Ihr Kaiser, von dem ich leider in Folge meines vorjährigen leidenden Zustandes nicht einmal von Außen gekannt zu sein das Glück habe, mir kein Vertrauen schenken könnte? – Und selbst dieses Undenkbare angenommen, womit könnte man den Sturm bannen, der voraussichtlich in der russischen Welt ausbräche? Wie könnte man *Katkoff* und Andere beruhigen, wenn sie in blindem Eifer über diese Auslieferung Bulgariens an Oesterreich loszögen? Könnte man ihnen allen sagen, daß kein Grund zu Besorgnis wäre und daß dieser Oesterreicher nicht unerwünscht zu sein brauchte?"

Nach diesen ganz und gar nicht unpolitischen und undiplomatischen Überlegungen versicherte dann Johann Salvator seinem Briefpartner, daß er nach wie vor in der individuellen Unabhängigkeit eines wohlhabenden Menschen etwas viel Begehrenswerteres sähe als einen Thron, noch dazu den bulgarischen, auf dem man so leicht für einen dummen oder für einen schlechten Kerl gelten könne.

Die Verantwortung des Erzherzogs gegenüber dem Kaiser, er unterhalte zu Kaulbars nur gesellschaftliche Beziehungen, war also vollkommen lächerlich. Franz Joseph ließ sie jedoch offenbar gelten oder er maß ihr keine Bedeutung bei. Von irgendwelchen Sanktionen ist nichts bekannt, doch blieb der Erzherzog unter geheimpolizeilicher Bewachung.

Am 30. März traf Justizminister Stoilov in Wien ein, um die Verhandlungen über die Besetzung des bulgarischen Fürstenthrones wiederaufzunehmen. Seine Ankunft wurde sofort registriert. Das „Neue Wiener Tagblatt" meldete am 31. März 1887: „Der bulgarische Justizminister Herr *Stoiloff* ist gestern Abends um 8 Uhr 12 Minuten mit dem Expreßzug der Staatsbahn aus Sofia hier eingetroffen und hat im ‚Grand Hotel' Wohnung genommen ... Ein glühender Patriot, begabt mit großen staatsmännischen Talenten, ausgestattet mit einem reichen, an deutschen Universitäten erworbenen Wissensschatze, kann Sich Stoiloff einer glänzenden Tugend rühmen, die leider nicht allen seinen Landsleuten eigen ist – die Tugend der Treue." – „Während der Anwesenheit der bulgarischen Delegation in Wien" (im Dezember 1886, Anm. d. Verf.), schrieb die Zeitung weiter, „tauchte bekanntlich die Kandidatur des Prinzen Ferdinand von *Coburg* auf und es ist denn eine naheliegende Kombination daß auch der jetzige Besuch Stoiloffs mit diesem Kandidaten in Zusammenhang steht. Eine naheliegende Kombination – ob sie aber auch irgendwie festeren Grund hat, das freilich weiß heute Niemand zu sagen. –"

Stoilov ließ bereits am nächsten Tag durch die „Politische Korrespondenz" erklären, daß seine Reise „keine spezielle politische Mission" habe. Diese diplomatische Ungeschicklichkeit trug ihm anläßlich einer persönlichen Aussprache mit Außenminister Kalnoky eine Rüge ein. Der bulgarische Justizminister, der von der Regentschaft den Auftrag hatte, Prinz Ferdinand von Coburg formelle Vorschläge zu machen, traf natürlich auch mit Erzherzog Johann Salvator und dessen Mittelsmann Major Laaba zusammen (Brief an die Mutter vom 13. April 1887). Über Laaba liefen dann auch alle Kontakte zwischen Stoilov und dem Coburger, der in diesen Tagen und Wochen in Nizza weilte. Johann tat sein möglichstes, um seinen Schützling zur Annahme der Krone zu bewegen: „Ich finde daß die Zeit einer wichtigen Entscheidung gekommen ist", schrieb er Ferdinand am 8. April 1887, und nachdem er die Gründe für diese Annahme ausführlich dargestellt hatte, streute er „der männlichen Cocotte" Weihrauch auf den Weg: „Du könntest Dir nicht nur die Königskrone sondern auch das noch viel ruhmvollere Verdienst erwerben die Menschheit aus diesem Zustand beklemmender Lähmung endlich doch noch einmal befreit und einem entsetzlichen Kriege vorgebeugt zu haben", formulierte er ein wenig umständlich. Johann riet dann seinem Protegé, nach Bulgarien zu gehen, obwohl es ein Wagnis sei, „aber nur dieses Wagnis könne ihm das Herz des bulgarischen Volkes erschließen".

Der Erzherzog mischte also auch diesmal in der Bulgarienfrage wieder kräftig mit. Als er wenige Tage später bei Seiner Majestät zur Privataudienz befohlen wurde, erwartete er ein Verhör. Aber nichts dergleichen geschah. Der Kaiser rügte ihn zwar wegen der schon einige Zeit zurückliegenden Gespräche mit Kaulbars, die er unbedingt hätte vermeiden müssen, und wegen eines Vortrages im Militärkasino in Linz über das Kriegstheater in Rußland. „Aber nachdem er die nötigen Erklärungen erhalten hatte", schrieb Johann der Mama, „war er vollkommen beruhigt." Johann weiter: „Sehr wichtig war die genaue Erklärung Seiner Majestät, daß er mich bei der ersten Gelegenheit zum Kommandanten eines Armeekorps ernennen wird. Die Erklärung ist umso aktueller, da mir gesagt wurde, daß der Rücktritt des Generals Degenfeld in Temesvar bevorsteht" (Brief vom 13. April 1887).

Mit der Hoffnung auf dieses militärische Avancement, das er seit längerer Zeit anstrebte, hätte der Erzherzog seine ehrgeizigen Bulgarien-Pläne begraben müssen. Er tat es jedoch nicht, wiewohl der von ihm so oft geschmähte Prinz Ferdinand von Coburg nicht bereit war, sich unüberlegt in ein politisches Abenteuer zu stürzen. Ferdinands Antwort auf die Vorschläge Johanns vom 8. April fiel negativ aus. „Der Plan ist unmöglich", schrieb er ein paar Tage später zurück. „Nie werde ich auf mich den Schein des Abenteurers werfen, selbst im Falle des Gelingens den Schatten der Illegalität über meine Krone breiten. – Nein –. Die Art der Negoziation durch NN. gefällt mir durchaus nicht: *drohend*, gleichgültig, frech . . ."

Und Ferdinand stellte seine Bedingungen. „Mein Plan ist", schrieb er, „Wahl (und zwar mit genügender Majorität), dann Einladung zu kommen durch eine Deputation des Landes, der ich Folge leisten werde, selbst gegen den Willen Rußlands, da ich hoffe, von Berlin die stillschweigende Erlaubniß hiezu erwirken zu können . . . Denn nur als von der Nation gewünscht und *gewählt* kann ich mich präsentieren und die Cabinete in Kenntniß setzen."

Und der Prinz ging sogar noch einen Schritt weiter. „In 10 Tagen", informierte er Johann, „habe ich gewünscht Stoilow in Zürich zu sehen: dort *muß* er mir folgenden geschriebenen Act einhändigen: Die Regenten Bulgariens haben in Sie Vertrauen und wünschen Ihren Namen dem Volke zur Wahl vorzuschlagen, bevor sie dies thun: fragen Sie sie ob Sie die Wahl gestatten. Mit diesem Document ausgestattet, kann ich die verschiedenen Cabinete befragen und habe dadurch das *Recht* erlangt, es zu thun."

Johann blieb nichts anderes übrig, als den Plänen des Coburgers zuzustimmen. „Dein überlegener Verstand, Dein politischer Blick und Deine ich möchte fast sagen fachmännische Sicherheit hat sich in der klaren und logischen Festsetzung Deines Planes manifestiert", schrieb er ihm.

Die Verhandlungen wurden abgebrochen und Stoilov kehrte nach Sofia zurück. Der bulgarische Regentschaftsrat entsprach am 28. April 1887 im wesentlichen den von Prinz Ferdinand gestellten Bedingungen und bat ihn offiziell um seine Kandidatur. Der Coburger ging auf das Offert nicht sofort ein, wie zu erwarten gewesen wäre. Er erkrankte. Laaba kabelte am 3. Mai chiffriert an Johann: „Ferdinand behauptet schwer krank zu sein. Hat Wahl definitiv abgelehnt". Diese Mitteilung war zumindest voreilig. Ferdinand, dem offenbar Bedenken gekommen waren, sondierte zunächst die Haltung Berlins und erhielt von Bismarck eine deutliche Absage. Vor seiner endgültigen Ablehnung des bulgarischen Angebotes wandte er sich in einem chriffrierten Schreiben an seinen „Gnädigsten Freund" Erzherzog Johann Salvator um Rat. „Obwohl die Partie für verloren haltend", teilte er ihm mit, „entschloß ich mich, 3mal gebadet, die Meinung Szögyenyis (Sz. war Sektionschef im Ministerium des Äußeren, Anm. d. Verf.) und Kalnokys einzuholen und so den *Intentionen* des Kaisers entgegenzukommen. Gestern kamen wir in der Mittagshitze des Stadtparkes zusammen (mit Szögyenyi) u. ich exponierte, schwieg aber natürlich vom Schreiben aus Berlin, auch Kalnoky gegenüber war ich darüber *stumm*, da eine nachträglich eingelaufene Depesche Bismarcks die *absolute Geheimhaltung* dieses Documentes mir *befahl!"*

Im Verlaufe der erwähnten Unterredung bat der Prinz den Sektionschef, dem Kaiser und Kalnoky mitzuteilen, daß er, falls es die Politik und die Intentionen des Kaisers für zweckmäßig erachteten und die Sache würdevoll durchgeführt würde, die Wahl annehmen wolle, wenn nicht, würde er, wohl wissend, daß weder Berlin noch Rußland diese Wahl anerkennen würden, Stoilov eine höfliche, aber entschiedene Ablehnung erteilen.

Das Antwortschreiben war bereits vorbereitet, und Johann kannte es. Ferdinand wollte vor einer endgültigen Entscheidung jedoch noch schriftlich den Rat des Kaisers einholen und bat Johann, ihm bei der Abfassung des Schreibens behilflich zu sein. „Ich sende einen Diener, der morgen 6^h wieder hier eintreffen muß", schrieb er abschließend, „hoffentlich mit Deinem befruchtenden Samenschreiben. Du siehst, daß ich weitergehe als Du ja vom ewigen Zweifelscheißer zu erwarten glaubtest. Nur beschwöre ich Dich: Auch dem Kaiser gegenüber ist jene fatale Antwort aus Berlin vollkommen zu ignorieren!!"

Schließlich teilte der Prinz Johann noch mit, er habe sich beim Gespräch mit Szögyenyi auch über die gemeine Kontrolle seiner Person durch Kalnoky und gewisse Erzherzöge „auf das Beißendste ausgelassen". „Von *unserer* Relation keine Spur.

Szögyenyi sagte: ‚Er *kümmert* sich jetzt um Nichts'", setzte er noch hinzu (18. Mai 1887).

Das Schreiben an den Kaiser und die Reaktion Franz Josephs kennen wir nicht. Ferdinand von Coburg zog seine Bewerbung zurück. Man wird nicht fehlgehen, den letzten Beweggrund für diese Entscheidung in der Haltung des deutschen Reichskanzlers Otto von Bismarck zu suchen. Bismarck sei, so argwöhnte Ferdinand, aus persönlichen Gründen – seiner Stellung und mütterlichen Deszendenz wegen – seiner eventuellen Wahl auf das Entschiedenste abgeneigt (Brief an Kaiser Franz Joseph vom 21. Mai 1887). Ferdinands Argwohn war begründet. Aber Bismarcks Balkanpolitik war alles andere als auf die (unbedeutende) Persönlichkeit des Coburgers zugeschnitten. Sie hatte einen essentielleren Charakter. Der deutsche Reichskanzler wollte unter keinen Umständen in die Balkanhändel zwischen der Donaumonarchie und dem Zarenreich hineingezogen werden. Der Balkan war ihm „nicht einmal die Knochen eines einzigen pommer'schen Grenadiers wert". Als Franz II. von Coburg, der Chef der Familie, Fürst Bismarck um die Ehre einer Audienz für seinen Neffen Ferdinand bat, erhielt er am 3. Juni 1887 eine höflich-ablehnende Antwort von diplomatischer Formvollendetheit. „Es ist überhaupt für Deutschland nicht nützlich, wenn ein deutscher Fürst in Bulgarien regiert", erklärte der Reichskanzler. „Die Freiheit von jeder Beteiligung an orientalischen Wirren bildet eines der wenigen Äquivalente für die militärischen und geographischen Nachteile der geographischen Lage Deutschlands im Vergleich mit Rußland und Frankreich. Die Einsetzung eines Prinzen aus einem angesehenen Deutschen Fürstenhaus in Bulgarien würde diese Freiheit einigermaßen beschränken, mit welcher die Deutsche Reichspolitik sich heute in dieser brennenden Frage bewegen kann. Ich bin deshalb außerstande, die Kandidatur des Prinzen Ferdinand zu befürworten[18]."

Wieder einmal stand die bulgarische Delegation mit leeren Händen da. In dieser für sie geradezu verzweifelten Situation unternahm Stoilov Mitte Juni abermals den Versuch, Erzherzog Johann Salvator in Linz zur Annahme der Fürstenkrone zu bewegen. Johann lehnte ab. Einige Monate später berichtete er darüber „seinem innigst geliebten Vetter" Alexander Battenberg: „Im Juni kam Stoiloff nach Linz zu mir um mir namens der Regentschaft die Krone, für die sich Prinz Ferdinand nicht zu entschließen vermochte, anzutragen. ‚Will Fürst Alexander denn wirklich nicht?‘ war meine erste Frage. ‚Nein, er hat uns schon dreimal zurückgewiesen‘ – die Antwort. Ich legte Stoiloff außer meinen Kaltscheff gegenüber betonten Gefühlsmomenten auch noch alle Verstandsgründe dar, welche in Anbetracht der bulgarischen Interessen gegen meine Wahl sprechen mußten, Berliner Vertrag, Verlegenheit Österreichs, Ausschluß jeder Versöhnung, Möglichkeit eines Kriegsvorwandes usw. Dagegen erklärte ich mich wieder bereit dem Rufe nach einem Soldaten im Augenblicke der Gefahr folgen zu wollen. Zu dieser allerdings auch unberufenen Zusage", erklärte der Erzherzog, „bestimmte mich begeisterte Sympathie für die von Dir geschaffene und so ruhmvoll geführte Armee, die Überzeugung, daß die Sache Bulgariens zugleich die Sache Oesterreichs ist, das Streben – wenn auch nur ein Gewehr in der Hand – am Kampfe für eine volksthümliche Idee Theil zu nehmen . . ."

Stoilov kehrte am 19. Juni 1887 nach Sofia zurück. Inzwischen war in Bulgarien die Unruhe über die von den Großmächten immer wieder hinausgezögerte Entscheidung in der Frage der Besetzung des Fürstenthrones so stark geworden, daß der Ministerrat die Einberufung der Großen Sobranje für den 3. Juli veranlaßte. Die Nationalversammlung sollte den zaudernden Coburger zum Fürsten des Landes wählen, um ihm auf diese Weise den Entschluß zur Annahme der Krone zu erleichtern. Außenminister Kalnoky war von dieser Entwicklung der Dinge keineswegs angetan. „Er würde keinen Finger rühren, um den Prinzen behilflich zu sein und in St. Petersburg wieder den Verdacht zu erwecken, als sei dies ein österreichischer Kandidat", schrieb er an den Prinzen Heinrich Reuß, den deutschen Botschafter in Wien (Brief vom 1. Juli 1887)[19].

Die Bulgarienfrage war in ein letztes, entscheidendes Stadium getreten. Am 6. Juli 1887 wählte die Große Sobranje Prinz Ferdinand von Sachsen-Coburg-Gotha einstimmig durch Akklamation zum Fürsten des Landes. Die Entscheidung wurde dem Prinzen telegraphisch mitgeteilt. Ferdinand nahm die Wahl an und sandte an die bulgarische Nationalversammlung ein salbungsvolles Telegramm folgenden Inhaltes:

„Ich bin stolz und dankbar für das Votum der Nationalversammlung . . . Ich hoffe, mich des Vertrauens der edlen bulgarischen Nation würdig zu erweisen und bin bereit dem Rufe der Großen Nationalversammlung folgend mich nach Bulgarien zu begeben . . . sobald meine Wahl von der Hohen Pforte angenommen und von den Mächten anerkannt sein wird. Ich bitte Sie, meinen besten Dank allen Vertretern, welche mich mit Einstimmigkeit, die mich lebhaft gerührt hat, erwählten und durch dieselben dem ganzen bulgarischen Volke zu übermitteln. Prinz v. Coburg[20]."

Das Karussell der europäischen Diplomatie begann sich nun wieder schwungvoller zu drehen. In der ersten Hochstimmung nach seiner Wahl ersuchte der Prinz Franz Joseph, seinen obersten Kriegsherrn, um eine Audienz. Der Kaiser, der in der Bulgarienfrage offenbar weitgehend uninformiert geblieben war, wandte sich ratsuchend an Kalnoky. „Ich sehe Ihrer telegraphischen Äußerung darüber entgegen", kabelte er seinem Außenminister, „ob und wann ich den Prinzen Ferdinand Coburg empfangen soll und was ihm zu sagen wäre. Da Sie ihn gesprochen haben, sind Sie wohl in der Lage, mir anzudeuten, was er von mir will und was er mich fragen wird[21]."

Kalnoky riet dem Kaiser von einer Audienz ab. Für Ferdinand war die kaiserliche Absage gewiß eine schwere Enttäuschung. Aber nicht nur in seiner Heimat, auch und vor allem im Ausland stieß die Anerkennung seiner Wahl auf Schwierigkeiten, auf Ablehnung und unverhüllte Drohungen. Unter diesen Umständen mußte der Prinz gegenüber einer bulgarischen Delegation, die nach Ebenthal gekommen war, um ihm seine Wahl persönlich anzuzeigen, die Erklärung abgeben, daß er sein Amt zum gegenwärtigen Zeitpunkt nicht antreten könne.

Die Begegnung lief übrigens im Stil höfischen Zeremoniells ab, wie das „Neue Wiener Tagblatt" in ihrer Ausgabe vom 16. Juli 1887 ihren Lesern zu berichten wußte. „Präzise um 11 Uhr 56 Minuten Vormittags dampfte der Zug, welcher die Gäste aus dem Orient brachte, in Dürnkrut ein", meldete die Zeitung. „Fünf Hofequipagen – Kutscher und Lakaien in Galatracht – harrten dort der Deputation. Dreimal wurde die Schloßglocke geläutet, als sich die bulgarische Kortège nahte. Nachdem sich die Gäste umgekleidet hatten, wurden sie um 2 Uhr Nachmittags in das Empfangszimmer geleitet . . . Die

*Chiffriertes Telegramm Ferdinands von Coburg an Erzherzog Johann
(Siehe Code Seite 164)*

Herren gruppierten sich im Halbkreis. Nach wenigen Minuten öffneten sich die Flügeltüren und hereintrat, seine Mutter am Arm führend, der Erwählte der bulgarischen Delegation. Prinz *Ferdinand* trug schwarzen Frack und weiße Kravate, auf seiner Brust schimmerten neben dem bulgarischen Hausorden die verschiedensten Großkreuze ... Tontscheff (der Leiter der Delegation Anm. d. Verf.) hielt eine Ansprache und überreichte auf silberner Tasse das Votum der Sobranje ..." Ferdinand, so berichtet die Zeitung weiter, hielt eine Gegenansprache, in der er ausführte, daß er die Verträge achten und auf die Zustimmung der Großmächte warten müsse, ehe er ins Land kommen könne.

Die Bulgaren reisten enttäuscht ab, der Prinz wurde in der Presse bespöttelt und belacht. Sein Profil mit der überlangen Nase hielt Einzug in den europäischen Witzblättern.

Nach Wochen des diplomatischen Hin und Her, unentschiedenen Schwankens und eifriger Bemühungen der österreichischen Diplomatie, seine Abreise im letzten Augenblick doch noch zu verhindern, entschloß sich der Prinz schließlich doch, nach Bulgarien zu gehen. Es war ein kühner Entschluß. Am 7. August 1887 übersandte Ferdinand dem Erzherzog folgendes chiffriertes Telegramm: „Ja! Kaiser ungerecht u. streng. Zeitungen gemein. Reisen Mittwoch, Kalnoky niederträchtig. Laaba gold reisen heute Nacht. Ich (unleserlich). Rußland Gefahr. Lobanoff Brav. Ewig Dein

Ferdinand."

Am nächsten Tag trat Ferdinand von Sachsen-Coburg-Gotha mit einem kleinen Hofstaat seine Fahrt in eine ungewisse Zukunft an. Nach Berichten des „Neuen Wiener Tagblattes" (9.–11. 8. 1887) reiste er, um kein Aufsehen zu erregen, mit der Bahn ab und wurde dann auf einer Jacht nach Rustschuk (heute: Russe) gebracht, wo er feierlich und mit Jubel begrüßt wurde. Hans Roger Madol, Ferdinands mitfühlender Biograph, schreibt:

„Am 10. August findet die Abreise Ferdinands ganz im geheimen statt. Ein Eisenbahnwagen, weit entfernt von der nächsten Station, erwartet ihn auf freier Strecke; nachts hatte man das Gepäck dorthin gebracht. Die Reisegesellschaft fährt in verschiedenen Zügen verschiedene Strecken. Ferdinand, in einem Coupé zweiter Klasse und in Zivilkleidung, gelangt unerkannt bis Orsova. Dennoch durcheilt die Kunde von seiner Abfahrt bald die Welt. Man bewundert den Mut des Prinzen, dessen Kandidatur gegen den Willen der Mächte als aussichtslos notiert worden war[22]."

Während Kronprinz Rudolf das „bulgarische Abenteuer" offen mißbilligte, Ferdinands wichtigste Begleiter, Rittmeister von Dobner und Major Menred von Laaba, aus der österreichischen Armee ausscheiden mußten und ihre Chargen verloren, die Großmächte mit politischen Drohgebärden reagierten, sandte der Kaiser, der wohl streng sein konnte, aber im Grunde seines Herzens galant und chevaleresk war, dem unerfahrenen Prinzen einige tröstliche Worte nach: „Es tut mir leid", schrieb er ihm, „daß die Umstände, unter denen Sie sich entschlossen haben, sich nach Bulgarien zu begeben, es mir und meiner Regierung unmöglich machen, Sie auf dem schwierigen Wege, den Sie eingeschlagen haben, zu unterstützen. Doch ebenso wie ich von aufrichtigem Wohlwollen für Sie und Ihre Familie geleitet war, als ich Ihnen von diesem gefährlichen Unternehmen abriet, ebenso begleiten Sie auch fernerhin meine besten Wünsche für Ihre Person und für das Gedeihen Bulgariens, dem Sie sich gewidmet haben. Möge Gott Ihnen seinen Schutz angedei-

179

hen lassen[23]." Der Prinz traf am 11. August in Bulgarien ein.
Nach am gleichen Tag erließ er folgendes Manifest an das bulgarische Volk:

„Von den Vertretern der bulgarischen Nation einstimmig zum Souverän gewählt, erachte ich es, da ich das Gebiet meines neuen Vaterlandes betrete, als eine heilige Pflicht, mein Leben dem Glücke, der Größe und dem Fortschritt meines theuren Volkes zu weihen. Indem ich der wackeren bulgarischen Nation für das Vertrauen, das sie mir bekundete, sowie für das Gefühl der Treue und Ergebenheit, von denen sie für mich beseelt ist, aus dem Grunde meines Herzens danke, bin ich überzeugt, daß sie mich in meinen Bestrebungen unterstützen wird, um unser Land groß und blühend zu machen, um Ehre und Ruhm vollständig zu erreichen.

Der Allmächtige beschütze Bulgarien und helfe uns in allen unseren Thaten!

Ferdinand[24]"

Erzherzog Johann Salvator blieb mit dem Coburger weiter in Verbindung. Anfangs September teilte er ihm, von Kaulbars informiert, mit, daß Rußland nach wie vor auf seinen freiwilligen Verzicht dränge, und beschwor ihn, „erfüllt von dem Gefühl einer gewissen Verantwortung", dem russischen Druck nicht nachzugeben. Über seine eigene Situation schrieb er: „Justus hat wenig Lohn geerntet dafür daß er seinem Kaiser nützlich zu sein versuchte. Erst bis einmal die Kanonen wieder krachen hoffe ich mich wiederzufinden." Der Erzherzog schloß das chiffrierte Schreiben mit dem Wunsch, der Glückliche (gemeint ist Fedinand) möge ihm die Wohltat einer Rückantwort erweisen (Briefentwurf).

Aber während der Erzherzog dem von ihm stets verachteten Coburger gute Ratschläge gab, erging er sich Alexander Battenberg gegenüber in geschmacklosen Schmähungen. „Dieser Herr sitzt jetzt auf dem bulgarischen Thron", schrieb er dem ehemaligen Regenten des Landes, „und wie es scheint getragen von der Unterstützung derselben Mächte, die nur die Hälfte ihrer heutigen Energie einzusetzen gebraucht hätten um den Mann dort zu erhalten, dessen Martyrium die ganze Welt ebenso bewundert als bedauert. Prinz Ferdinand ist ohne Verständnis für die Seele des Volkes . . . herzlos für die schöne tap-

180

fere Armee ... pietätlos gegen die persönlichen Erinnerungen
an Dich und Dein Wirken – schon dieses mußte mir mißfallen,
mich verletzen, empören, auf's Tiefste beunruhigen ... Ich
habe den Charakter Ferdinands", setzte er seine Tirade fort,
„trotz dem er fast ein Jahr in meiner Division zu dienen versuchte, nicht genügend gekannt und die Schurkerei kommt jedem ehrlichen Menschen immer überraschend vor. Denke Dir
jetzt meine Empfindungen: Ich bin mir einer großen Schuld
bewußt, denn meine Beschwichtigungen bezüglich Ferdinands
haben doch die Wahl desselben einigermaßen gefördert." Das
war natürlich, gelinde gesagt, eine irreführende Untertreibung.
Und dann ließ Johann seinen innersten Empfindungen freien
Lauf. „Ich mißdeute nicht die Motive", schrieb er, „ich mache
mir jetzt Vorwürfe daß ich nicht selbst unter irgend einen Namen gegangen bin. Nicht etwa daß ich so vermessen wäre zu
glauben ich hätte die Kraft jene Aufgabe zu lösen – nein! – aber
sowohl die Bulgaren als wie unser Kaiser hätten dort einen ehrlichen Mann gehabt ... Ich hätte mir alle Mühe gegeben in
Deinem Geiste, in Deinem Sinne zu wirken, Dein Andenken
heilig zu halten und die Anhänglichkeit an Dich – die ja so groß
ist – zu pflegen und zu nähren. Entweder ich hätte in dem
Kampfe um die Unabhängigkeit und das Selbstbestimmungs-
recht Bulgariens gesiegt oder ich wäre dabei zu Grunde gegangen. Beides wäre gleich ehrenvoll." Er hätte dann, so Johann
weiter, Alexander gerufen und den Thron zurückgegeben. Was
für ein Phantast dieser ideenreiche Erzherzog doch sein konnte!
Abschließend informierte Johann den depossedierten Fürsten
von Bulgarien über seine Zukunftspläne und gab der Hoffnung
Ausdruck, es werde ihm gegönnt sein, unter seinen Befehlen in
der österreichischen Armee Soldatenpflichten zu tun (Briefentwurf, September 1887).

Auch gegenüber Baron Kaulbars nahm sich der Erzherzog
kein Blatt vor den Mund. „Von den Anschauungen ganz abgesehen, welche ich über die Wendung der Dinge in Bulgarien
gewann", schrieb er ihm am 29. Oktober 1887, „gestehe ich
daß mir die Bestättigung meines Urtheils über Prinz Ferdinand
eine Art Satisfaction verschaffte. Ich glaube ich sagte, daß er
unverläßlich und zweideutig sei; er hat es bewiesen indem er
trotz aller Speichelleckerei für Rußland – verzeihen Sie mir das
Wort – doch *Dei Clementia* und Rußland zu Trotz hinabging.

Jetzt aber will er sehr schlau sein und glaubt, nachdem er doch nur der Candidat *einer* Partei, durch Betonung seiner Stellung *über* den Parteien, Coquetterie mit der Opposition, ich vermute auch durch neue Betheuerungen Rußland für sich zu gewinnen. Das ist ein Doppelspiel", empörte sich der Erzherzog. „Wenn man den Schritt thut, den er gethan, muß man auch alle Consequenzen desselben ziehen. Ich bedaure das Faktum dieser Thronbesteigung hauptsächlich insoferne", fuhr er fort, „als es Bulgarien in eine Krise stürzen kann, welche dieses junge Volk um manche seiner bisherigen Errungenschaften, um seine ehrlich erkämpfte militärische Ehre, um sein individuelles Leben bringen müßte, dessen *recht*verstandene Entwicklung ich ihm wirklich wünsche – ihm wünsche auf die Gefahr hin, daß Sie mir diese Sympathien zum Vorwurf machen."

Und dann stellt Johann die (kühne) Frage: „Wird nichts geschehen? Wird man, nachdem man *Alexander* enthoben, seinen Nachfolger gewähren lassen? Ich glaube Österreich würde keinen Mann rühren um ihn auf seinem Thrönchen zu erhalten ..."

Wußte der eigenwillige Erzherzog, der mit seiner Meinung nicht hinter dem Berg hielt, der immer klar sagte, wofür und wogegen er war, in diesem Fall, was er wollte? Er hatte beinahe ein volles Jahr hinter den Kulissen mit allen Mitteln die Wahl Ferdinands von Coburg zum Fürsten von Bulgarien betrieben. Und nun, da dieses Ziel erreicht war, machte er es ihm zum Vorwurf, daß er versuchte, sich der Gunst Rußlands zu versichern. Nun forderte er einen Ratgeber des Zaren indirekt auf, Ferdinand vom Thron zu stoßen. Was ging im Kopf dieses Mannes vor? War er enttäuscht, verbittert über ein politisches Engagement, das nicht so gelaufen war, wie er es sich vorgestellt hatte? Wollte er Ferdinand tatsächlich nur einen „letzten Streich" spielen und war jetzt darüber ungehalten, daß der von ihm verachtete Prinz einen Thron besaß, eine lohnende Aufgabe hatte, während er einem ungewissen Schicksal entgegenging? Hat er die bulgarische Krone letztlich allen Ernstes doch für sich selbst erstrebt?

Wie dem immer sei: Der Verlierer war er. Er hatte sich durch seine unüberlegte, unnötige Einmischung in die internationale Politik, durch sein würdeloses Intrigenspiel die Gunst des Kaisers und des Kronprinzen verscherzt. Er wußte das wohl. Und wenn er es nicht wußte oder nicht wahrhaben wollte, dann mußte er es bald zur Kenntnis nehmen. Es muß für ihn eine niederschmetternde Erkenntnis gewesen sein. Aber Erzherzog Johann Salvator war trotz allem ein Mann von Charakter. Er zog daraus persönlich die Konsequenzen.

6. Johann quittiert den Militärdienst

Johann Salvator fühlte sich in Linz sichtlich wohl. In den vier Jahren, die er als Divisionär in der damals kleinen oberösterreichischen Garnisonsstadt verbrachte (1883–1887), entfaltete er, wie wir gesehen haben, eine Fülle von Aktivitäten. Sein Beruf ließ ihm dazu offenbar genug Muße. Der Erzherzog, der ein Haus in der Museumstraße (damals Kaplanhofstraße) bewohnte, empfing häufig Gäste, besuchte gerne Opernaufführungen in der Hofloge des Landestheaters und verbrachte die Wochenenden häufig in Schloß Ort in der Nähe von Gmunden, das er, wie wir bereits wissen, 1876 käuflich erworben hatte.

Die Linzer mochten ihn. Sie schätzten seine liberale Gesinnung, seine Leutseligkeit, seine Bravourstücke. Schmunzelnd ging die Fama von Mund zu Mund, daß der Erzherzog mit einer Frau, die in seinem Haushalt offiziell als Beschließerin galt, in wilder Ehe lebe. Johann war nicht nur deshalb in Linz populär. Wann immer sich der unkonventionelle Feldmarschall-Leutnant in den Straßen der Stadt zeigte, brachte man ihm Achtung und Sympathie entgegen. Mit Milli Stubel zusammen hat man Johann Salvator in der Öffentlichkeit freilich nie gesehen. Linz war jedenfalls stolz darauf, ein Mitglied des Kaiserhauses in seinen Mauern zu haben. Umso größer war die Überraschung, als am 24. September 1887 im Militärverordnungsblatt verlautbart wurde, der Kaiser habe den Erzherzog von seinem Linzer Kommando enthoben. Johann Salvator (eigentlich dürfte ich ihn nur noch Johann nennen, denn er hatte am 15. November 1882 mit kaiserlicher Entschließung den Beinamen Salvator abgelegt[1]) befand sich zu diesem Zeitpunkt längst in England. Er hatte ungefähr zwei Wochen zuvor Urlaub genommen und war mit seinem Kammervorsteher Ferdinand Baron Mennshengen und dem Linienschiffsleutnant Graf Messey unbekannten Zieles abgereist.

Der überstürzte Antritt eines neuerlichen mehrwöchigen Urlaubes gab selbst den Offizieren der Linzer 3. Truppendivision Rätsel auf. Erzherzog Johann hatte nämlich noch kurze Zeit zuvor dem Offizierskorps gegenüber mehrfach „seiner Zufriedenheit mit seinem gegenwärtigen Wirkungskreis Ausdruck verliehen und die Hoffnung ausgesprochen, noch lange in Linz zu verbleiben", wie das „Neue Wiener Tagblatt" in seiner Ausgabe vom 27. September seinen Lesern zu berichten wußte.

Was war geschehen? Was hatte sich hinter den Kulissen abgespielt? War der Erzherzog freiwillig aus der Armee ausgeschieden, oder hatte der Kaiser den unbequemen Mahner, der sich in alles und jedes mischte, von seinem Posten zwangsweise entfernt? Welche Beweggründe sind letztlich für den einen wie den anderen Entschluß maßgebend gewesen? Auf diese Fragen gibt der Brief Johanns an den Kaiser Aufschluß, den ich in einer Abschrift an seinen Bruder Ferdinand im tschechoslowakischen Staatsarchiv in Prag gefunden habe.

„Geruhen E. M. mir allergnädigst zu verzeihen wenn ich nach langem inneren Kampfe mit Offenheit eine mein ganzes Sein berührende Angelegenheit unterbreite", begann Johann seine Ausführungen und setzte dann fort: „Als ich am 21. August den Kronprinzen auf seiner Durchreise hier begrüßte sagte ich ihm, daß für den Fall, daß sich eine Apertur in den Corps Commanden ergebe, ich wirklich ein solches übernehmen müßte, ich E. M. um Verleihung des 15. Corps unterthänigst bitten möchte weil ich für die dortige Aufgabe mich geeignet fühle.

Der Kronprinz mahnte mich ganz entschieden von einer diesbezüglichen Bitte ab, weil ich besonders seit der bulgarischen Angelegenheit das Vertrauen derart verwirkt hätte daß E. M. mir jenen Posten gewiß nicht geben würde, auch soll ich unter Beobachtung stehen."

„E. M.", führte der ehrgeizige Divisionär weiter aus, „wer aus Gehorsam für seinen Kaiser, aus Ergebenheit für sein Vaterland, aus Liebe zur Fahne zweimal eine ihm angebotene Krone, und mehr noch als eine Krone: eine Aufgabe von sich weist, die für jeden thatenlustigen u. unternehmenden Mann gewiß verlockend ist, der beweist damit zur Genüge seine Verläßlichkeit, der verdient kein Mißtrauen. Was ich von so be-

Johann Orth nach seinem Ausscheiden aus dem Kaiserhaus

wußter Seite erfuhr mußte mich an der empfindlichsten Stelle kränken, mich tief erschüttern." Nach diesem Einblick in seine Gefühlswelt kam Johann auf sein eigentliches Anliegen zu sprechen. „Ob ein General, ja überhaupt ein Offizier, dem sein A. h. Kriegsherr mißtraut, noch sein Portepée tragen kann, haben E. M. zu entscheiden", zog Johann voreilige persönliche Folgerungen. „Meinerseits kann ich nur E. M. allerunterthänigst anzeigen", setzte er fort, „daß ich in diesem meinen Gemüthszustande mich unfähig fühle meinen Beruf pflichtgemäß zu erfüllen. Geruhen E. M. dieses freimüthige Bekenntnis nicht zu mißverstehen und meine Ergebenheit nicht noch mehr anzuzweifeln. Doch der Verlust von E. M. Vertrauen besonders nach dem freiwilligen Opfer einer vielleicht abentheuerlichen u. illegalen aber doch gewiß verheißenden Zukunft thut mir zu weh, und bricht meine Kraft. Ich glaubte vorerst den mir bewilligten 4 wöchentliche Urlaub nehmen zu sollen um jedes Aufsehen zu vermeiden. Ich wage es deshalb erst jetzt E. M. um Enthebung von meinem Commando und um Versetzung in das Verhältnis a. D. unterthänigst zu bitten nicht ohne zu wiederholen, daß ich nichts anstrebe, nichts erhoffe, da ich mir wohl bewußt bin, daß ich auf *diesem* Wege kein Ziel verfolgen kann und darf . . ."

Abschließend teilte Johann seinem obersten Kriegsherrn mit, daß er im Genehmigungsfall von England aus eine Seereise in das Mittelmeer unternehmen wolle und bat ihn, seinen „schmerzlichen Entschluß" mit „väterlicher Milde" zu beurteilen[2].

Einige Wochen später begründete Johann dem „hochverehrtesten Herrn General" Kaulbars gegenüber die Ursache seiner Enthebung mit ähnlichen Argumenten. Nachdem er die Meldung scharf zurückgewiesen hatte, seine intime Freundschaft zu Prinz Ferdinand von Coburg wäre der Grund für seine Entlassung gewesen, führte er aus: „Nach abgeschlossenen Manövern hörte ich daß sich Aperturen unter den Corps-Commanden ergeben und mir ein solches verliehen werden sollte. Da ich schon von Seiner Majestät ernstlichst ermahnt worden war, nicht länger zu refüsieren, so erbat ich . . . das Corps-Commando in Serajevo. Ich mußte diese Bitte zurücknehmen und es erklärte mir der Kronprinz, daß ich wegen meinen politischen Umtrieben, meinen eigenthümlichen Verbindungen, meiner südslavischen Schau und unberechenbaren Tendenzen das Vertrauen verloren, der Kaiser mir den Posten in Serajevo niemals verleihen werde, Graf Kalnoky hieraus eine Cabinetsfrage machen müßte u.s.w. – Politische Umtriebe lagen mir ferne, meine Verbindungen sind die lautersten, meine südslavische Schau und unberechenbaren Tendenzen beschränken sich darauf, daß ich das Turko-Magyarische Regime in Bosnien und Herzegovina nicht gut heißen kann – was mich indeß nicht gehindert hätte, dort ein gehorsamer Diener meines Herrn zu sein. – Dieses Mißtrauen ohne Grund, diese

Verdächtigung und Anzweifelung meiner Person mußte mich kränken, mich verletzen. Meiner Ehre glaubte ich meine Stellung opfern zu sollen³" (Brief aus Rivadisella vom 29. Oktober 1887).

In einem Schreiben vom 23. September 1887 aus London unterrichtete er die geliebte Mama: „Vor der Abfahrt aus Linz habe ich dem Kaiser den Brief geschrieben und die Reinschrift mit den nötigen Erklärungen an Nando (gemeint ist sein ältester Bruder Ferdinand, der Chef der toskanischen Linie, Anm. d. Verf.) geschickt. Außerdem habe ich mich von meinen Offizieren privat noch verabschiedet für den Fall, daß es während meiner Abwesenheit eine Veränderung geben sollte." Und weiter heißt es da: „Vorläufig gibt es von Seiner Majestät keine Antwort. Ich werde sehen, wie lange er braucht. Nachdem die Hälfte meines Urlaubes vorbei sein wird, werde ich nochmals etwas eindringlicher fragen. Immer noch wird mir Seine Majestät gnädigst die einzig mögliche Genugtuung geben können oder mir meinen ‚Austritt' aus dem Heer erlauben. Wenn weder das eine noch das andere ausdrücklichst erlaubt wird und man sogar zuwarten wird, um meiner Person habhaft zu werden, dann kündige ich Ihnen an, liebe Mama, daß ich *außerhalb des Reiches* die nötigen Garantien abwarten werde."

Johann hatte also vom Kaiser Satisfaktion (l'unica soddisfazione possibile, sprich: die Übertragung eines Korpskommandos) oder die Entlassung aus dem Heeresverband verlangt. Der ehrgeizige, leicht verletzliche Feldmarschall-Leutnant fühlte sich zurückgesetzt und gekränkt.

Welcher Natur diese Kränkung war, darauf gibt es in einem Schreiben seines ältesten Bruders Ferdinand an die Mutter einen Hinweis. Nach einer längeren Aufzählung der Fehler und Schwächen Johanns kommt Ferdinand auf ein Ereignis zu sprechen, das sich offenbar während der Sommermonate des Jahres 1887 abgespielt hatte. „Ich kann verstehen", führte er in seinem Brief aus, „daß es ihn, der Fähigkeit und Talent hat und der sich in Bosnien auszeichnete, aus der Fassung brachte, bei einer militärischen Übung, die von seinem nominellen Gegner Erzherzog Rudolf strategisch vielleicht nicht sehr geschickt angelegt war, dazu verurteilt zu sein, als der Geschlagene dastehen zu müssen" (Brief vom 19. Oktober 1889).

Johann Salvator konnte es nur sehr schwer verwinden – wir

wissen es bereits –, daß er, der seinem Vetter Rudolf auf militärischem Gebiet weit überlegen war, bei Manövern immer wieder hinter dem Kronprinzen zurückstehen mußte. Er steckte diese Demütigungen zähneknirschend ein und machte sich darüber gelegentlich in Briefen an die Mutter Luft. Bei den Manövern des Jahres 1887 scheint dem heißblütigen Toskaner aber der Kragen geplatzt zu sein. Es kam (höchstwahrscheinlich) zu einem „Auftritt" mit Rudolf, möglicherweise auch mit dem verhaßten und von ihm geringgeschätzten Erzherzog Albrecht. Johann wandte sich mit der Alternative Satisfaktion oder Austritt aus der Armee an den Kaiser. Aber während er sich nach einem „Sühnebrief" mit dem Kronprinzen später wieder aussöhnte (siehe Kapitel 3), war die Anrufung Seiner Majestät ein Modellfall unüberlegten, irreparablen Handelns.

Franz Joseph konnte nichts gelegener kommen als das Ersuchen des Erzherzogs. Johann Salvator, dessen Fähigkeiten er an sich schätzte, hatte ihm immer wieder – zuletzt in der Bulgarienfrage – Ärger, Verdruß und Unannehmlichkeiten bereitet. Der Monarch hatte dem ungestümen Neuerer seine Eskapaden oft genug verziehen, lange genug Nachsicht geübt. Jetzt war die Gelegenheit da, ihn loszuwerden, noch dazu auf eigenen Wunsch. Franz Joseph nützte die Chance, handelte mit unerbitterlicher Unbewegtheit. „Ich enthebe Euer Liebden über Ihre Bitte vom Commando der 3. Infanterie Truppendivision", teilte er dem Toskaner mit Schreiben vom 21. September 1887 kühl mit, „und erlasse diesbezüglich das Erforderliche an meinen Reichs-Kriegsminister. Betreffend Ihrer Absicht Reisen zu unternehmen, so wünsche ich", heißt es in dem folgenschweren Dokument weiter, „daß Sie zeitweise über Ihren Aufenthalt und das nächste Reiseziel Mittheilungen an mich gelangen lassen[4]." Die Weisung an den Reichskriegsminister fiel noch lakonischer aus: „Ich enthebe Meinen Herrn Vetter, den Feldmarschall Lieutenant Erzherzog Johann über seine Bitte vom Kommando der 3. Infanterie-Truppen-Division", heißt es da unter dem gleichen Datum, „und sehe Ihrer seinerzeitigen Antragstellung bezüglich Neubesetzung dieses Kommandos entgegen[5]."

Das Leben Johann Salvators hatte eine entscheidende Wendung genommen. Der Erzherzog hielt die kaiserliche Entschließung ein paar Tage später in Händen. Er reagierte darauf mit Pathos und Bitterkeit. Die Abschiedsadresse, die er an seine Offiziere und die Truppe richtete, enthielt im Militärjargon der Zeit schwulstig-bombastische Floskeln.

„Vom Commando der 3. Infanterie-Truppen-Division enthoben, muß ich von meinen braven, schönen, mir ans Herz gewachsenen Truppen Abschied nehmen", formulierte der Erzherzog. „Ich brauche nicht erst zu sagen, wie schwer, wie schmerzlich mir dieser Abschied wurde. Fast vier Jahre Zeuge ihrer Arbeit und ihrer Leistungen, danke ich den Herren Generalen, Truppen-Commandanten, Officieren, der ganzen Mannschaft für ihre Hingebung im Dienste, für ihre mir gewordene Unterstützung, für die vielen Beweise ihrer Anhänglichkeit. Je ernster die Zeit, um so inniger meine Wünsche für meine bisherigen Truppen; ich werde ihrer mein Lebenlang in treuer Kameradschaft gedenken. Aus warmem, tiefergriffenem Soldatenherzen sage ich meiner unvergeßlichen Division Lebewohl[6]!"

Persönlichere, innigere Töne fand das gemaßregelte Mitglied des Kaiserhauses in einem Brief an den Linzer Bürgermeister. Die Linzer Bürgerschaft habe ihn mit Beweisen der Sympathie überhäuft, führte er darin unter anderem aus, das Einvernehmen zwischen der Stadtverwaltung und dem Militär, dem Herrn Bürgermeister und ihm, sei klaglos gewesen, er werde daher seinem Linz, das ihm im wahren Sinne des Wortes eine Heimat geworden sei, ein treues und dankbares Andenken bewahren[7]. So weit, so gut. Die Echtheit der in diesen Zeilen zum Ausdruck gebrachten Gefühle wird man wohl nicht bezweifeln können. Wenn der Erzherzog freilich in seinem Schreiben äußerte, daß er sich glücklich geschätzt hätte, seinen Posten noch viele, viele Jahre innehaben zu können, so kann man sich des Eindruckes der Heuchelei nicht erwehren. Er hätte sich dann eben anders verhalten müssen, nicht immer sein gewagtes Spiel mit dem Feuer treiben dürfen. Schuld an dem geschilderten Verlauf der Dinge war nicht der Kaiser, sondern er. Wie ein Brief an die Mutter beweist, hatte sich Johann Salvator der (falschen) Hoffnung hingegeben, Franz Joseph werde ihm Satisfaktion gewähren. Er hatte sich, wie so oft, getäuscht. „Dem Verordnungsblatt vom 24. September habe ich entnommen", schrieb er Maria Antonia, „daß Seine Majestät sich herbeigelassen hat, mir den Rückzug aus dem aktiven Dienst zu gestatten. Andere Ankündigungen sind bei mir nicht angekommen und in dieser Tatsache erkenne ich den Sinn, wie man meinen Schritt beurteilt hat. Auch Ferdinand I., dem ich eine Abschrift des Briefes als Familienoberhaupt geschickt habe, hat sich nicht gerührt. Ich habe gewußt, daß ohne Mißstimmung so eine Sache nicht zu machen ist, aber ich bin sehr ehrlich, indem ich das beichte, ich hätte gedacht, daß man den echten und unverdienten Schmerz einer treuen, zu treuen Person, die auch Fähigkeiten hat, mehr gewürdigt hätte. Nunmehr ist es so, und ich bilde mir wirklich nicht ein, daß ich für den Staat ein Verlust bin. Auch was meine Absicht betrifft, eine Seereise in das Mittelmeer zu machen, ist mir keine Antwort zugegangen. Und in der Tat, wenn Gott will, werde ich am Mittwoch, den 5. Oktober von hier mit meiner Yacht abfahren, Frankreich und Spanien umsegeln, in das Mittelmeer fahren und von dort in den Ozean ... Schwimmend und segelnd können sie mir wenigstens nicht den Vorwurf machen, daß ich politisch intrigiere. Wenn sich der erste Sturm gelegt haben wird, hoffe ich, daß ein anderer Gesichtspunkt eingenommen werden wird."

Wieder hatte sich der Erzherzog geirrt. Kaum hatte ihm der erste Sturm kräftig ins Gesicht geblasen, da folgte auch schon der nächste. Am 2. Oktober 1887 verlieh der Linzer Gemeinderat in einer außerordentlichen Sitzung Erzherzog Johann mit dessen vorheriger Zustimmung einstimmig das Ehrenbürgerrecht[8]. Johann reagierte auf diesen ungewöhnlichen Schritt der Linzer Gemeindeversammlung mit freudiger Dankbarkeit. „Durch meine Wahl zum Ehrenbürger der Stadt Linz auf das freudigste berührt", telegraphierte er am 4. Oktober aus London an Bürgermeister Wimhölzel, „sende ich Ihnen und der Bürgerschaft meinen aufrichtigsten Dank und herzlichste Grüße[9]."

Der Linzer Gemeinderat, der damals aus 36 Mitgliedern bestand, war mehrheitlich gemäßigt liberal gesinnt und bis in die Knochen kaisertreu. Er hatte seinen Beschluß zweifellos ohne jedweden Hintergedanken als Ausdruck der Wertschätzung für den Erzherzog gefaßt, und Johann hatte ihn in seiner politischen Arglosigkeit unbedenklich akzeptiert. Sowohl Johann als auch seine Linzer Verehrer dachten sich nicht viel dabei. Der Linzer Gemeinderatsbeschluß war allerdings in der

Ministerpräsident Eduard Graf Taaffe an seinem Arbeitstisch

vielhundertjährigen Geschichte des Hauses Habsburg ohne
Beispiel. Eine solche Auszeichnung für ein Mitglied des Kaiserhauses lag freilich erst seit dem Anbruch der liberalen Ära,
seit der Proklamation der Dezemberverfassung von 1867, im
Bereich der Möglichkeit. Franz Joseph reagierte darauf mit allen Anzeichen höchster Indignation. Bereits am 7. Oktober
1887 richtete er an seinen Ministerpräsidenten, Eduard Graf
Taaffe, folgendes Schreiben: „Ich lese in der Zeitung, daß der
Gemeinderat von Linz dem Eh. Johann das Ehrenbürgerrecht
verliehen hat. Da meines Wissens ein ähnlicher Fall noch nicht
vorgekommen ist, eine solche Verleihung mir mit der Stellung
eines Mitgliedes der Dynastie kaum vereinbarlich scheint und
ein Präzedenz für die Zukunft geschaffen würde, so ersuche ich
Sie um Bekanntgabe Ihrer Ansicht, ob es nicht möglich wäre,

diesen Gemeinderats-Beschluß zu kassieren. Außerdem enthält die Presse ein Dankschreiben des Eh. an den Bürgermeister von Linz, welches voll Unwahrheiten ist und es mir umso notwendiger erscheinen läßt, in dieser Angelegenheit mit Entschiedenheit vorzugehen. Franz Joseph[10]."

Der Ministerpräsident beeilte sich, das kaiserliche Handschreiben unverzüglich zu beantworten. Die Regierung habe keine Handhabe, den Gemeinderatsbeschluß zu sistieren, teilte Taaffe dem Monarchen mit, da dieser ordnungsgemäß und den Gesetzen entsprechend gefaßt worden sei. Die Behörden hätten nur das Recht, *gesetzwidrige* Beschlüsse aufzuheben. Allerdings sei er der Auffassung, daß die Annahme des Ehrenbürgerrechtes einzelner Gemeinden seitens der Mitglieder des Allerhöchsten Kaiserhauses mit deren staatsrechtlicher Stellung unvereinbar sei, ja aus politischen Rücksichtnahmen geradezu unzulässig erscheine. Er erlaube sich daher „dem Allerhöchsten Ermessen Eurer Majestät ehrerbietigst anheimzustellen, ob es sich nicht empfehlen würde, den sämtlichen Mitgliedern des Allerhöchsten Kaiserhauses in entsprechender Weise die Allerhöchste Willensmeinung bekannt zu geben, daß die Annahme eines angebotenen Ehrenbürgerrechtes abzulehnen sei", hieß es abschließend in der Stellungnahme des Ministerpräsidenten von des Kaisers Gnaden[11].

Franz Joseph nahm den Rat Taaffes an. Er ließ sich den Entwurf eines diesbezüglichen Handschreibens vorlegen, das am 13. Oktober 1887 an die damals 25 großjährigen Erzherzoge ausgefolgt wurde. Die kaiserliche Weisung, die, wie es hieß, aus Rücksicht auf die überpolitische Stellung des Hauses erfolgte, hatte folgenden Wortlaut:

„Lieber . . .!
Die in letzter Zeit erfolgte Verleihung des Ehrenbürgerrechtes der Stadt Linz an den Herrn Erzherzog Johann veranlaßt Mich Euer Liebden aus staatsrechtlichen und politischen Rücksichten Meine dahin gehende Willensmeinung zur künftigen Darnachachtung bekannt zu geben, daß von den Mitgliedern des Kaiserhauses die Annahme eines denselben angebotenen Ehrenrechtes abzulehnen sei.
Eisenerz, 11. Oktober 1887.

Franz Joseph

exp. 13. Oktober 1887[12]."

Dem Erzherzog ging ein Allerhöchstes Handschreiben zu, das ihm in kategorischem Ton die Ablehnung der Ehrenbürgerschaft zur Pflicht machte:

„Lieber . . . Der in den öffentlichen Blättern erschienene Dank Eurer Liebden für das Ihnen von der Stadt Linz zugedachte Ehrenbürger Recht bestimmt Mich, Sie aufmerksam zu machen, daß die Annahme einer derartigen Auszeichnung für alle Mitglieder Meiner bewaffneten Macht an Meine Bewilligung geknüpft ist", dekretierte Seine Majestät. „Im vorliegenden Falle vermöchte Ich dieselbe nicht zu ertheilen", hieße es weiter, „weil die Annahme des Ehrenbürgerrechtes einer Stadt mit der Stellung eines Mitgliedes der Dynastie nicht vereinbar ist. Eurer Liebden haben daher das Anerbieten der Stadt Linz abzulehnen.

Fz[13].

Für den ahnungslosen Erzherzog war die harte, unerbittliche Reaktion seines obersten Kriegsherrn gewiß ein schwerer Schlag.

Es sollte aber noch schlimmer kommen. Am 16. Oktober 1887 teilte Franz Joseph in einem Befehlsschreiben seinem Reichskriegsminister mit, daß er „Seinem Vetter Feldmarschall-Leutnant Erzherzog Johann die angesuchte Ablegung der Offizierscharge bewilligt habe[14]". Gleichzeitig enthob ihn der Kaiser von der Inhaberschaft des Artillerie-Regiments Nr 2. Die beiden Verfügungen durften im Militärordnungsblatt nicht verlautbart werden. Wo die zuletzt erwähnten kaiserlichen Anordnungen den Erzherzog erreicht haben, entzieht sich unserer Kenntnis. Der heißblütige Toskaner befand sich zu diesem Zeitpunkt bereits auf hoher See.

Nach seiner überstürzten Abreise aus Linz am 14. September 1887, die einer Flucht gleichkam, hatte sich Johann über Paris und Le Havre zunächst nach Southampton begeben. Er besichtigte die Hafenanlagen von Porthsmouth, besuchte eine Reihe kleiner Hafenstädte an der englischen Südküste und fuhr dann nach London weiter, wo er im Hotel Victoria in der Northumberland Avenue Quartier bezog. Johann reiste unter dem Decknamen „Bauer" und wahrte strengstes Inkognito. Er hatte die Absicht, eine Seereise an die Riviera zu unternehmen. Die See war seine große Liebe. Er wollte ein kleines Segelschiff zu „seiner Heimat machen", auf ihm Vergessen finden, dem Getriebe der Welt entfliehen.

Der Kauf eines geeigneten Bootes gestaltete sich schwierig. „Ich habe schon eine große Anzahl von kleinen Urlaubsschiffen gesehen", teilte er am 23. September der Mama mit, „sie sind alle abgetakelt." Schließlich erwarb der Erzherzog um den Betrag von 1.500 Pfund Sterling die Jacht „Bessie", einen Schoner von 90 Tonnen mit Auxiliarmaschine, wie Mennshengen nach Wien berichtete.

Der Erzherzog schilderte der Mama den Kauf im Stile eines echten Geschäftsmannes (der er gewiß *auch* war). „Die Jacht, die ich gekauft habe", schrieb er ihr, „hat 1.500 Sterling gekostet, das sind 15.000 Florentiner in Gold. Dieses Geld stellt einen Gegenwert von einer Wohnung mit 750 Gulden Zins dar; es scheint mir kein großes Opfer zu sein", fügte er (beschwichtigend) hinzu, „wenn ich mir vorstelle, daß es ein transportables Palästchen ist" (Brief vom 2. Oktober 1887).

Mit diesem „Palästchen" stach Johann am 9. Oktober von Southampton aus in See. Wie er seinem Bruder Ferdinand mitteilte, hatte er die Absicht, über Brest, Bordeaux, Vigo, Lissabon, Gibraltar, Barcelona und Marseille zur Riviera zu segeln. „Ich hatte sechs Wochen dafür berechnet", schrieb er ihm, „aber bei diesem so ungünstigen Wetter wird es wohl länger dauern. Aber ich habe Zeit. Seine Majestät hat die Gnade gehabt", berichtete er weiter, „meinen Rücktritt zu genehmigen. Das Verordnungsblatt vom 24. September, das mir aus Linz zugeschickt wurde, informiert mich über diese kaiserliche Entscheidung. Mit meinem Rücktritt ist mein öffentliches Leben, meine Karriere, meine militärische Aktivität zu Ende", stellte er kühl und sachlich fest, um abschließend zu konstatieren: „Jetzt versuche ich mich zu zerstreuen, versuche einen Schmerz zu vergessen, der gewiß leicht zu verstehen ist und der mich so vollkommen niedergeworfen hat. Nachdem ich diesen Zustand überwunden hatte, der mich effektiv handlungsunfähig machte, werde ich mich neuerlich meinen Studien und Arbeiten widmen", gab sich der Erzherzog optimistisch, „um mich nicht dem Vorwurf auszusetzen, müßig und in jungen Jahren ein unnützes Individuum zu sein[15]" (Cherbourg, 15. Oktober 1887).

Auf dieser Fahrt besuchte Johann auch Spanien. Toledo gefiel ihm außerordentlich, die Königsgräber im Eskorial beeindruckten ihn, dem Stierkampf hingegen konnte er nur wenig abgewinnen.

Ferdinand Baron Mennshengen, der seit 1872 dem Erzherzog als Kammervorsteher treue Dienste geleistet hatte, machte diese Reise nicht mit. Er fuhr zwecks Auflösung des erzherzoglichen Haushaltes nach Linz zurück und wurde am 16. Oktober 1887 vom Kaiser in Privataudienz empfangen. Über diese Unterredung erstattete er dem Erzherzog folgenden ausführlichen Bericht:

„Sonntag den 16ᵗ um ½ 2 Uhr l. M. geruhte mich Seine Majestät in längerer Audienz zu empfangen, in welcher Allerhöchstderselbe in *eingehendster Weise* alle jene Vorkommnisse besprach, welche Seine Majestät *am Tiefsten* zu berühren schienen. Vor allem ist es *jene* Geldangelegenheit, welche Seine Majestät Euere Kais. Hoheit *am Meisten* verübelt. Seine Majestät hatte genaue Kenntnis erhalten, daß *der* von Euerer Kais. Hoheit angedeuteten Zweck *nicht* der Wahrheit entsprach, und bezeichnete *dies* als einen großen Mißbrauch Allerhöchstseiner Euerer Kaiser. Hoheit jederzeit erwiesenen Gnade. – Seine Majestät sagte zu mir: ‚Ich wollte dem Erzherzog damit eine Wohltat erweisen, u. ich guter Kerl bin ihm aufgesessen.‘ "

Mit der erwähnten Geldangelegenheit hatte es folgende Bewandtnis: Der Erzherzog hatte über sein Ersuchen aus dem Allerhöchsten Familienfonds als Vorschuß auf seine Apanage ein Darlehen von 400.000 Gulden erhalten und sich zu folgenden Rückzahlungsmodalitäten verpflichtet: Jährliche Abschlagszahlung von 47.250 Gulden, 4 %ige Verzinsung, Sicherstellung der gesamten Rückzahlung im Ablebensfall durch Abschluß einer Lebensversicherungssumme, die der jeweils ausständigen Darlehenssumme entspricht[16] (Schuld-Urkunde vom 2. März 1887).

Als Verwendungszweck für das Darlehen gab Johann die „Regelung seiner Vermögensverhältnisse" an. Er dürfte die Summe jedoch über Mennshengen auf ein Depot in der Bank von St. Gallen gelegt haben. Die Bank bestätigte nämlich in einem Schreiben vom 16. Februar 1887 an Mennshengen die Übernahme von 600.000 Gulden zur „Aufbewahrung und Verwaltung[17]".

„In der bulgarischen Frage", berichtete Mennshengen weiter, „kann Seine Majestät in der Ablehnung des 2maligen Antrages *kein Opfer* erblicken, da nach Allerhöchster Ansicht, dessen Annahme Ihrerseits absolut ausgeschlossen sein *mußte,* u. in das Bereich der Unmöglichkeit gehört. – Jede – auf immer für eine Weise – durchgeführte Verknüpfung Ihrer Person mit der bulgarischen Sache hätte *niemals* die Allerhöchste Zustiṁung, oder gar Unterstützung erfahren *können,* sondern im Gegentheil, Seine Majestät hätte Allerhöchst sich veranlaßt sehen *müssen jeden* u. auf was iṁer für eine Art von Euer Kais. Hoheit unternommenen Schritt um *jeden Preis* wieder *ungeschehen* zu machen. –

Der Abschieds-Divisions-Befehl, sowie das Schreiben an Bürgermeister Wimhölzel, welch' Beide Schriftstücke in allen Zeitungen des In- und Auslandes erschienen waren, haben ein enormes Aufsehen erregt. – In allen *Städten* und an allen *Orten* glaubte man *daraus* entnehmen zu *müssen:* daß euer Kaiserl. Hoheit *das Opfer einer Intrigue* seien; u. ist und bleibt es eine Unmöglichkeit *die öffentliche Meinung* zu der Überzeugung zu bekehren, daß Kais. Hoheit *auf eigenes Ansuchen,* also *freiwillig* um Ihre Enthebung vom activen Dienste gebeten haben. *Diese* Thatsache, welche – wie Euer Kais. Hoheit selbst am Besten wissen – nicht der Wahrheit entspricht, berührte Seine Majestät sehr unangenehm, daher Allerhöchstderselbe über die Stylisierung dieser Beiden Schriftstücke auch sehr ungehalten war. Seine Majestät sagte zu mir: ‚Sie wissen ja am Besten, daß der Erzherzog *selbst* um seine Enthebung gebeten hat, u. daß Ich am allerwenigsten Ihn *dazu* veranlaßt habe; also warum und wozu der Welt gerade das Gegentheil glauben machen?'

Schließlich haben Seine Majestät die Annahme des Ehrenbürgerrechtes der Stadt Linz *ohne* vorausgegangener Anfrage u. auch, als dem Familien-Statuten entgegen, Euer Kais. Hoheit sehr übel genommen."

Am Schluß der für ihn sehr peinlichen Audienz habe er, so Mennshengen, darauf hingewiesen, daß der Erzherzog nach den Ereignissen der letzten Zeit moralisch krank und infolgedessen auch physisch angegriffen (gewesen) sei und den Kaiser gebeten, höchstdessen Handlungsweise *milder* zu beurteilen. Der Kaiser habe darauf sichtlich gerührt geantwortet, er hoffe, daß die Reisen auf das Gemüt des Erzherzogs beruhigend wirken würden und daß Johann nicht die Absicht haben werde, sich *auf immer* zurückzuziehen. Mennshengen dann wörtlich:

„Kaiserliche Hoheit! Ich ging von Seiner Majestät mit wehmü-
tigen Herzen, aber auch in gehobener Stimung! Der Kaiser
zeigte sich mir, u. sprach zu mir, nicht als Monarch und Allerhöchster Kriegsherr, sondern als ‚Mensch‘ mit den wärmsten
Gefühlen und edelsten Gesinnungen!!! Gebe Gott! daß sich
Alles noch zum Guten wende!! *Nicht* aus egoistischen Gründen, sondern *zu Ihrem* u. des *edlen Kaisers* Wohle!!!“

Johann versuchte, die Vorwürfe des Kaisers in einem
Rechtfertigungsschreiben zu entkräften:

- Er könne durch Rechnungsbelege beweisen, führte er aus,
daß er das Darlehen nicht für eine Agitation in Bulgarien,
sondern zur Regelung seiner Vermögensverhältnisse verwendet habe. Im übrigen habe er Vorkehrungen eingeleitet,
den Vorschuß dem Familienfonds zurückzuerstatten.
- In der bulgarischen Angelegenheit habe er sich nur von glü-
hendem Patriotismus leiten lassen, persönlicher Ehrgeiz sei
ihm ferne gelegen, es sei denn *der,* dem Vaterland im stillen
einen Dienst zu erweisen. Er verspreche, sich künftig von
jeder Berührung mit Dingen der Politik gewissenhaft fern-
zuhalten.
- Bei der Abfassung seines Divisionsbefehles und seines Briefes an den Linzer Bürgermeister habe er nicht die Absicht gehabt, seinen Rücktritt als freiwillig hinzustellen. Die Wendung, daß er „Abschied nehmen müsse“, sei ihm durch den
moralischen Zwang, den er zum Abschiednehmen in sich ge-
spürt habe, und unter dem Ansturm schmerzlichster Gefühle
in die Feder gekommen. Er werde trachten, dieser falschen
Deutung mündlich und schriftlich zu begegnen.
- Was schließlich die Annahme der Ehrenbürgerschaft von
Linz betreffe, so sei ihm die diesbezügliche Bestimmung des
Familienstatutes nicht bekannt oder gewiß nicht gegenwärtig
gewesen. Er beklage es auf das tiefste, damit S. M. Unwillen
unwissentlich wachgerufen zu haben und werde die gesche-
hene Annahme rückgängig machen. Um eine Kränkung der
Stadtvertreter zu vermeiden, bitte er S. M. jedoch um die
Gnade, die Annahme nachträglich zu genehmigen.

Er hoffe, schloß der Erzherzog sein Schreiben, mit diesen
Darlegungen das Vertrauen Seiner Majestät wieder zu verdienen[18] (Briefentwurf vom 10. November 1887).

Eine Reaktion des Kaisers auf dieses Schreiben ist nicht bekannt. Der taktvolle, besonnene Mennshengen quittierte kurze Zeit später auf eigenen Wunsch den Dienst beim Erzherzog. Johann, der als Mitglied des Kaiserhauses (das er noch immer war) Anspruch auf einen Hofstaat mit einem Kammervorsteher an der Spitze hatte, bat Seine Majestät telegraphisch um „baldmöglichsten Ersatz durch einen ledigen Herrn" (Mennshengen hatte für eine große Familie zu sorgen gehabt).

Die kaiserliche Militärkanzlei leitete über den Personenkreis, der für den frei gewordenen Posten in Frage kam, gründliche Erhebungen ein. Nach Erkundigungen und Konsultationen, die geraume Zeit in Anspruch nahmen, fiel die Wahl schließlich auf den Stabsoffizier Hamilkar de Fin, den Johann erst zu Beginn des Jahres 1888 zu Gesicht bekam. „Er ist 59 Jahre alt", schrieb er der Mutter, „aber viel älter an Körper und Geist; er hat einen beschränkten Horizont" (Brief aus Nizza vom 7. Jänner 1888).

Weihnachten und Neujahr 1887 hatte der Erzherzog auf dem Personendampfer „Marseillaise" verbracht, auf dem er nach Madeira und zu den Kanarischen Inseln gereist war. Der Kaiser verlor ihn kurz aus den Augen. „Wenn Du vielleicht weißt, wo Dein Bruder Johann sich befindet", schrieb er an Ferdinand, „so laß es mich baldmöglichst wissen. Mir ist er verloren gegangen[19]" (Wien, 25. Dezember 1887).

Bei der Rückkehr auf seine Jacht wurde Johann nicht nur mit seinem neuen Kammervorsteher konfrontiert, sondern auch mit unsinnigen, ärgerlichen Gerüchten. Die Fama wollte wissen, daß er nach Rußland gereist sei, in Linz in aller Stille geheiratet habe. De Fin machte kein Hehl daraus, daß er den Auftrag habe, über den Geisteszustand des Erzherzogs Bericht zu erstatten. Es war offenkundig, daß Johanns Feinde am Kaiserhof zu Wien zum Generalangriff angetreten waren. Sie wollten den Toskaner vernichten oder vorerst zumindest seine Rückkehr in die Monarchie verhindern. Johann, der sich damit nicht abfinden konnte und wollte, erhielt jedoch die kaiserliche Genehmigung für einen Besuch der Mutter in Arco in der Nähe des Gardasees. Auf der Fahrt dorthin schrieb der Erzherzog dem Linzer Bürgermeister Wimhölzel einen vertraulichen Brief (Mailand, 21. Jänner 1888), in dem er ihm für die Zustellung der Ehrenbürgerurkunde dankte und ihn davon unterrichtete, daß es Versuche gebe, die schmerzliche Entscheidung des

Kaisers in bezug auf die Nichtannahme der Ehrenbürgerschaft abzuändern. Sollten diese Bemühungen erfolglos bleiben und er den ihm peinlichen Schritt der Ablehnung tun müssen, so mögen die Linzer darin nur einen unvermeidlichen Akt der Unterordnung sehen[20].

Zwei Tage später wies Johann von Arco aus die Ehrenbürgerschaft offiziell zurück. Das interessante Schreiben hat folgenden Wortlaut:

„Hochgeehrtester Herr Bürgermeister!

Als mich die Stadt Linz mit der Verleihung der Ehrenbürgerschaft überraschte, und ich – freudig bewegt – diese annahm, übersah ich, daß bestehende Normen die vorherige Einholung der Allerhöchsten Genehmigung erfordert hätten.

Ich bedaure aus diesem Grund die ausgesprochene Annahme meiner Wahl zurückziehen, und Sie bitten zu müssen auch dem Gemeinderathe mein Leidwesen sowie meine Entschuldigung aussprechen zu wollen. Ich darf wohl sicher sein, daß Niemand diesen mir sehr peinlichen Schritt mißdeuten, und meine Gesinnungen anzweifeln wird. Wenn auch nicht formell dem Verband der Linzer Bürgerschaft angehörig, zähle ich mich doch mit Herz und Sinn unverändert zu den Ihren.

Das schöne, ebenso sinnig entworfene als musterhaft ausgeführte Diplom, für welches ich meinen innigsten Dank wiederhole, erlaube ich mir als kostbares Andenken zu behalten. Ich rechne es zu jenen Ehren, auf welche ich wirklich stolz bin! –

Euer Hochwohlgeboren stets ergebener

Ehz. Johann, FML.

Arco am 23. Jänner 1888[21].

Der Erzherzog benutzte seinen mehrwöchigen Aufenthalt in Arco unter anderem auch dazu, über seinen Mittelsmann Ritter von Weilen mit Kronprinz Rudolf eine Versöhnung herbeizuführen, die dieser auch akzeptierte (siehe Kapitel 3). Der Kronprinz riet ihm jedoch, nicht zu früh zurückzukehren und sich erst später an den Kaiser zu wenden. (Für seinen Bruder Ferdinand reserviertes Schreiben vom 15. April 1888). In letztgenanntem Brief beklagte sich Johann darüber, daß ihm Albrecht auf ein Schreiben aus Arco überhaupt nicht geantwortet habe, Erzherzog Rainer habe alle seine Motive für sein Ausscheiden aus dem Heeresdienst falsch interpretiert. „Ich werde *nicht* bitten, neuerlich in den Dienst treten zu dürfen und werde keinen Schritt der Verleugnung tun", schloß er die Darstellung seiner Lage, „denn ich habe schon alles gemacht, was ich tun konnte. Nicht nur das, ich überlege immer ernsthafter und denke darüber nach, ob der Unterschied zwischen meiner Persönlichkeit und der Komödie, die man aufgrund meiner Position verlangt, nicht schon zu groß ist[22]."

Von Arco aus nahm Johann durch einen Geheimboten auch wieder Kontakt mit Menred von Laaba auf.

„Lieber Laaba!" schrieb er dem Kabinettsdirektor des Fürsten Ferdinand von Bulgarien, „Zum Jahreswechsel habe ich Ihnen sowohl nach Sofia wie nach Wien telegraphiert; Sie ließen mich ganz ohne Lebenszeichen. Da ich Ihren Charakter und Ihr Herz gut kenne, kann ich unmöglich annehmen, daß Sie mich vergessen haben. Ich muß voraussetzen, daß Sie Grund haben, gegen mich verstimmt zu sein. Da ich mir absolut keiner Schuld bewußt bin, bitte ich, mir vertrauensvoll Aufklärung zu geben . . .

Ferner bitte ich Sie mir mitzuteilen, auf welchem Wege ich dem Fürsten Ferdinand schreiben kann, da ich meine Briefe aus oder über Österreich nicht schicken kann; selbe werden theils geöffnet, theils aufgefangen. Es drängt mich, meinem Vetter aufrichtig meine Sympathien für seine ehrliche und muthige Haltung auszusprechen, sowie auch einen Punkt zwischen uns freudschaftlich zu bereinigen.

Seitdem ich – gebeugt durch das Mißtrauen meines Kaisers und Kriegsherrn wegen meinem doch ehrlichen Antheil an der bulgarischen Sache, in der weiten Welt Vergessen suche, habe ich unter den gemeinsten Intriguen und Verdächtigungen zu leiden, und wurde zudem auch Gegenstand der wunderlichsten Zeitung-Enten. Meine angebliche Reise nach Petersburg und Berlin war doch das Ungeheuerlichste an Dummheit.

Vorläufig setze ich meine Reise fort und beabsichtige ich zunächst Corsika zu besuchen, dann Italien zu umschiffen, die Adria heraufzukommen und das Seeleben in unseren heimathlichen Gewässern abzuschließen. Ist dann Frieden, so will ich unser einst gemeinsames Werk über Oberösterreichs Baudenkmäler vollenden. Ist Krieg, so ist mein Platz selbstverständlich, und wäre es auch nur ein Gewehr in der Hand, in der Schwarmlinie eines unserer Regimenter[23] . . ." (Arco, 13. Februar 1888).

Wenige Tage später nahm der Erzherzog sein ruheloses Wanderleben wieder auf. Er besuchte Genua, wohnte im Petersdom in Rom der Ostermesse bei und segelte dann nach Neapel und Sizilien. Nach der Besteigung des Ätna und der Besichtigung der Stadt Catania fuhr er mit seiner Lebensgefährtin Ludmilla Stubel, die ihn auf allen diesen Reisen begleitete, über Korfu, Ragusa (heute Dubrovnik), Spalato, Krk, Lussin und Pola (heute Pula) nach Triest. Anfang Mai 1888 lief die Jacht „Bessie" im Hafen von Venedig ein. In der Lagunenstadt erregte der Erzherzog, der sich „nicht wohl fühlte, an Ischias und Verstopfung litt" (Brief an die Mutter vom 3. Mai), das Mißfallen des österreichischen Generalkonsuls Alexander Freiherrn von Warsberg. Warsberg machte seinem Ärger in einem Schreiben vom 23. Mai an Grafen Kalnoky, den Minister des Äußeren, Luft: „Ich muß Euer Exzellenz leider melden", gab der Generalkonsul zu Protokoll, „daß er (Erzherzog Johann, Anm. d. Verf.) in wenig würdiger Weise an Bord und öffentlich den Verkehr mit einer auf der Jacht selbst einlogierten Dame pflegt, der nicht unbeobachtet geblieben ist und den er auch trotz aller Vorstellungen des Kammervorstehers Baron de Fin nicht im geringsten zu verschleiern bewogen werden konnte . . . Baron de Fin nahm es so übel, daß er nach viel Streit und Ärger, der ihn krank gemacht, das Schiff verließ und sich in einem kleinen Gasthofe einlogierte . . .

Baron de Fin . . . kann dem Erzherzog kein Zeugnis ausstellen, das schlecht genug ist", setzte Warsberg seine Anschuldigungen fort, „nach seiner Erfahrung und Beobachtung kennt der Herr kein anderes Interesse in der Welt als das seiner Person . . . Baron de Fin behauptet, es gäbe kein anderes Mittel, diesen ganz disziplinlosen und unmoralischen Charakter zu heilen, als ihn förmlich aus der kaiserlichen Familie zu entlassen und ihm zu gestatten, wie es sein Wunsch sei, unter fremdem Namen die Freiheit zu genießen, die er angeblich als das höchste schätze. Er meint, er habe eine solche Dosis Hochmut, daß, wenn er sich alsdann à la lettre seines neuen Standes überall behandelt sähe, er reumütig zurückkehren werde. Den Hochmut habe auch ich bei dem Herrn bemerkt, trotz aller fortschrittlichen Reden[24] . . . "

De Fin hatte seinerseits dem Kaiser Bericht erstattet, worauf Franz Joseph dem Erzherzog die unverzügliche Rückkehr

Auszug aus einem Brief Johanns an seine geliebte Mutter
(24. August 1884)

nach Schloß Ort anbefahl. „Euer Liebden haben nach Erhalt meines Befehles ungesäumt nach Orth abzugehen und dort Meinen weiteren Weisungen entgegenzusehen", hieß es kurz und bündig im kaiserlichen Handschreiben vom 17. Mai 1888, das von Feldmarschalleutnant Graf Üxküll überbracht wurde. Johann kam dem Befehl sogleich nach.

Üxküll kehrte nach Wien zurück und wurde am 29. Mai von Franz Joseph zu einer Unterredung empfangen, bei dem es ihm gelungen sein dürfte, einige Mißverständnisse aufzuklären, denn schon am nächsten Tag überbrachte er Johann die Einladung des Kaisers zu einer Audienz. Sie fand am 2. Juni um ein Uhr mittags statt. Johann berichtete darüber seinem Bruder Ferdinand (Schreiben vom 5. Juni 1888 aus Orth): „Am 2. habe ich mich zur festgesetzten Zeit dem Kaiser vorgestellt, der

203

mir nach dem Hereinkommen die Hand reichte und mir sagte, er habe mich kommen lassen, um die ganze Angelegenheit zu einem Abschluß zu bringen. Er wolle nicht auf die Vergangenheit zurückgreifen und mir nur sagen, daß ihm viele Dinge, die geschehen seien, leid täten. Er hoffe, daß ich aus den Erfahrungen klug geworden sei und daß er meinen Plan, mich wieder an Bord meiner Yacht zu begeben, befürworte. In das Ausland dürfe ich allerdings nicht fahren. Es werde aber noch viel Zeit vergehen müssen, ehe ich sein völliges Vertrauen wiedergewonnen haben werde[25] . . ."

So unbefriedigend diese Feststellung für Johann auch sein mochte, so hoffte er doch, nach seiner Seereise wieder einen Posten in der Armee zu bekommen. Er wurde in dieser Hoffnung durch den Kriegsminister Franz Bauer bestärkt[26] (Brief Üxkülls vom 5. Juli 1888). Zu seinem neuen Kammervorsteher wurde Viktor Graf Schaffgotsch bestellt. Baron de Fin wurde von seinem Posten abberufen.

Trotz dieses persönlichen Erfolges rechnete Johann, der seinen Wien-Aufenthalt auch zu Besuchen beim Kronprinzen und mehreren Erzherzogen benutzt hatte, zunächst mit weiteren „Indiskretionen und Sekkaturen" seitens seiner Gegner. Um in Hinkunft ungestört reisen zu können, bat er den Bruder, sich dafür einzusetzen, daß er nicht mehr persönlich überwacht werde. Sein Verhalten, seine Aufenthaltsorte, die Ankunfts- und Abfahrtszeiten seines Schiffes seien den Behörden gemeldet, seine Briefe zensuriert worden. Davon habe er jetzt genug. „Ich zweifle nicht daran", schloß Johann seinen Brief, „daß Du verstehen wirst, daß man *gerne gehorcht,* aber man läßt sich nicht so sekkieren[27]."

Viktor Graf Schoffgotsch trat Mitte Juni 1888 seinen Dienst als Kammervorsteher des Erzherzogs an. Der mittelgroße, kräftige, etwa gleichaltrige Offizier (geb. am 31. August 1850), dem von seinen Vorgesetzten ein „sehr gediegener Charakter, sehr gute Umgangsformen, besonderer Takt und ruhiges Temperament" attestiert wurden, scheint mit Johann im Gegensatz zu de Fin gut ausgekommen zu sein. Er wurde nach Auflösung des erzherzoglichen Hofstaates 1890 Flügeladjutant des Kaisers[28].

Den ruhelosen Erzherzog finden wir im Sommer 1888 bereits wieder auf hoher See. Er traf im Juli in Fiume mit dem

Kronprinzen zusammen und träumte (noch immer oder wieder einmal) von militärischem Ruhm. „Ich bitte gewiß nicht um Wintereintheilung", schrieb er seinem alten Lehrer und Freund Kellner von Treuenkron, „warte aber dafür mit großer Sehnsucht auf den Krieg. Leider wird aber der faule Friede zusammengekleistert. Impotente Diplomaten und noch impotentere Feldherren finden sich[29]."

Aus dem Krieg wurde nichts. Deprimiert und mißmutig kehrte der Erzherzog nach dem Ende der Segelsaison – im September und Oktober hatte er sich abermals in der Adria aufgehalten – auf Schloß Ort zurück, wo er seinen 36. Geburtstag verbrachte. „Hier in Orth ist es sehr einsam", schrieb er um diese Zeit an die Mutter. „Mein Leben, das gar keines ist, meine Existenz, ist den nebelverhangenen, düsteren, freudlosen Herbsttagen im Gebirge vergleichbar."

Der lebensfrohe, zukunftsorientierte Erzherzog war in eine Existenzkrise geraten.

Am 2. Dezember 1888 gedachte man in der Monarchie des 40. Jahrestages der Thronbesteigung Seiner Majestät des Kaisers. Franz Joseph hatte Auftrag gegeben, alles festliche Gepränge und alle mit Auslagen verbundenen Veranstaltungen aus diesem Anlaß zu vermeiden und stattdessen Werke der Nächstenliebe zu setzen. Sein Wunsch löste eine Welle der Hilfsbereitschaft aus. Zahllose Gemeinden, Institutionen, Vereine und Einzelpersonen übten sich in Wohltätigkeit. In Wien spendete Amalia Herzmansky eine große Anzahl von warmen Wäschestücken für die im Ambulatorium des St.-Anna-Kinderspitales in Behandlung stehenden Kinder, Eduard Sacher ließ den Insassen der Bürgerversorgungsanstalt 500 Flaschen Rotwein zustellen, Roman Uhl sen., der Chef der Bäcker-Dampfmühlgesellschaft, versorgte sie mit 500 Hofbroten. In der Brigittenau und in Döbling wurden Kindergärten eröffnet, in der Rossau der Grundstein für ein Altersheim gelegt, der Sechshauser Volksküchenverein veranstaltete ein Freiessen. In allen Kirchen der Monarchie verrichtete man Dankgebete, die Stadt Wien brachte eine Jubiläumsfestschrift heraus, zahlreiche ausländische Potentaten übersandten Glückwünsche, in den Zeitungen erschienen (bombastische) Leitartikel und Rückblicke auf die vergangenen vier Jahrzehnte. So feierte der Leitartikler des „Illustrierten Wiener Extrablattes" Franz Joseph als Friedensfürsten und lichtumstrahlte Persönlichkeit und schloß seinen pathetischen Hymnus auf den Kaiser mit dem Ruf: „Hoch Franz Joseph, der Gerechte, der Gütige, der allzeit Väterliche! Hoch und nochmals Hoch!" Im Reichsrat hielt Präsident Dr. Smolka am historischen Tag eine Rede „von warmer Innerlichkeit".

Der Kaiser und die Kaiserin trafen erst am Morgen des 2. Dezember mit einem Separat-Hofzug, aus Miramare kommend, in Wien ein. Elisabeth war der kaiserlichen Residenz zwei Monate fern gewesen. Eine offizielle Begrüßung war auf Wunsch des Kaisers unterblieben.

Franz Joseph goß an Jubiläumstagen über seine Untertanen das Füllhorn seiner Gnade aus. Minister und hohe Beamte erhielten Orden und Titel, Offiziere wurden in höhere Ränge befördert, Gesetzesbrecher amnestiert. Auch Erzherzog Johann mag für diesen Tag eine Rehabilitierung ersehnt, eine Wiederaufnahme in die Armee erwartet haben. Seine Hoffnungen wurden enttäuscht. Sein Name blieb im Militärverordnungsblatt unerwähnt. Auch ein kurzer Abstecher nach Wien in diesen Tagen, über dessen eigentlichen Zweck wir nicht unterrichtet sind, konnte an dem Umstand nichts ändern, daß sich der Kaiser und der Erzherzog hoffnungslos auseinandergelebt hatten. Für Johann gab es kein Zurück mehr. Er mußte den Weg weitergehen, den er eingeschlagen hatte.

Zu Beginn des Jahres 1889 war der Erzherzog bereits wieder in südlichen Gefilden. Er hielt sich abwechselnd in Pola und Fiume auf, wo er seine Jacht „Bessie" an einen Herrn Ettore de Economo verkaufte und nautische Studien mit dem Ziel begann, ein Schiffskapitänspatent zu erwerben. Leopold Wölfling, der damals noch dem Kaiserhaus angehörte und sich Leopold Salvator nannte, berichtet, er habe im Winter 1888/89 Johann in Fiume besucht. Milli Stubel sei dagewesen, sie seien beim Licht einer Öllampe in einem anspruchslosen Quartier beisammengesessen und hätten miteinander Tee getrunken. Die Idylle, falls es überhaupt eine war, wurde durch den Tod des Kronprinzen jäh unterbrochen. Der Erzherzog reiste zum Begräbnis nach Wien und kehrte nach einigen Tagen wieder nach Fiume zurück. Am 15. April schrieb er der Mutter wieder einmal gegen sein Gewissen ein paar Sätze, die sie von ihm so gerne hörte (es war Osterzeit): „Der Vergleich unserer Leiden mit den Leiden unseres Herrn läßt uns die eigenen vergessen; und die Auferstehung gibt auch uns jene Hoffnung, die man so leicht verlieren könnte." Johann heuchelte christliche Gottergebenheit. Er wollte mit diesen Zeilen jedoch nur seine bigotte Mama beruhigen. Über seine Arbeit berichtete er: „Ich setze meine nautischen Studien fort, die jetzt besonders lang sind und für die der Professor nun mehr Zeit hat. Ich hoffe die ganze Materie in den zwei Monaten bewältigen zu können, die ich mir vorgenommen habe auf dem Meer zu verbringen."

Der Nautikprofessor des Erzherzogs war übrigens ein gewisser Antonio Budinich, dem wir später noch begegnen werden.

In Fiume war Johann zu dieser Zeit nicht nur mit Studien in der Schiffahrtskunde beschäftigt. Er regelte offenbar auch Rechts- und Vermögensangelegenheiten. Bereits am 24. Jänner 1889 stellte er dem k. u. k. Hofadvokaten Dr. Franz Ritter von Haberler eine umfassende Vollmacht aus, die diesen dazu ermächtigte, den Erzherzog „in allen Rechtsangelegenheiten zu vertreten, Gelder und Geldeswert zu erheben und darüber rechtsgültig zu quittieren". Geraume Zeit vorher, am 21. Februar 1887, hatte Johann durch seinen damaligen Kammervorsteher, Baron Mennshengen, wie wir bereits wissen, der Bank von St. Gallen Wertpapiere in beträchtlicher Höhe zur Aufbewahrung übergeben[30]. Die Vermutung liegt nahe, daß der Erzherzog bereits zu dieser Zeit für alle Eventualitäten vorsorgen wollte.

Um sein theoretisches Wissen zu erproben, unternahm Johann Ende April 1889 inkognito eine Seefahrt entlang der dalmatinischen Küste, die ihm vom Kaiser nach der teilweisen Beendigung seines Studiums bewilligt worden war. Um den 20. Mai lief sein Segelschiff wieder im Hafen von Fiume ein. Als er gegen Ende Juni 1889 gezwungen war, nach Ort zurückzukehren, ließ er Professor Budinich nachkommen, um seine Studien mit Volldampf fortzusetzen. Er wollte die Kapitänsprüfung unbedingt im September ablegen. Seinem Freund, dem Maler Jakob Emil Schindler, schrieb er: „Ich möchte wieder einige angenehme Stunden mit ihnen genießen. Dieser meiner Absicht thürmte sich aber ein anderes ‚Muß' entgegen. Dieses ‚Muß' *ist die am 16. dieses Monats von mir abzulegende*

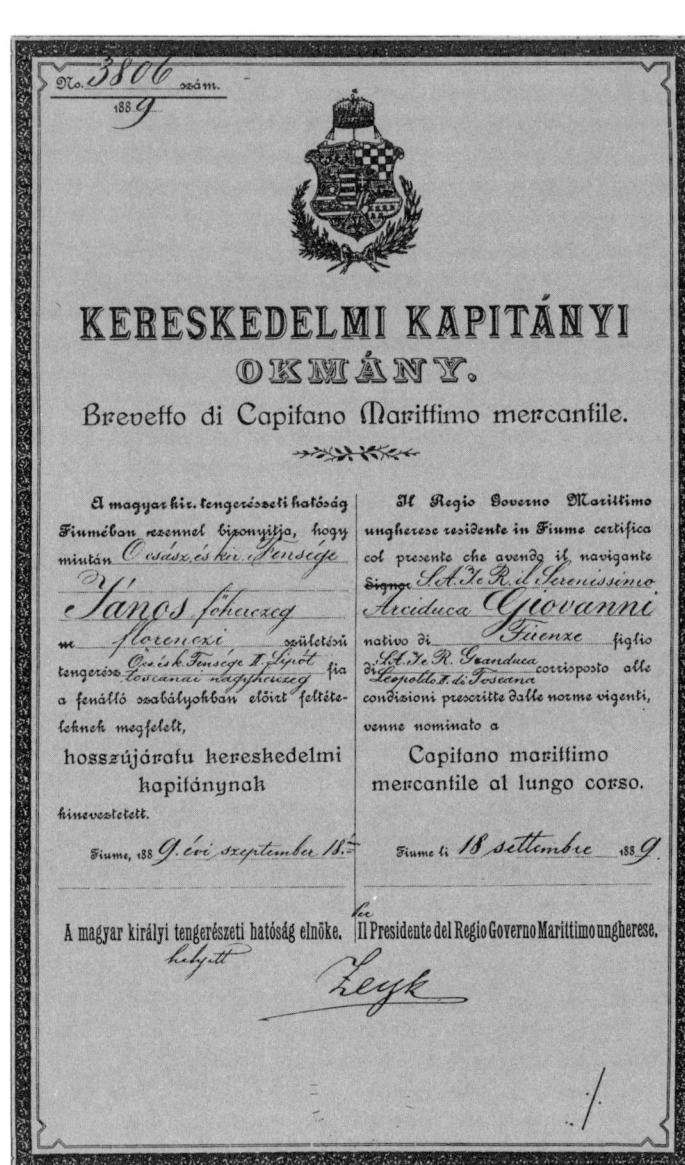

Das Schiffskapitänspatent Johann Orths

208

Prüfung zum Handels-Kapitän, welche mich zur Herbeirufung eines Fach-Professors zur Raserei des Lernens, recte Sich-Ein-trichtern-Lassens unter dem Hochdrucke des nahen Termines veranlaßt hatte, nur mich auch jetzt jeder Möglichkeit des Ab-kommens beraubt. Ich lerne von 5 Uhr früh bis 10 Uhr Abends mit Summa dreistündiger Unterbrechung für Malzeiten und nothdürftigster Bewegung[31]" (Brief aus Ort vom 2. September 1889). Bevor er nach Fiume reiste, wurde Johann am 22. August in Ischl vom Kaiser zur Abschiedsaudienz empfangen[32].

Der Erzherzog legte, wie vorgesehen, vor der zuständigen Kommission die Prüfungen mit Vorzug ab, die zur Erlangung des Diplomes eines „Capitano al lungo corso" – eines „Kapitäns der langen Fahrt" notwendig waren. Am 27. September traf Johann wieder in Linz ein und kehrte noch am Abend desselben Tages nach einem Besuch des Statthalters nach Schloß Ort zurück.

Nun, da er die Voraussetzungen dafür geschaffen hatte, konnte er sich auf seine eigenen Beine stellen, ein völlig neues Leben beginnen. Die Schritte, die hiezu nötig waren, ließen nicht lange auf sich warten.

7. Bruch mit dem Kaiserhaus

Am 7. Oktober 1889 verließ Erzherzog Johann (Salvator), ohne sich von irgendjemandem zu verabschieden, Schloß Ort und begab sich über Wels—Simbach—Ulm und Romanskron nach Zürich. Er ließ eine Anzahl von Briefen zurück und bat seinen Kammervorsteher, Graf Viktor Schaffgotsch, sie an ihre Adresse zu befördern. Sie tragen alle das Datum des nächsten Tages. Ein paar weisen Zürich als Aufgabeort aus, obwohl sie zweifellos in Ort geschrieben wurden. Das bedeutsamste und folgenschwerste Schreiben ging an den Kaiser. Es hatte folgenden Inhalt:

Zürich, 8. Oktober 1889

„Eure Majestät!

Mein Verhalten seit bald zwei Jahren wird Eure Majestät überzeugt haben, daß ich ferne von allen mir nicht zukommenden Interessen gehorsam und zurückgezogen bemüht war, Eurer Majestät einstige Ungnade zu beheben. Zu jung, um für immer zu ruhen, zu stolz, um als bezahlter Nichtstuer zu leben, mußte meine Lage peinlich, ja mir unerträglich werden. Durch gewisses berechtigtes Ehrgefühl verhindert, um Wiederverwendung im Heer zu bitten, stand ich vor der Alternative: entweder das unwürdige Dasein eines fürstlichen Müßiggängers weiter zu führen oder als gewöhnlicher Mensch eine neue Existenz, einen neuen Beruf zu suchen. Es drängte mich schließlich zum Entschlusse in diesem zweiten Sinne auch deshalb, weil mein ganzes Wesen in den Rahmen der Stellung nicht paßt und mir wenigstens die persönliche Unabhängigkeit Ersatz bieten muß für das Verlorene.

Ich verzichte demnach freiwillig und unbeeinflußt auf Rang und Stand, indem ich Titel und Rechte eines Erzherzogs sowie meine militärische Charge ehrfurchtsvoll in die Hände Eurer

Majestät zurücklege, dagegen Eure Majestät untertänigst bitte, mir einen bürgerlichen Namen verleihen zu wollen.

Ferne vom Vaterlande werde ich mir einen Lebenszweck, einen Lebenserwerb, wahrscheinlich zur See, suchen und mir eine bescheidene, aber achtungswerte Stellung zu gründen trachten. Sollten aber Eure Majestät einmal ihre Untertanen unter die Fahne rufen, so werden Allerhöchstdieselben mir doch gestatten, nach der Heimat zurückzukehren und – wenngleich nur als einfacher Soldat in Reih und Glied Eurer Majestät mein Leben weihen zu dürfen.

Geruhen Eure Majestät mir zu glauben, daß mir dieser Schritt nur durch den Gedanken erschwert wurde, damit Eurer Majestät etwas Unangenehmes bereiten zu müssen – – Eurer Majestät, Allerhöchstdieselben ich besonders zu so unendlichem Danke verpflichtet und so aus dem Grunde des Herzens ergeben bin. Da ich aber diesen Schritt selbst teuer genug – mit meiner ganzen sozialen Existenz – mit allem, was Hoffnung und Zukunft heißt – bezahle, werden Eure Majestät zu verzeihen wissen.

Eurer Majestät treugehorsamster Untertan

Erzherzog Johann, FML[1]."

Gleichzeitig mit diesem Schreiben schickte der Erzherzog dem Kaiser den Orden vom „Goldenen Vlies", den ihm Franz Joseph mit Datum vom 15. August 1869 verliehen hatte, zurück. Die Kollane überbrachte Schaffgotsch auftragsgemäß dem Ordenskanzler. Johann hatte damit endgültig alle Brücken hinter sich abgebrochen. Er hatte sich kraft eigenen Entschlusses vom Kaiserhaus losgesagt, mit einem Federstrich auf Rang und Stand, Titel, Würde und Ansehen verzichtet. Sein Schritt war in der jahrhundertealten Geschichte des Hauses Habsburg ohne Beispiel.

Die Entscheidung Johanns zog natürlich den Verlust seines gesamten Einkommens nach sich, das, alles in allem (Apanage, Gehalt als Feldmarschall-Leutnant, Repräsentationsgebühren), jährlich ungefähr 100.000 Gulden ausgemacht haben dürfte. Was das für ihn bedeutete, darüber war sich Johann gewiß vollkommen im klaren. Seiner Mutter schrieb er: „Es ist wahr, daß Sie mich für einige Zeit seltener sehen werden; Glauben Sie mir, daß dieser Gedanke auch mich sehr viel gekostet hat. Aber es ist besser einen Sohn zu haben, der sich ehrlich sein Brot verdient und vor dem man Achtung hat, als einen, der zufrieden ist damit, den faulen Prinzen zu spielen und das Geld des Volkes zu essen!" Abschließend flehte er die geliebte Mama in diesem schweren Augenblick seines Lebens bewegten Herzens an, ihm ihren Segen zu geben (Orth, 8. Oktober 1889).

Da die Mutter ganz gegen ihre Gewohnheit den Brief nicht sogleich beantwortete, richtete der besorgte Sohn am 15. Oktober erneut ein Schreiben an sie, in dem er sie um Verzeihung und Verständnis für sein Handeln bat und sie über die inzwischen eingetretenen Entwicklungen informierte. Nun griff Maria Antonia zur Feder. Nach der Bestätigung seiner beiden Briefe vom 8. und 15. Oktober führte sie aus: „Ich kann dir gar nicht sagen, was es für mich für ein Schlag war, den ersten Brief zu erhalten. Ich hätte mir von Dir nie so etwas erwartet, noch einen solchen Schmerz. Ich bin nicht gekränkt, aber ich vergehe vor Schmerz, und wenn ich Dir das, was Du mir angetan hast, verzeihe, so kann ich mich nicht vom ganz traurigen Gedanken befreien, von den Augenblicken und den Konsequenzen, denen Du entgegengehst. Ich bin auch deshalb heimgesucht, da ich sehe, daß Du auf Deiner Idee beharrst, einen Dampfer zu kaufen. Ich bin sicher, daß Du auch das bedauern wirst, aber es wird zu spät sein, und nach dem allen wirst Du Dich traurigen Konsequenzen aussetzen. Mir bleibt nichts anderes übrig, als für Dich zu beten. Ich schicke Dir meinen Segen und Gott stehe Dir bei, damit Du erkennst, was Du zu Deinem Schaden und zum Kummer der ganzen Familie getan hast[2]" (19. Oktober 1889).

Auch seine Brüder Ferdinand und Karl, die Johann von seinem Entschluß verständigt hatte, äußerten sich im gleichen Sinn. „Wir sind alle sehr traurig über diese Nachricht, die über unsere Linie Schande bringen wird", schrieb Karl der Mutter (Wien, 12. Oktober 1889).

Ludwig schrieb aus Mallorca an Ferdinand: „Aus einem Brief der Mama und danach von öffentlicher Seite . . . habe ich den Schritt ersehen, den Giovanni getan hat. Die Motive kenne ich nicht, die ihn dazu veranlaßt haben, obwohl das Ganze nach Ehrgeiz und politischem Handeln aussieht. Es ist doppelt bedauerlich nach den traurigen Umständen von Mayerling, wo

Auszug aus einem Schreiben Maria Antonias an ihren Sohn
(19. Oktober 1889)

alle hätten versuchen sollen den Gemütszustand des Kaisers zu heben und nicht noch (weiteres) unnötiges Leid hinzuzufügen[3]" (7. November 1889).

Welche Empfindungen Johanns Schritt im Herzen Franz Josephs ausgelöst hat, ist nicht bekannt. Der Kaiser reagierte jedenfalls prompt. Bereits am 12. Oktober war Major von Csanady, ein Angehöriger seiner Militärkanzlei, nach Zürich mit einem Handschreiben unterwegs, das an sachlicher Kühle und Bestimmtheit nichts zu wünschen übrig ließ.

„Lieber Erzherzog Johann!

In Willfahrung und beziehungsweise infolge Ihrer an mich gestellten schriftlichen Bitte finde ich Mich veranlaßt", hieß es darin, „nachstehendes zu bestimmen:

1. Genehmige Ich Ihre Verzichtleistung auf das Recht, als Prinz des kaiserlichen Hauses öffentlich angesehen und behandelt zu werden und gestatte Ihnen die Annahme eines bürgerlichen Namens, welchen Sie mir nach der getroffenen Wahl desselben bekanntzugeben haben.

2. Bewillige ich Ihnen die Ablegung der Offizierscharge, indem ich Sie gleichzeitig von der Inhaberschaft des Korpsartillerieregimentes Nr. 2 enthebe.

213

3. Nachdem Sie die Toilon-Ordenskollane bereits zurückgestellt haben, verordne ich unter einem, daß Sie aus der Reihe der Ritter des Ordens vom Goldenen Vlies gestrichen werden.

4. Indem ich die Einstellung Ihrer Apanage aus Meiner Hofstaatsdotation verfüge, verständige ich zugleich Ihren Bruder Großherzog Ferdinand von Torkana hinsichtlich der Einziehung Ihrer Quote aus den Familienfondserträgnissen.

5. Ohne Meiner ausdrücklichen Erlaubnis ist es Ihnen untersagt, von Ihrem Aufenthalte im Ausland die Grenzen der österreichisch-ungarischen Monarchie zum dauernden oder auch nur zeitweisen Aufenthalte im Inlande zu überschreiten. Endlich

6. Haben Sie die schriftliche Erklärung zu unterzeichnen, welcher der Überbringer dieses Meines Handschreibens Ihnen zu diesem Behufe vorzulegen und nach vollzogener Unterschrift an Mich zurückzuleiten beauftragt ist.

Wien, 12. Oktober 1889.

Franz Joseph[4]".

Die dem Erzherzog zur Unterschrift vorgelegte Erklärung lautete kurz und bündig:

„Indem ich den Empfang des Allerhöchsten Handschreibens vom 12. Oktober 1889 hiermit bestätige, erkläre ich, die darin von Eurer Majestät getroffenen Bestimmungen dankend anzunehmen und denselben pünktlich und gewissenhaft nachkommen zu wollen.

Zürich, den 13. Oktober 1889.

Erzherzog Johann, FML[5]."

Drei Tage später meldete Johann dem Kaiser unterthänigst, daß er den Namen „Johann Orth" gewählt habe, und ersuchte Seine Majestät um Zusendung der entsprechenden Personaldokumente. Da er nach seinem Ausscheiden aus dem Kaiserhaus keinen exterritorialen Status mehr besaß, bat er um die Verleihung der österreichischen oder ungarischen Staatsbürgerschaft. Sollte dies jedoch nicht genehm sein, erwarte er den Befehl, welche Staatsbürgerschaft er anstreben solle.

Auf dieses Schreiben erhielt Johann keine eigenhändig geschriebene Antwort des Kaisers mehr. Der eigenwillige, widerspenstige Erzherzog war aus dem Kaiserhaus ausgeschieden. Damit war für Franz Joseph die ganze Angelegenheit endgültig

*Schloß Birstein in Hessen, BRD. Bei seinem Schwager Carl von Isen-
burg und seiner Schwester Marie Luise fand der Erzherzog nach seinem
Ausscheiden aus dem Kaiserhaus eine Zufluchtsstätte. Im Schloßarchiv
deponierte er seinen schriftlichen Nachlaß.*

erledigt. Johann Orth war nur noch ein kaiserlicher Untertan,
nichts weiter. Um seine Wünsche und Sorgen kümmerte sich
nicht mehr der Monarch, dafür waren jetzt die Behörden zu-
ständig. Der im Züricher Exil weilende Aussteiger aus dem
Kaiserhaus mußte es wohl oder übel zur Kenntnis nehmen.
Obwohl Johann seine Schritte reiflich überlegt hatte, war
sein Selbstwertgefühl nach der raschen Entscheidung des
Kaisers doch schwer angeschlagen. „Die Raschheit, mit der
mein Verzicht sanktioniert wurde", schrieb er gekränkt der
Mutter, „war der beste Beweis dafür, wie wenig Wert man mir
beigemessen hat. Der Großteil der Verwandten hat es für gut
befunden, daß die Familie von einem Mitglied befreit wurde,
welches ihr nach ihrem Ermessen nie Ehre bereitet hat, anstatt
die Angelegenheit zu bedauern", klagte er (Paris, 21. Oktober
1889). Lediglich seine Schwester Luise hielt unverrückbar zu
ihm. Noch am 5. August 1889 hatte sie ihm geschrieben:
„. . . mein ständiges Gebet für Dich ist, daß Gott Dir den rech-
ten Weg zeigt und Du nichts unternimmst ohne vorher es reiflich überlegt zu haben[6]." Es hatte nichts genützt. Jetzt lud sie

*Fürst Carl Isenburg
(1838—1899)*

ihn ein, Weihnachten bei ihrer Familie in Birstein zu verbringen. Der gewesene Erzherzog nahm das Angebot bewegten Herzens an.

Schloß Birstein in Mittelhessen, ungefähr 60 km nordöstlich von Frankfurt am Main, wurde in seinem letzten Lebensjahr zum Zufluchtsort des rastlosen Johann. Die beherrschend auf einer Anhöhe am Ende des Wächterbachtales gelegene, weitläufige Anlage stammt aus verschiedenen Bauperioden. Sie war damals im Besitz des Fürsten Carl Isenburg, der mit Marie Luise, der Schwester Johanns, verheiratet war. Der Ehe entstammten neun Kinder. Der umfassend gebildete Fürst spielte im deutschen Katholizismus eine führende Rolle und hatte hervorragenden Anteil an der Beilegung des Kulturkampfes.

Mitte Oktober wurden in Wien die ersten Gerüchte über die Vorgänge am Kaiserhof kolportiert. Man stellte allerlei Vermutungen an, argwöhnte einen Zusammenhang mit der Kronprinzentragödie. Der Erzherzog sei, so munkelte man, gemeinsam mit Rudolf in eine Verschwörung gegen den Kaiser verwickelt gewesen. Beweise für diese Spekulationen sind nie erbracht worden.

Inzwischen hatte auch die Presse vom Entschluß Johanns Wind bekommen. Um diese Zeit erhielt Heinrich Pollak, der Chefredakteur des „Neuen Wiener Tagblattes", aus Zürich einen Brief, der keinen Absender trug. Der Schreiber informierte in einem beigeschlossenen Blatt den mit Johann (Salvator) seit langem befreundeten Journalisten über die Schritte des Erzherzogs und bat ihn, einer möglichen falschen Auslegung der erzherzoglichen Entscheidung gegebenenfalls entgegenzutreten und seine Leser vom wahren Sachverhalt zu unterrichten. Auf dem erwähnten Beiblatt waren in verstellter Handschrift Aussprüche wiedergegeben, die der Erzherzog mündlich oder schriftlich gemacht hatte. Einige davon kennen wir bereits aus einem anderen Zusammenhang. „Ich muß aufhören, Prinz zu sein, um Mensch sein zu dürfen", hieß es da etwa, und „Ich suche das Recht auf Arbeit. – Bin zu stolz, um einen fürstlichen Müßiggänger abzugeben. – Ich will nicht das Geld des Volkes verfressen wie andere. – Ich will dem Staate keine Last sein, dem ich nichts leisten darf. – Meine Standesgenossen betrachten es als eine Schande, wenn ich mir das Leben selbst verdiene. – Ich werde jederzeit ein treuer Österreicher bleiben. – Wenn es heute oder morgen Krieg gibt, werde ich als einfacher Soldat in Reih und Glied treten und mein Leben dem Kaiser widmen[7]." Pollak sandte unverzüglich ein Telegramm an die bezeichnete Züricher Adresse des Erzherzogs ab. Johann kabelte postwendend zurück:

„Zürich, Bahnhof, 16. Oktober
Erst erfahren, daß und was geschrieben. Ja. Danke herzlich. Dringend nötig, nichts erzählen, bis offizielle Behandlung. Bitte telegraphisch Ihr Versprechen. Orth[8]."

Die Absicht Johanns, die Angelegenheit zunächst vertraulich zu behandeln, war ein frommer Wunsch. Am 21. Oktober 1889 teilte das „Neue Wiener Tagblatt" als erste Wiener Zeitung seinen Lesern mit, daß Se. kaiserliche Hoheit Herr *Erzherzog Johann* unter dem Pseudonym eines Grafen Orth im Pariser Hotel „Bellevue" abgestiegen sei. Er habe die dortige Weltausstellung besucht und gedenke längere Zeit im Ausland zu bleiben. „Erzherzog Johann soll auch die Absicht kundgetan haben", schrieb das Blatt weiter, „auf seine *Titel, Aemter* und *Würden* zu verzichten. Zuschriften, welche an einige Hofämter, sowie an höhere Funktionäre gelangt sein sollen, geben von dieser Absicht des Erzherzogs Kunde. Diese Zuschriften sind aber, wie man uns mittheilt, derzeit noch nicht verifiziert." Schon am nächsten Tag veröffentlichte die Zeitung einen wahrscheinlich von Pollak selbst verfaßten Leitartikel, in welchem der Austritt des Erzherzogs aus dem österreichischen Kaiserhaus bereits als vollendete Tatsache hingestellt wurde. In höheren Kreisen, so wußte der Schreiber zu berichten, habe der Entschluß des Erzherzogs einen tiefen Eindruck hervorgebracht. So sehr man diesen Schritt auch bedauere, müsse man jedenfalls den hohen sittlichen Ernst würdigen, der dieser folgenschweren Tat zugrundeliege. Der gut informierte Leitartikler schilderte dann ausführlich und mit unverhohlener Sympathie den persönlichen und politischen Werdegang des Erzherzogs, der am 23. Oktober 1889 durch einen Rückblick auf die militärische Laufbahn Johanns ergänzt wurde.

Auch andere Wiener Blätter beschäftigten sich (wieder einmal) mit dem journalistisch ergiebigen Leben und dem jüngsten Streich des Erzherzogs. Obwohl amtlicherseits die Zeitungsmeldungen weder bestätigt noch dementiert wurden, war damit die Katze aus dem Sack. Johann wurde nach Bekanntwerden seines schwerwiegenden Entschlusses in Paris von Besuchern und Reportern so bestürmt, daß er aus der Seinestadt zu seiner Schwester Luise nach Birstein flüchtete. „Meine hiesige Schwester", schrieb er an Schaffgotsch, „hat mich sehr herzlich empfangen. Frauen sind doch meist weit besser als die ‚alten Weiber' m. Geschlechtes[9]" (23. Oktober 1889). Mittlerweile hatte der Kaiser dem Erzherzog auch die Ablegung der Offizierscharge bewilligt und ihn von der Inhaberschaft des Corps-Artillerie Regimentes Nr. 2 enthoben. Das an den Reichs-Kriegs-Minister gerichtete kaiserliche Schreiben trägt das Datum vom 16. Oktober[10]. Bereits vierzehn Tage später wurde das Regiment im Armeeverordnungsblatt als vacant bezeichnet, was man nicht nur in eingeweihten Militärkreisen richtig zu lesen und zu deuten verstand. Nach seinem Ausscheiden aus dem Kaiserhaus hatte Johann nun auch offiziell die k. u. k. Armee verlassen. Sie war trotz der Haßliebe, die er

Graf Viktor Schaffgotsch, der letzte Kammervorsteher
des Erzherzogs

x

219

ihr entgegenbrachte, sein Lebensinhalt gewesen. Von allen Bindungen befreit, trieb ihn nun die Unrast seines Herzens zu neuen Ufern. „Vielleicht werde ich auf meinem neuen Weg weniger Hindernisse vorfinden, weniger Feindseligkeit, weniger Plage", schrieb er hoffnungsvoll der geliebten Mama (21. Oktober 1889). Wie weltentrückt und realitätsfremd dieser Mann doch ab und zu sein konnte. So einfach, wie er es sich vorstellte, ließ sich die Vergangenheit nicht abschütteln. Er sollte noch Schwierigkeiten zu überwinden haben, an die er in seiner rührenden Unkenntnis der Welt nicht im entferntesten gedacht hatte.

Von Birstein aus begab sich Johann Orth, der „weder vorschnell noch unbedacht ein Schiff kaufen und zunächst praktische Erfahrungen sammeln wollte", wie er der Mutter beschwichtigend schrieb, nach England.

In London wurde ihm Ende Oktober ein Schreiben Kalnokys zugestellt, dem ein österreichischer Paß beigelegt war. Die Ausstellung des Personaldokumentes, dessen Gültigkeitsdauer mit sechs Monaten begrenzt war, war von Ministerpräsident Eduard Graf Taaffe persönlich angeordnet worden. Wie aus einer Zuschrift des Statthalters von Oberösterreich, des Grafen Merveldt, an Taaffe hervorgeht, wurde der Auslandspaß mit dem Amtssiegel des Statthaltereipräsidiums in Linz versehen und wies das Datum vom 22. Oktober 1889 auf[11]. Die Freude darüber wurde durch die Mitteilung des Grafen Kalnoky (mehr als) empfindlich getrübt, daß es der ausdrückliche Wunsch Seiner Majestät sei, Orth möge die schweizerische Staatsbürgerschaft erwerben. War es möglich, daß ihm der Kaiser das Heimatrecht verweigerte, daß man ihn ausbürgerte, ihn wie einen Verbrecher aus dem Vaterland verstieß? Johann Orth konnte es einfach nicht fassen. „Ich muß Ihnen sagen", schrieb er Schaffgotsch, „daß es mir furchtbar wehe gethan hat erfahren zu müssen daß ich nicht mehr Oesterreicher, nicht mehr Unterthan meines Kaisers sein solle. Mir ist aber der Wunsch meines Herrn heilig und so werde ich wenn auch blutenden Herzens denselben nachkommen. Ich verstehe ja daß S. M. hiefür Gründe habe[12]" (1. November 1889). In ähnlichem Sinn äußerte er sich gegenüber Kalnoky . . . „Trotzdem mich aufs tiefste schmerzt, kein Österreicher und kein Unterthan unseres Allergnädigsten Monarchen bleiben zu dürfen, werde ich dem mir intimierten Allerhöchsten Wunsch gemäß die entsprechenden Schritte tun, um die schweizerische Staatsbürgerschaft zu erlangen", formulierte er amtlich-trocken[13] (Brief aus London vom 2. November 1889).

So einfach, wie es sich der Kaiser und Herr Orth vorstellten, war das nun wieder nicht. Die Erwerbung der schweizerischen Staatsbürgerschaft wurde durch das Bundesgesetz vom 3. Juli 1876 geregelt, das ein Mitwirkungsrecht der Gemeinden, der Kantone und des Bundes vorsah. Vor der Einbürgerung eines Ausländers durch Kantone und Gemeinden war eine Bewilligung des Bundesrates einzuholen. Man wollte auf diese Weise sicherstellen, daß der Bewerber nicht nur aus Opportunitätsgründen um das Schweizer Bürgerrecht ansuchte. Das Gesetz verlangte den Nachweis eines zweijährigen dauernden Aufenthaltes und überließ es den Kantonen, diese Frist zu verlängern. Der Bundesrat erteilte die Bewilligung nur dann, wenn durch die Aufnahme des ausländischen Bewerbers der Eidgenossenschaft voraussichtlich keine Nachteile erwuchsen. Die Einbürgerung konnte durch Einkauf oder schenkungsweise erfolgen[14]. Wie sich herausstellen sollte, waren das Barrieren, die selbst ein ehemaliges Mitglied des österreichischen Kaiserhauses nicht so ohne weiteres überspringen konnte. Johann Orth ist jedenfalls nie Schweizer Staatsbürger geworden.

Das Schreiben Kalnokys enthielt einen winzigen (finanziellen) Trost: Franz Joseph hatte verfügt, daß Johann Orth sämtliche als Erzherzog erworbenen Privatrechte und die Einkünfte aus dem Familienfonds behalten dürfe. Nach eigenen Angaben machte das einen jährlichen Betrag von 7.000 fl (Gulden) aus.

Nach seinem Kurzaufenthalt in England verdingte sich Johann als Schiffsoffizier und reiste über Stockholm nach Hamburg. Die seemännischen Erfahrungen, die er dabei machte, waren keineswegs ermutigend. „Diese Probefahrt war voller Ernüchterungen", schrieb er der Mutter. „Das Leben eines Seemannes ist ein Leben der Entbehrungen und Gefahren, das wenig Platz läßt für Ruhm und Verdienst."

Gleichwohl dachte er nicht daran, seine Seefahrtspläne aufzugeben. „Ich habe mich davon überzeugen können", fuhr er unbeirrt fort, daß das in ein Schiff investierte Kapital einen befriedigenden Gewinn abwirft, vorausgesetzt, daß der Eigentümer das Schiff selbst befehligt. Aus diesem Grund habe ich die

Idee aufgegeben, zum gegenwärtigen Zeitpunkt ein Schiff zu kaufen. Ich konzentriere mich auf das praktische Studium der Seemannskunst und werde diesen Beruf erst dann ergreifen, wenn ich völlig gewiß bin, ihn ausüben zu können" (Hamburg, 10. November 1889).

Das waren gute Vorsätze. Es war jedoch sehr die Frage, ob Johann seine Seefahrtspläne würde in die Tat umsetzen können. Die Sache mit der schweizerischen Staatsbürgerschaft spießte sich. Der Wechsel des Heimatrechtes war mit Schwierigkeiten verbunden, an die der Kaiser wohl nicht gedacht hatte. Oder hatte Franz Joseph diesen ausdrücklichen Wunsch, der natürlich einem Befehl gleichkam, geäußert, um Johann mit Absicht in Bedrängnis zu bringen?

Dem aus dem Kaiserhaus ausgeschiedenen Erzherzog wurde bald schmerzlich klar (gemacht), daß der Erwerb der Schweizer Staatsbürgerschaft den Verlust der Gültigkeit seines Kapitänspatentes bedeutete. Für seinen künftigen Beruf brauchte er aber beides: die Staatsbürgerschaft eines (europäischen) Staates und ein gültiges Kapitänsdiplom, das ihn dazu berechtigte, ein Schiff zu kommandieren. Johann saß in einer unangenehmen Klemme. In dieser schier ausweglosen Situation wandte er sich erneut an Kalnoky mit der Bitte, den Kaiser umzustimmen oder, falls dies nicht möglich war, den Handelsminister zu veranlassen, ihn auch als Schweizer Staatsbürger zum Kommando eines unter österreichischer Flagge segelnden Schiffes zu ermächtigen. Kalnoky, der die ganze Angelegenheit ärgerlich und widerwärtig fand, konsultierte Taaffe. Dieser spielte den Ball an den Handelsminister weiter. Das k. k. Handelsministerium entschied – wie nicht anders zu erwarten war –, daß Johann bei Annahme einer ausländischen Staatsbürgerschaft damit rechnen müsse, sein Kapitänspatent zu verlieren. Der Kaiser überließ die endgültige Entscheidung seinem Außenminister, doch Kalnoky spielte auf Zeit. Der ungeduldig wartende Erzherzog wußte aber wohl, was ihm bevorstand. Niedergeschlagen, in verbitterter, geradezu verzweifelter Stimmung schrieb er Pollak: „. . . Verehrter Freund, Sie fragen nach meinem Wohlbefinden. Nach den harten und unverdienten Schicksalsschlägen, die auf mich niedergesaust sind, kann von einem Wohlbefinden meinerseits für lange Zeit keine Rede mehr sein. Gezwungen das Leben eines Müßiggängers zu führen, würde ich es vorziehen, dem Beispiel Rudolfs zu folgen, der gleichzeitig mit seiner Stellung auch sein Leben hingeworfen hat. Ich dachte, daß es genügen würde, aufzuhören, Prinz zu sein, um als Mensch ein nützliches Mitglied der menschlichen Gesellschaft zu werden. Ich sehe aber ein, daß ich mich getäuscht habe. Man bindet mir die Hände, damit ich nirgends Arbeit finde, die ich nach meinem Verzicht auf die erzherzogliche Apanage notwendig habe, um leben zu können, da mein geringes Privatvermögen hierzu nicht ausreicht . . . Sie wünschen mir Glück auf meiner ersten Fahrt als Schiffskapitän. Ich danke Ihnen hierfür, aber leider bin ich mit meiner ersten Fahrt noch sehr weit entfernt, denn für meinen Eintritt in fremde Dienste werden mir Bedingungen gestellt, die ich nicht erfüllen kann. Allein das Recht auf Arbeit, das jedermann zukommt, lasse ich mir nicht nehmen. Ich verfluche die Stunde, in der ich als Erzherzog geboren wurde und beneide jeden, der bürgerlicher Abstammung ist . . .

Ihr aufrichtig ergebener Johann Orth[15]"

In diesen Tagen, am 16. November 1889, starb auch sein engster Vertrauter und Weggefährte Menrad von Laaba. Johann schickte sofort nach Bekanntwerden der Todesnachricht an den Sohn des Majors ein Kondolenzschreiben ab, in dem er indirekt auch auf seine eigene Rolle in der Bulgarienfrage anspielte und den Empfänger bat, „zahlreiche Briefe und Depeschen – auch chiffrierte –, deren Inhalt äußerst heikler Natur ist" aus den Akten des Verewigten an ihn zurückzusenden[16] (Hamburg, 19. November 1889).

Daß der Erzherzog in der Frage der Besetzung des bulgarischen Fürstenthrones Schritte unternommen hat, die über die Zuständigkeiten eines Mitgliedes des kaiserlichen Hauses weit hinausgingen, wurde bereits ausführlich dargestellt.

Seinen 37. Geburtstag verbrachte Johann mit seiner Lebensgefährtin Ludmilla Stubel in Hamburg, der er im 5. Stock eines Hauses in der Friedrichstraße eine aus drei Zimmern bestehende Wohnung eingerichtet hatte. Noch immer wartete er ungeduldig auf eine Entscheidung bezüglich seiner Staatsbürgerschaft. An Schaffgotsch schrieb er an diesem Tag in düsterer Stimmung: „Besten herzlichen Dank für Ihre freundlichen Briefe sowie für die liebenswürdige Erinnerung an die traurige

Bedeutung des heutigen Tages für meine Wenigkeit... Ich warte hier notgedrungen die Klärung meiner (schweizerischen) Staatsbürgerschaft ab. Habe entsprechende Vorkehrungen getroffen. Weil es aber da mit der Gültigkeit meines Patentes happern würde, habe ich im Wege Exzellenz Kalnokys an die Allerhöchste Gnade appelliert, damit mein Patent auch nach dem Wechsel der Nationalität Rechtskraft behalte und ich ermächtigt bin, die österreichisch-ungarische Flagge zu führen falls ich ein eigenes Schiff habe. Diesbezüglich halte ich noch Ausschau. Werde mich aber wahrscheinlich auf eines anderen Owner's Eisenschachtel westwärts einschiffen. Mit innigsten Grüßen Ihr dankbar ergebener

Johann Orth[17]."

Die besorgte Mutter schrieb in diesen Tagen an ihren ältesten Sohn Ferdinand: „... Ich glaube, daß er (gemeint ist Johann, Anm. d. Verf.) desillusioniert sein wird und auch vielleicht nicht glücklich über seine Lage... Ich glaube, daß er diesen Schritt ohne Überlegung getan hat. Jetzt ist es zu spät und es gibt kein Zurück. Er hat sich verleiten lassen und in einem Augenblick geistiger Unzurechnungsfähigkeit gehandelt, unter dem Einfluß von Personen, die ihm schmeichelten und ihn aus der Bahn geworfen haben. Gott sei ihm gnädig und gebe mir die Kraft, diesen Schmerz lange zu ertragen..."

Maria Antonia klammerte sich in ihrer Seelenpein natürlich an Trugbilder, denn Johann wußte genau, was er wollte. Über seine weit ausholenden Pläne scheint er die Mutter jedoch im unklaren gelassen zu haben. „Lieber Ferdinand", bat diese nämlich den ältesten Sohn im gleichen Schreiben, „teile mir mit, wenn Du es weißt, wo er sich aufhält und welchen Namen er trägt, den Seine Majestät genehmigt hat..."

Ferdinand selbst war freilich nicht viel besser informiert als die Mutter. „Ich kenne den Namen nicht", notierte er auf dem Brief. „Man spricht von Orth." Und zu dieser Bemerkung fügte er noch hinzu: „Er hat um die Schweizer Staatsbürgerschaft angesucht und sie bekommen." Das war allerdings zu diesem Zeitpunkt nur eine unbewiesene Behauptung[18] (Brief aus Arco vom 24. November 1889). Johann reiste indessen am 4. Dezember 1889 zum Zweck des Ankaufes eines eigenen Schiffes wieder nach England. Diesmal bezog er im North Western Hotel in Liverpool Quartier. Von dort aus richtete an seinen Wiener Gewährsmann Heinrich Pollak ein ausführliches Schreiben, in dem er die Ereignisse der letzten Monate ausführlich zusammenfaßte. Über seine Zukunftspläne meinte er: „. . . Vorläufig habe ich mich in Hamburg und England über die Verhältnisse der Rheederei möglichst informiert und mich vorbereitet, die heimatliche Flagge nach fernen Meeren zu führen. In den Wogen des Ozeans werden die Träume, die Wünsche, hoffentlich nicht die Ideale untergehen. Werde ich zufrieden sein? Das weiß ich nicht, aber wenigstens werde ich das Bewußtsein gewinnen, daß ich mich meines Daseins nicht zu schämen brauche." „Was ich aber beginnen soll, wenn ich wirklich Schweizer werden muß", setzte er beunruhigt fort, „ist mir noch nicht klar. Leider habe ich wenig gelernt und verstehe mich sonst eigentlich nur auf das Soldatenhandwerk. Die Zeit der Landsknechte ist aber vorüber, und ich denke auch, daß man sein Leben nur seinem Vaterland weihen soll. Auch die vielgepriesene Bekämpfung der Sklaverei unter den Schwarzen will mich nicht begeistern, solange wir noch weiße Sklaven zu befreien haben. – Nun, kommt Zeit, kommt Rat!"

Im weiteren Verlauf seines Schreibens bat Orth den Journalisten, die Leser gegebenenfalls darüber zu informieren, daß die Veränderung der Staatsbürgerschaft nur auf höheren Wunsch erfolgt sei. „Es ist mir nämlich darum zu tun, daß man mich nicht für einen untreuen Sohn des Vaterlandes hält, wie es viele Leute sonst annehmen, die mir anonym darüber Vorwürfe machten", fügte er erklärend hinzu.

„Daß ich mit Sinn und Gedanken, mit Herz und Seele Oesterreicher bleibe, auch wenn ich am Papier Schweizer werde, brauche ich Ihnen nicht erst zu sagen. Es ist aber begreiflich, daß ich es auch gerne der Form nach bleiben möchte."

„Vielleicht ist es ein Ausfluß krankhafter Empfindungen; immerhin verhehle ich nicht das mich beherrschende Gefühl", schloß er diese Passage seines Briefes, „daß es mir doch noch eines Tages beschieden sein wird, meine Treue zum Vaterland mit der Tat zu besiegeln[19]" (Schreiben vom 8. Dezember 1889). Oesterreicher bleiben und dem Vaterland dienen zu dürfen, dieser Wunsch kehrt in allen brieflichen Äußerungen immer wieder. An Schindler schrieb er: „Um Eines bitte ich Sie: Glauben *Sie* nicht auch, wie es Viele thun, daß ich mit dem Abstreifen des Prinzen auch freiwillig meinem Vaterland den Rücken kehrte. Ein höherer Wille ist da im Spiele; ich *darf* nicht in Oesterreich sein vermuthlich ob des Schockes, den der „Nimbus" unseres Erz-hauses leiden könnte. Sie werden mir einen Act der Freundschaft erweisen wenn Sie dort wo Sie dieser irrigen Annahme begegnen, ihr entgegentreten[20]" (Birstein, 28. 12. 1889).

Dem Kaiser zollte Johann auch nach seinem Ausscheiden aus der Dynastie Achtung und Reverenz. „Er ist wirklich ein allergnädigster Herr, aber auch ein allergütigster und alleredelster Herr, dessen Seelengröße geeignet ist die Empfindungen Anderer – meine arme Wenigkeit mit inbegriffen – so recht klein erscheinen zu lassen", schrieb er an Schaffgotsch[21] (1. November 1889). Der Erzherzog hat Franz Joseph zeitlebens bewundert und respektiert, aber bei der Abfassung dieser Zeilen, die ungewohnt nach Schmeichelei klingen, hat ihm möglicherweise Berechnung die Hand geführt: Schaffgotsch besaß als Flügeladjutant das Ohr des Kaisers.

Mitte Dezember 1889 fielen einige weitere Entscheidungen. Der Erzherzog wurde aus der Liste des ungarischen Magnatenhauses (14. 12.) und des österreichischen Herrenhauses (19. 12.) gestrichen und schließlich ging „Herrn Johann Orth" auch jenes lang ersehnte Schreiben Kalnokys zu, das in der Frage des Heimatrechtes eine endgültige Klärung brachte. Er müsse, teilte ihm der Außenminister mit, die schweizerische Staatsbürgerschaft erwerben. Für die Lösung des Problemes der Gültigkeit des Schiffskapitänsdiplomes könne man behördlicherseits nichts tun. Johann Orth blieb nun nichts anderes übrig als zu handeln, zu versuchen, sich selbst aus der Klemme zu helfen. Er kaufte ein Schiff namens „Caesarea", mit dem er so bald wie möglich eine Fahrt nach Südamerika unternehmen wollte. Da die Gültigkeit seines Passes mit Ende April des nächsten Jahres ablief und er nicht erwarten konnte, daß die Frage seiner Staatsbürgerschaft bis dahin einer Erledigung zugeführt sein würde, wollte er die österreichischen Behörden vor vollendete Tatsachen stellen.

Mißmutig, voller Zukunftspläne und -ängste fuhr er zurück nach Deutschland, um die Weihnachtszeit bei seiner Schwester Luise und ihrer Familie auf Schloß Birstein zu verbringen. Major Schaffgotsch schrieb er: „Ich warte hier bei meiner guten vortrefflichen Schwester Louise die Entscheidung über mich ab

u. dann geht es endlich in die weite Welt hinaus *so* oder so[22]"
(Brief vom 27. Dezember 1889).

Sein geliebtes Schloß Ort würde er so rasch nicht wiedersehen. Das wußte er. Aus diesem Grund gab er seinem Schloß-
verwalter Anton Weißenböck von Birstein aus detaillierte An-
weisungen. Er grenzte dessen Kompetenzen zum Schloßwärter
Mayerhofer ab und regelte die finanzielle Gebarung auf diesem
seinem Besitztum während seiner Abwesenheit[23]. Es ist überhaupt bemerkenswert, wie sehr sich der ehemalige Erzherzog
um jedes Detail kümmerte, mit welch väterlicher Fürsorge er
sich für seine Bediensteten einsetzte. Er stellte ihnen einen guten Leumund aus, empfahl sie hochherzigen Dienstgebern und
vermachte ihnen in seinem Testament Legate. Auch seine
schriftstellerische Arbeit setzte der unermüdlich Tätige fort.
„Ich habe den Artikel über die Quarnero-Inseln fertig gebracht", schrieb er seinem Freund Schindler, „wage ihn aber
nicht der Redaction einzusenden, weil ich nicht weiß ob man
eine Arbeit welche dem Erzherzog Johann zugedacht war, von
Johann Orth annimmt. Wollten Sie nicht die Güte haben AR-
NETH zu sondiren ob mein Elaborat acceptirt würde oder
nicht. Natürlich wäre ich durchaus nicht gekränkt wenn man
mir ein ehrliches Nein sagt[24]" (Schreiben vom 28. Dezember
1889).

Als Arneth seine Mitarbeit ablehnte, war er dann doch verärgert. „Noch bevor ich im Besitze Ihres Briefes war", informierte er Schindler, „erfuhr ich durch Dr. Haberler daß Arneth
Johann Orth für unwürdig hält unter den Mitarbeitern zu erscheinen, nicht ohne eine Art Erstaunen darüber zu äussern,
daß ich die Vorfrage durch Sie stellen ließ . . . Unter einem *anderen* Namen hätte ich *vielleicht* mitthuen dürfen! Ich war
dumm genug mich eigentlich verletzt zu fühlen, und warf mein
schon zur Absendung bereites Manuscript beim Fenster hinaus[25] . . ." (Birstein, 25. Februar 1890). Natürlich galt sein
ganzes Sinnen und Trachten nun der Vorbereitung und Organisation der geplanten Seereise. Ein Schiff hatte er gekauft, nun
brauchte er eine Schiffsmannschaft. Da er selbst zu unerfahren
war, um das Kommando eines Seefahrzeuges zu übernehmen,
hielt er nach einem Kapitän Ausschau. Zu diesem Zweck setzte
er sich mit seinem alten Nautikprofessor Antonio Budinich in
Fiume in Verbindung, der ihm für diesen Posten einen erfahre-

nen Seemann namens Sodich vorschlug. Seiner Mutter, die über seine Entschlüsse beunruhigt war, schrieb er: „Es tut mir leid, daß Sie der Kauf eines Schiffes so in Erregung versetzt hat . . . Wenn ich mit Ihnen reden könnte, wäre ich sicherlich in der Lage, Ihnen verschiedene Erklärungen zu geben, die Sie beruhigen würden . . . Es bleibt, und das ist richtig, meine geringe Erfahrung und die Gefahren des Meeres. Was das erste betrifft, glaube ich, daß ich auch ein großes Schiff befehligen könnte, aber ich nahm einen Kapitän in meine Dienste und beschränke mich darauf den Offizier zu spielen, um so weitere Erfahrungen zu sammeln. – Was die Gefahren betrifft, denken Sie (daran), daß auch zu Lande, zu Pferde und in der Kutsche, vor allem auf der Straße die Gefahren sehr groß sind; es ist der Kampf mit einem gefährlichen Element, der mich interessiert und mir jene moralischen Anstrengungen ersetzt, die ich gerne einer edleren Sache gewidmet hätte. Die Gefahr macht einen Mann erst würdig, besonders eine Karriere zur See. Gott wird die Vorsehung walten lassen."

Und zur Information fügte er noch hinzu: „Da mir zum Tausch und mit Profit ein anderes Schiff angeboten worden ist anstelle des bereits gekauften, eines, das in diesen Tagen in Falmouth eingetroffen und gerade frei ist, werde ich hinfahren, um es zu sehen, um den Handel abzuschließen oder ihn abzulehnen. Ich reise morgen von hier ab und wenn Gott will, werde ich Anfang Februar, wenn nicht schon früher, nach Birstein zurückkehren" (Birstein, 12. Jänner 1890).

Ludmilla Stubel scheint das unstete Leben, das Orth führte, und die ungewisse Zukunft, der sie beide entgegengingen, sehr bedrückt zu haben. Sie war nie Gast der fürstlichen Familie Isenburg in Birstein. Ein Brief an Klara Weißenböck, die Gattin des Schloßverwalters in Ort, reflektiert ihre Stimmung: . . . „Es freut mich zu hören, daß es Ihnen recht gut geht", schrieb sie ihr am 30. Dezember 1889 aus Wien. „Ich glaube auch, daß man in den schönen Bergen, trotzdem dieselben ihr weißes Winterkleid tragen, recht glücklich sein kann, ohne von der großen Welt etwas zu wissen. Sie sind zu beneiden: Könnte ich doch Ihr Leben führen, wie sehr wäre ich zufrieden! Leider ist ein ruhiges Leben mir nicht beschieden. Dann wird es erst ruhig bei mir werden, bis ich meine Augen für immer geschlossen, das weiß ich, früher nicht! Verzeihen Sie, daß ich wieder in meine gewisse Stimmung geraten, die Sie zur Genüge an mir kennen, aber wenn ich an zufriedene Menschen denke, erfaßt mich ein eigentümliches Herzweh, daß ich unwillkürlich traurig werde und mich mit Gewalt aus den trüben Gedanken reißen muß, die ich ja doch nie ändern kann[26] ..."

Das Klagelied, das Milli Stubel in diesem Brief anstimmte, entsprang keiner bloßen Weltuntergangsstimmung an der Wende eines neuen Jahres. Es war der Ausdruck einer tiefen Unzufriedenheit mit ihrem Schicksal, das in vielen Briefen anklingt und sich zuweilen bis zur offenen Todessehnsucht steigerte. Sie, die offenbar zu Depressionen neigte, suchte innere Ruhe und Zufriedenheit, die sie an der Seite ihres rast- und ruhelosen Partners nicht fand, nicht finden konnte. Dennoch war sie stets bereit, mit ihrem Giovanni durch dick und dünn zu gehen.

Mitte Jänner 1890 verließ Johann Orth Birstein, um die Vorbereitungen für seine Südamerikafahrt weiter voranzutreiben. Er kam am 16. Jänner in Dünkirchen an, wo ihm der Vorschlag gemacht wurde, die „Caesarea" zu veräußern und an ihrer Statt ein englisches Schiff namens „Saint Margaret" anzukaufen, das kurz vor seiner Ankunft im Hafen Anker geworfen hatte. „Ich ging zuerst in das Boot und dann an Bord des Schiffes", berichtete der angehende Schiffskapitän einige Tage später der Mutter, „und fand es schön und gut. Ich bedaure nur", schränkte er etwas ein, „daß es für meinen Geschmack zu niedere Maste hat. Aber so kann es wenigstens nicht kippen." Und an einer anderen Stelle des Briefes schreibt er: „Seien Sie beruhigt, liebe Mama, was das Schiff betrifft. Es ist aus wunderschönem Holz, es ist wirklich imposant und von der Schiffszeitung habe ich seine guten Qualitäten hervorgehoben gefunden. Auch in England hat es einen guten Ruf. Das Alter von 12 Jahren für ein eisernes Boot, das so gut erhalten ist, bedeutet nichts. (Es wurde 1877 von T. Royden u. Sohn in Liverpool erbaut, Anm. d. Verf.) In der Tat habe ich noch die höchste Klasse im Lloyd. Ich sage Ihnen nur, daß seine Breite 12½ Meter ist. Probieren Sie das im Garten auszumessen und Sie werden sehen, wie viel das ausmacht" (22. Jänner 1890).

Die „St. Margaret" gefiel ihm. Und da ihm die „Caesarea" erst im April zur Verfügung gestanden wäre, kaufte er sie. Er

Johann Orth als Schiffskapitän, Karikatur

mußte allerdings 150 Pfund Sterling zu dem bereits ausgegebenen Betrag dazulegen, denn der gefällige Dreimaster war mit seinen 1428 Bruttoregistertonnen Wasserverdrängung größer als die „Caesarea". (Die Maße des Schiffes werden mit 71 x 11,3 x 6,8 m angegeben.) Den genauen Kaufpreis konnte ich nicht ermitteln. Um den Frachter bezahlen zu können, mußte Johann Orth jedenfalls seine Spareinlagen bei den verschiedensten Banken abheben und Darlehen aufnehmen. Schaffelhofer berichtet, daß ihm die Gmundner Sparkasse auf

Schloß Ort einen Kredit von 250.000 Gulden gewährt habe[27]. Diese Behauptung ist jedoch nicht zu belegen. Mit Sicherheit nachzuweisen ist ein Darlehen der Kantonalbank Fribourg in der Schweiz. Zur Begleichung dieser Schuld beauftragte der Erzherzog seinen Vermögensverwalter, den Hof- und Gerichtsadvokaten Dr. Franz Ritter v. Haberler, mit dem Verkauf seines Hauses in der Goldschmiedgasse 4 in Wien (Schreiben von Porto La Plata vom 12. Juli 1890). Haberler erzielte dafür einen Erlös von 176.000 Gulden. Er übermittelte die Nachricht am 10. Juni 1890 nach Valparaiso in Chile. Sie erreichte jedoch Johann Orth nicht mehr[28].

Nach dem Verkauf der Caesarea an die Reederei C. M. O. Jörgensen und dem Ankauf der „St. Margaret" fuhr Orth nach London, wo er am 19. Jänner 1890 eintraf. In der britischen Hauptstadt hatte er vieles zu erledigen. Das Schiff mußte vor der großen Fahrt nach Südamerika in einem Dock überholt, ein Frachtvertrag abgeschlossen werden. „Hier in London habe ich sie (die ‚St. Margaret', Anm. d. Verf.) schon für Valparaiso Iquique und zurück gemietet", berichtete er an die Mutter. Auf der Hinfahrt (laden) wir Kohle um 26/6 Schilling die Tonne, auf der Rückfahrt Salpeter um 33/3 Schilling. Im ganzen macht die bereits fixierte Miete 6.025 Pfund Sterling aus, das sind 72.300 Gulden. Von dieser Summe werden zwei Drittel vor der Reise und ein Drittel bei der Rückreise bezahlt. Sie sehen also, liebe Mama", schloß er diese Passage des Briefes, „daß der Ertrag eines solchen Schiffes keine bloße Illusion, sondern Realität ist" (22. Jänner 1890).

Nach Erledigung aller Formalitäten, was ungefähr eine Woche in Anspruch nahm, kehrte Johann Orth nach Dünkirchen zurück, um die „St. Margaret" in Obhut zu nehmen. Nun wurde das Schiff nach England gebracht. „Nachdem ich zwei Tage umsonst auf den Tender, den ich in London bestellte, gewartet hatte", schilderte er der Mutter die Probleme der Überfahrt, „bin ich am 7. Februar um Mitternacht von Dünkirchen mit einer provisorischen Mannschaft ausgelaufen – der Kapitän war ich – und erreichte am Morgen, von einem sanften Ostwind begünstigt, die Themsemündung. Am nächsten Morgen, den 8. (Sonntag) war ich in London. Am Nachmittag fuhr ich in das Trockendock von Limehouse, um das Schiff kielholen (zur Ausbesserung auf die Seite legen, Anm. d. Verf.), anstreichen und gleichzeitig durch den englischen Lloyd untersuchen zu lassen. Montag kam Kapitän Sodich an Bord", berichtete er weiter, „der in der Zwischenzeit in London angekommen war. Er ist der Schwager jenes Mannes, der nach dem Verkauf der ,Bessie' an Herrn Economo das Kommando der ,Bessie' übernommen hat. Ich bedauere es sehr, daß Kapitän Vranich, den ich kannte und der im Augenblick in Buenos Aires ist, nicht kommen konnte. Diesen Sodich kenne ich nicht, und obwohl er ein erfahrener Mann ist und sehr fähig, macht er mir keinen so günstigen Eindruck wie Vranich" (20. Februar 1890).

Da Kapitän Sodich offenbar nicht sein vollstes Vertrauen hatte, engagierte Orth einen zweiten Kapitän, wie aus einem Schreiben an Budinich, mit dem er natürlich weiter Kontakt hielt, zu entnehmen ist. „Ich habe Herrn Sucich als 2. Kapitän mit einem Monatsgehalt von fünf Pfund in Dienst genommen", teilte er seinem alten Lehrer mit. „Das Arbeitsverhältnis beginnt am 15. März an Bord der ,Saint Margaret' in Rochester, am Ufer des Medway in der Nähe von London, und gilt für die Dauer der Reise[29] . . ." (12. Februar 1890).

„Sie werden verstehen", hatte er schon ein paar Wochen zuvor Budinich geschrieben, „daß ich, da ich das erstemal eine Reise nach Valparaiso oder nach Sidney mache, nicht gleich die Verantwortung des Kommandos übernehmen möchte[30]" (Brief aus Birstein vom 12. Jänner 1890).

Auch der Fahrplan für die Reise über das große Wasser stand in groben Zügen fest. Um den 10. März 1890 sollte das Schiff zur Beladung bereitstehen, die Abfahrt sollte nicht vor dem 17. erfolgen, „um die günstige Windströmung auszunützen, die Ende Mai/Anfang Juni am Kap Horn herrscht". „Wenn ich die Fahrt alles in allem mit sechs Monaten veranschlage", schrieb er an Budinich, „werden wir, so Gott will, Ende September zurück sein[31]" (Morley's Hotel, Trafalgar Square, London, 23. Jänner 1890).

Gott wollte dann bekanntlich nicht, aber es waren vor dem Abfahrtstermin auch noch genug irdische Schwierigkeiten zu überwinden. Um unter österreichischer Flagge segeln zu können, mußte das Schiff in einem österreichischen Hafen registriert sein. Johann Orth sprach in dieser Angelegenheit beim österreichisch-ungarischen Generalkonsul in London, Herrn Deym, vor, der eine positive Erledigung befürwortete. „Da

Herr Johann Orth, wie er sich nannte, als er mit mir sprach, bis jetzt noch keine ausländische Staatsbürgerschaft angenommen hat und daher de facto noch immer ein österreichischer Staatsbürger ist, entspricht seine Bitte dem Gesetz und das notwendige Rechtsverfahren kann eingeleitet werden", schrieb Deym an den k. u. k. Botschafter in London[32] (25. Jänner 1890).

Einige Tage später legte der Generalkonsul der Seebehörde in Fiume ein Ansuchen Orths um Registrierung der „St. Margaret" vor.

Der Botschafter Österreich-Ungarns in London war sich der Nationalität des ehemaligen Erzherzogs nicht so sicher wie Herr Deym. Er fragte daher vorsichtshalber bei Kalnoky in Wien an, ob Herr Orth österreichischer Staatsbürger sei oder noch immer sei. Kalnoky gab, wie üblich, die Anfrage an Taaffe weiter. Der Ministerpräsident vertrat den Standpunkt, daß Herr Orth so lange ein Staatsbürger der Monarchie sei, solange er keine andere Staatsbürgerschaft erworben habe. Sein Schiffskapitänspatent berechtige ihn daher zum Kommando eines Schiffes, das unter österreichisch-ungarischer Flagge segle. Unter diesen Umständen sah sich Kalnoky zu keinen weiteren Schritten veranlaßt. Er hüllte sich in Schweigen. Die ganze Affäre um den aufmüpfigen Erzherzog war ihm aus tiefstem Herzen zuwider. Am liebsten wäre es ihm gewesen, er hätte sich überhaupt nicht mehr damit zu befassen gehabt.

Der k. u. k. Außenminister hoffte es vergebens. Mitte Februar 1890 erreichte ihn eine Depesche der Botschaft in London, in der neuerlich angefragt wurde, ob Johann Orth österreichischer Staatsbürger sei. Orth habe mitgeteilt, daß er eine Fahrt über den Atlantik antreten wolle, und um Ausfolgung der hiefür nötigen Papiere ersucht.

Auch die Seebehörde in Fiume wandte sich an das k. u. k. Außenministerium um Rat. Sie könne, so teilte sie mit, dem Ansuchen Orths um Registrierung seines Schiffes nicht entsprechen, da dies die ungarische Staatsbürgerschaft zur Voraussetzung habe. Johann Orth sei aber kein Ungar, er sei in Florenz zur Welt gekommen und in Gmunden wohnhaft. Ob man wegen seines früheren Ranges eine Ausnahme machen solle?

Kalnoky raufte sich die Haare. Um die Angelegenheit endlich einer Erledigung zuzuführen, entschloß er sich schweren Herzens, den Kaiser damit zu befassen. Franz Joseph winkte

energisch ab. Die Verleihung der ungarischen Staatsbürgerschaft an Johann komme unter keinen Umständen in Frage.
Wiederum wurde Taaffe konsultiert. Der diplomatisch hervorragend geschulte Graf fand einen Ausweg. Der frühere Erzherzog möge, riet er, das Ansuchen um Registrierung seines Schiffes in Fiume zurückziehen und sich in Triest, das in der österreichischen Reichshälfte liege, darum bewerben. Die altösterrei-
chische Bürokratie schlug, wie man sieht, Purzelbäume[33]. Mittlerweile war Johann Orth nach Birstein zurückgekehrt. „Nach
einer Kette von Arbeiten und Sorgen habe ich am 16. London
verlassen", schrieb er der Mutter, „und bin, diesmal über
Ostende und Frankfurt fahrend, schon um 10 Uhr in Birstein
angekommen" (Schreiben vom 20. Februar 1890). Wiederum
wurde er von seiner Schwester liebevollst aufgenommen. Er
fühlte sich im Kreise ihrer Familie außerordentlich wohl, aber
seine Lebensumstände waren nicht dazu angetan, ihn heiter
zu stimmen. „Sie fragen nach meiner Stimmung", schrieb er
seinem Freund Schindler in Beantwortung eines Briefes vom
9. Jänner 1890, „wären Sie nicht der spezifische Zauberer des
Grau, dem lebendiger als anderen Menschenkindern die ganze
Fülle von Tönen des vermeintlichen Grau vorschwebt – kurz
gegenüber einem Nichtkünstler würde ich sagen: meine Stimmung ist grau. Ihnen aber sage ich einfach sie ist *schlecht:* ich
meine für mich unangenehm:, wenngleich unendlich viel besser
als zur Zeit, da ich in der Löwenhaut eingenäht war. Wenn ich
ehrlich bin, so muß ich mir sagen, daß ich noch immer Narkose
suche. Die Poesie der Freiheit, des Kampfes, der That – sie muß
erkauft werden durch unendlich viel Ueber*windung.* Bis man
sich durch den ganzen Sumpf geschäftlicher Gemeinheit durch-
gerackert zum Gefild wo erst Manneswerth seinen Lohn findet
– Befriedigung schenkt, geht – fürchte ich – viel vom Menschen
unter, wie immer wo man Ekel *gewöhnen* muß. Leider *muß* ich
verdienen, *muß* Geld machen, denn ‚woher nehmen und nicht
stehlen'. Ich hoffe aber doch, daß mein ‚Psychometer' schließlich auf ‚gesund' zeigen wird, sagt doch schon das alte Couplet:
„Ja das giebt sich, ja das giebt sich."
    Mündet diese Passage des äußerst interessanten, aufschluß-
reichen Briefes in eine optimistische Gemüts- und Stimmlage
ein, so zeigt sich der ehemalige Erzherzog im folgenden Abschnitt über die vielen Verleumdungen und Verdächtigungen,

die über ihn in Umlauf gesetzt wurden, verbittert. „Ich wiederhole Ihnen die schon einmal mir erlaubte Bemerkung", schreibt er, „daß ich für die Version, oder besser Erfindung empfindlich bin, als ob ich meine Heimat *verleugnen* und Bürger eines anderen Staates werden *wollte*. Ich führe jetzt eine allerdings nicht leichte Campagne um mir mein Oesterreicherthum zu wahren . . . Was ich nicht für Projekte, Propositionen, Ideen, Anfragen, Äußerungen und Kundgebungen verschiedener widersprechender Art über mich habe ergehen lassen müssen, kann ich Ihnen gar nicht schildern", beklagt er sich weiter. „Meine Losung bleibt: ehrliche Arbeit als treuer Sohn des Vaterlandes."

„Warum finden Sie als Adresse *Birstein* einen nicht genügend engen Begriff", frägt er dann seinen Adressaten und fährt fort: „Gedulden Sie sich noch etwa einen Monat, und der Begriff wird enger, d. h. 239' lang und 37' breit sein, es wäre denn daß eine ganz andere *Dimension* noch herauswüchse. Sollte nämlich das jetzige Weltbrandln zu einem *Feuer* führen, so werde ich nicht beim *Wasser* bleiben. Vorläufig also noch hübsch: *Birstein.*"

Noch immer lebte also der Traum in ihm, sich in einem Weltenbrand als Feldherr oder einfacher Soldat mit Ruhm und Ehre bedecken zu können. Er war doch ein unverbesserlicher Phantast, dieser exotische Sproß des österreichischen Kaiserhauses. Immer wieder ging seine blühende südländische Vorstellungskraft mit ihm durch. Auch das Ende des Briefes verdient zitiert zu werden: „Zum Schluße kann ich nicht umhin mich über die Incorrectheit Ihrer Anrede zu beschweren", meint er vorwurfsvoll. „Johann Orth darf nicht *Hochgeboren* genannt werden; ich hoffe Sie finden ein anderes Epitheton ornans (im Accus. ornantem) welches mir etwas mehr Freude macht; wissen Sie nicht welches? –
Es drückt Ihnen herzlich die Hand Ihr ergebener

Johann Orth[34]."

Tag um Tag verstrich. Noch immer wartete Johann in Birstein auf die Erledigung seiner Staatsbürgerschaft und die Registrierung seines Schiffes. „Meine Nationalität ist noch nicht geklärt", schrieb er sichtlich verdrossen an Budinich. „Ich mache passive Resistenz und fahre fort, die Palme des Vaterlandes hochzuhalten; wir werden sehen, was passiert[35]" (12. Februar

Außenminister Graf Gustav Kalnoky, 1884

1890). Sein Paß lief Ende April ab, die Zeit drängte. Als sich Ende Februar kein Hoffnungsschimmer am bürokratischen Horizont Altösterreichs abzeichnete, setzte der desillusionierte, mit seinem Schicksal hadernde Mann eine Kurzschlußhandlung, die nur aus der Impulsivität seines Charakters und der Ungeduld seines Herzens zu erklären ist.

Am 3. März 1890, um 9,40 Uhr vormittags, langte im Wiener Außenamt am Ballhausplatz eine chiffrierte Depesche ein. Sie war fünf Stunden zuvor vom österreichischen Gesandten in Sofia, Baron Stephan Burian, aufgegeben worden und hatte folgenden Inhalt:

„Prinz Ferdinand läßt mich soeben vertraulich benachrichtigen, daß Herr Johann Orth gestern unter dem Namen Michael Schenk hier eingetroffen ist und ihn besucht hat. Seine Hoheit hat Herrn Orth angewiesen, Sofia heute noch zu verlassen und widrigenfalls mit zwangsweiser Entfernung gedroht. Über Zweck der Reise und Gegenstand der Unterredung habe ich keine Mitteilung erhalten[36]."

Der k. u. k. Minister des Äußeren, Gustav Graf Kalnoky von Köröspatak, war fassungslos. Was tat Johann Orth inkognito in Sofia? Da hatte er sich seit dem Ausscheiden des Erzherzogs aus dem Kaiserhaus monatelang mit den verschiedensten Wünschen dieses extravaganten Herrn, mit der Frage seiner Nationalität und anderen unangenehmen Dingen herumzuschlagen gehabt, da hatte er ihn in England vermutet, mit der Vorbereitung seiner Schiffsreise beschäftigt, und nun hielt er diese Nachricht in Händen. Sie traf ihn wie ein Blitz aus heiterem Himmel. Erinnerungen an die Bulgarienkrise vor ein paar Jahren, in der Johann eine so ungeschickte, undurchsichtige Rolle gespielt hatte, stiegen in ihm auf. Wollte der unberechenbare, unbedachte Mann, der trotz seiner 38 Jahre noch immer nicht gelernt hatte, sein Temperament zu zügeln, die österreichische Außenpolitik neuerlich in Schwierigkeiten bringen? Was wollte er in Bulgarien? Welchen Plan hatte er wieder einmal in seinem rastlos arbeitenden Gehirn ausgeheckt?

Kalnoky hatte noch keine Antwort auf diese Fragen gefunden, als eine zweite Depesche aus Sofia einlangte. „Herr Johann Orth ist gestern von Konstantinopel kommend hier eingetroffen und hat beim Prinzen Ferdinand einen geheimen Besuch abgestattet", kabelte Burian, nun schon eingehender informiert. „Seine Hoheit läßt mir mittheilen, daß Herr Orth ihn gebeten habe, ihm eine Leutnantsstelle in der bulgarischen Armee zu verleihen, da ihm die Ausübung des maritimen Berufs unmöglich gemacht wird und er brotlos geworden sei. Werde ihm sein Anliegen nicht gewährt, so wolle er sich um Aufnahme in die türkische Armee bewerben. Prinz Ferdinand schlug diese Bitte mit Rücksicht auf das Allerhöchste Kaiserhaus . . . rundweg ab und verpflichtete ihn auf Ehrenwort hier niemanden aufzusuchen und Sofia noch heute zu verlassen".

Kalnoky sah nun etwas klarer. Herr Orth hatte wieder einmal va banque gespielt. Was im Detail Anfang März 1890 in Bulgarien vor sich gegangen war, erfuhr der Außenminister erst durch ein privates Schreiben Burians, das dieser am 9. März absandte. Informant des Botschafters war der Adjutant des Fürsten, Major von Dobner, dessen schriftlichen Bericht der Botschafter in einer Kopie seinem Privatbrief beilegte.

„Es war . . . an einem Sonntage gewesen", begann Dobner seine Niederschrift, „als ich zu Philippopel am Bahnhofe in dem Restaurationslokale bei einer Tasse Bouillon saß, den Constantinopler Zug abwartend, nach Sofia zu fahren, ein Herr in Civil mich grüßend zu meinem Tische trat, dem ich ohne ihn recht anzusehen, blos mechanisch dankte. – Und erst als sich unsere Blicke kreuzten, mich der Fremde mit höflich lächelnder Miene frug, ob ich mich noch seiner erinnere, erkannte ich in demselben Augenblicke Herrn Johann Orth, geborenen k. k. Herrn Erzherzog Johann Salvator von Österreich-Ungarn, und war im Begriffe, durch einen ehrerbietigen Gruß das gut zu machen, was ich vorhin unbewußter Weise verabsäumte; als mich der Erzherzog ersuchte, jede Erkennungsszene hier zu vermeiden, sondern ohne zu stören, neben mir Platz nehmen zu dürfen."

Orth informierte den Major von seiner Absicht nach Sofia zu reisen und lud ihn zu einem Gespräch in einem Coupé des Zuges ein.

Die Unterredung begann damit, daß Orth Major von Dobner ersuchte, bei seinem „Allergnädigsten Herrn" eine Audienz für sich zu erwirken. Er sei als Schiffbrüchiger hergekommen und wolle dem Fürsten seinen Säbel anbieten. Der ehemalige Erzherzog schilderte dann seinem Gesprächspartner in bewegten Worten seine Situation und fragte ihn schließlich, ob er glaube, daß der Fürst ihm seine Bitte abschlagen werde. Dobner erwiderte: „So schmeichelhaft es für die bulgarische Armee und meinen Fürsten wäre, so glaube ich kaum, daß Er sich einverstanden erklären kann, unbekümmert um die europäischen Cabinette dies zu thun. Auch Rußland würde darin eine abgekartete Geschichte, möglicherweise eine Provokation erblicken. Zum Mindesten würde dies Anlaß zu verschiedenen politischen Complicationen geben, und was nicht ausgeschlossen erscheint, daß es noch den Thron meinem Fürsten kosten könnte."

So unrecht hatte der stilistisch ungeschlachte Dobner mit seiner Analyse nicht. Die Eskapade des Herrn Orth hätte schwere diplomatische Verwicklungen auslösen können, wäre sie publik geworden. Sie wurde es, Gott sei Dank, nicht.

Sofort nach der Ankunft in Sofia erstattete der Major dem Fürsten Bericht, der bei dieser Nachricht „von einer mächtigen Bewegung erfaßt wurde." Nach mehrstündigen Beratungen mit seiner Mutter, die sich für eine schonende Behandlung des Falles aussprach, und Dobner, der in der bloßen Anwesenheit des Herrn Johann Orth eine Gefahr für Bulgarien sah, entschloß sich Ferdinand, seinen ehemaligen Divisionär in geheimer Audienz zu empfangen und ihn persönlich zur sofortigen Abreise zu veranlassen. „Die Audienz währte von 10½ bis 1 Uhr Nachts" schrieb Burian in dem schon erwähnten Brief seinem Außenminister, „und der Prinz schilderte sie mir nachher als eine der größten Emotionen die er in seinem Leben – durchgemacht. Herr Orth wollte die Verweigerung seiner Bitte, in die bulgarische Armee als Unterlieutenant aufgenommen zu werden, durchaus nicht annehmen. Nach jedem Nein des Prinzen fing er auf's Neue an ihn überreden zu wollen, und alle Mittel der Rührung einwirken zu lassen. Er schilderte seine Lage als eine durchaus verzweifelte, sagte daß er gar keine Ambition habe, für 10 Jahre auf jedes Avancement verzichten wolle, Bulgarien, das er hochschätze, und dessen Fürsten, den er verehre, als einfacher Soldat treu dienen wolle. Als es nicht half, nahm er zu den Thränen seine Zuflucht, warf sich dem Prinzen zu Füßen, und bat ihn seine Kniee umfassend, um Erhörung." Ferdinand blieb unbeugsam, und Johann Orth verließ unverrichteterdinge Bulgarien. Seinen Plan, auch dem Sultan seine militärischen Dienste anzubieten, verwirklichte er allem Anschein nach nicht. Jedenfalls war er am 5. März wieder in Birstein.

Das operettenhaft anmutende Abenteuer blieb in der Öffentlichkeit unbemerkt. Ich habe in den Zeitungen vergebens nach irgendeiner Resonanz gesucht. Auch Johann selbst geht in seiner Korrespondenz auf das bulgarische Intermezzo mit keinem Wort ein.

Der Kaiser, der von seinem Außenminister über den Vorfall unterrichtet wurde, äußerte sich dazu offiziell nicht. Kalnoky freilich war wütend. Verständlicherweise. In einem vertraulichen Schreiben an Burian ließ er ganz gegen seine sonstigen Gepflogenheiten und gegen alle Regeln diplomatischer Zurückhaltung seinen Gefühlen freien Lauf . . . „Prinz Ferdinand hat jedenfalls sehr wohl gethan durch energische Abweisung des sonderbaren Begehrens und durch die sofortige Entfernung des kompromittanden und intriganten Herrn Orth dem Abentheuer ein rasches Ende zu bereiten. Seine Hoheit kannte übrigens den Charakter desselben zu gut, um nicht durchblickt zu haben mit welchen Intentionen das plötzliche Auftauchen jenes Herrn in Sofia im Zusammenhang steht und kennt auch die bedauerliche Unzuverlässigkeit seiner Worte. Es ist mir äußerst peinlich von einem Mitglied unseres a. h. Kaiserhauses Unvorteilhaftes sagen zu müssen, aber auch in bezug auf dessen Äußerungen zu Major Dobner ist es notwendig zu constatieren, daß die Darstellungen des Herrn Orth über seine persönliche Lage von tendenziösen Erfindungen strotzen[37] . . ." (14. März 1890).

Als Kalnoky diese Zeilen abfaßte, saß Johann längst wieder in Birstein, verfolgte seine alten Seefahrtspläne weiter und schrieb Briefe. Budinich teilte er mit, daß er einen zweiten Offizier engagiert habe, weil er befürchte, man könnte ihn wegen der Staatsbürgerschaftsangelegenheit daran hindern, sich einzuschiffen[38] (Schreiben vom 5. März 1890). Die Mutter informierte er, daß ab dem 15. März die gesamte österreichische Besatzung an Bord sein werde, die er von den Küstenländern geholt habe (es waren 23 Dalmatiner und ein Schlesier, Anm. d. Verf.). „Die Zeitungen schreiben leider sehr viel und erfinden sehr viel", beklagte er sich. „Man würde glauben, daß ein Mensch, der sich ganz aus der großen Welt zurückgezogen hat, den Vorteil haben könnte, daß die Öffentlichkeit sich nicht mehr darum kümmert, was er tut oder nicht tut." In der Frage der Staatsbürgerschaft, so kündigte er der Mama an, wolle er sich noch einmal direkt an Seine Majestät wenden. In der Tat fertigte er in Birstein eine Petition an den Kaiser an, die sein Schwager Prinz Carl Isenburg in Wien dem Grafen Kalnoky zur Weiterleitung an Franz Joseph übergab. Formvollendet stellte er darin die Gründe dar, die ihn daran gehindert hatten, dem Wunsch des Kaisers nach Erwerbung der schweizerischen Staatsbürgerschaft nachzukommen und bat ihn um einen (letzten) Gnadenbeweis. Die durch ihre Klarheit und Zielgerichtetheit bestechende Bittschrift hat folgenden Inhalt:

„Euer Kaiserliche und Königliche
Apostolische Majestät!

Von dem Bestreben geleitet, dem mir bekannt gegebenen ausdrücklichen Wunsche Euer Majestät zu entsprechen, demgemäß ich eine fremde, und speziell die schweizerische Staatsbürgerschaft erwerben soll, habe ich seither vielfache Erkundigungen über die diesbezüglichen Bedingungen eingezogen.

Die Erwerbung der schweizerischen Staatsbürgerschaft erheischt 2 jährigen Aufenthalt in der Schweiz und schädigt meine beabsichtigte Berufsthätigkeit zur See ganz besonders weil ich Angehöriger einer nicht seefahrenden Nation würde. Auch das Jusgenat anderer ... Länder ist an längeren ständigen Aufenthalt ... geknüpft, – ausgenommen Deutschland, dessen Gesetze die Naturalisation verhältnismäßig am leichtesten machen.

In Ansehung dieser Verhältnisse habe ich denn auch solche Vorkehrungen getroffen, daß meine Aufnahme als Angehöriger des Deutschen Reiches voraussichtlich rasch durchgeführt werden könnte, falls Euer Majestät hiezu die Allerhöchste Genehmigung zu ertheilen geruhten.

Sobald ich aber meine jetzige, gegen eine andere Staatsbürgerschaft eintausche, verliert mein österreichisches Mercantil-Capitains-Patent seinen praktischen Werth. Die mannigfaltigsten Erhebungen, die ich selbst gepflegt, und habe pflegen lassen, ob seitens irgend eines Staates dieses Patent bezüglich Führung von Schiffen seiner Flagge anerkannt würde, haben ein negatives Resultat ergeben; überall wird 3–4 jährige Dienstleistung als gemeiner Matrose unter der betreffenden Flagge und neuerliche Prüfungen gefordert, so daß mir bei Wechsel der Nationalität der Weg zu einer sofortigen Berufsthätigkeit abgeschnitten wäre.

Geruhen Euer Majestät in Ihrer unerschöpflichen Gnade mir die Wohlthat zuzuwenden, daß mein Patent ausnahmsweise auch nach Wechsel der Staatsbürgerschaft seine Gültigkeit behalte, beziehungsweise ich berechtigt bleibe, von meinem Patente für die Befehligung eines österreichisch-ungarischen Schiffes auch weiterhin Gebrauch zu machen.

Mit der Gewährung dieser meiner unterthänigen Bitte würden Euer Majestät mir eine für meine Existenz entscheidende Gnade zu Theil werden lassen, – eine Gnade, welche mildern würde die auch dann noch schmerzlich genug empfundene Forderung, daß ich mich des Theuersten: der Angehörigkeit an meinem Vaterlande und Unterthanenschaft meines Allergnädigsten Herrn und Kaisers entschlagen soll.

Euerer Kaiserlichen und Königlichen Apostolischen Majestät treu ergebenster und gehorsamster Unterthan
Birstein am 10. März 1890[39].

Johann Orth."

Der Kaiser beantwortete die Petition nicht. Er scheint seinem Außenminister jedoch eine positive Erledigung der Causa Orth anbefohlen zu haben. Denn als Generalkonsul Graf Deym per Telegramm am 18. März 1890 nach Wien meldete, daß Herr Orth, um keinen bedeutenden finanziellen Schaden zu erleiden, in ein paar Tagen lossegeln müsse, und darum ersuchte, ihm ein Passavanti ausstellen zu dürfen, erhielt er von Kalnoky folgendes Schreiben: „Nachdem Johann Orth eine fremde Staatsbürgerschaft bisher nicht erworben hat, muß er bis auf Weiteres als österreichischer Staatsbürger betrachtet werden und ist General Consulat demzufolge berechtigt, die von dem Genannten erbetenen Amtshandlungen vorzunehmen und demselben das gewünschte Passavanti auszustellen. Ich füge bei, daß Herr Johann Orth als Eigenthümer einer in Gmunden befindlichen Realität dem dortigen Gemeindeverbande angehört und sich im Besitze eines demgemäß in der Statthalterei Linz ausgestellten Reisepasses befindet[40]" (20. März 1890).

Das k. u. k. Generalkonsulat in London stellte Orth daraufhin für seine Reise nach Buenos Aires ein Passavanti, die königlich-ungarische Seebehörde eine mit 22. März 1890 datierte provisorische Seebewilligung aus[41]. Somit war Johann Orth nach einem nervenaufreibenden Kampf mit der Bürokratie und nach schwierigen Verhandlungen mit Reedern und Versicherungsgesellschaften am Ziel seiner Wünsche angelangt. Er hatte für ein neues Abenteuer grünes Licht bekommen. Es sollte ein Abenteuer mit letalem Ausgang sein.

8. Dem Untergang entgegen

Am 26. März 1890 war es endlich so weit. Der Schleppdampfer, der die „St. Margaret" von Chatham bis zur Themsemündung lotste, setzte sich qualmend und rauchend in Bewegung. Das letzte große Abenteuer im turbulenten Leben des Erzherzogs Johann Salvator, der sich jetzt stolz und selbstbewußt Johann Orth nannte, hatte begonnen.

Bis zuletzt hatte es Probleme und Schwierigkeiten gegeben. Ende Februar war die „St. Margaret" auf der Fahrt themseabwärts mit dem englischen Dampfer „Theviot" kollidiert. Dabei waren drei Eichenspanten und eine Verstärkung in Brüche gegangen, eine Eisenplatte war eingedrückt worden und innen gesprungen. Johann, der sich nicht an Bord befand, wurde von Kapitän Sodich über den Vorfall verständigt. Er ließ das Schiff von Sachverständigen untersuchen und strengte einen Schadenersatzprozeß gegen den Besitzer der „Theviot" an, über dessen Ausgang wir nicht unterrichtet sind. Der unter Wasser liegende Schaden wurde nicht behoben, da die „St. Margaret" bereits beladen war[1]. Das Schiff war zwar seetüchtig, aber es war havariert. Mit ihm eine Fahrt quer durch den Atlantik anzutreten, war zweifellos mit einem Risiko verbunden. Johann Orth scheint sich darüber im klaren gewesen zu sein, es dürfte ihn aber nicht allzusehr belastet haben. Wohl klagte er seiner Schwester gegenüber, daß er die Fahrt „mit einem kranken Schiff" antreten müsse, aber in den anderen Abschiedsbriefen erwähnte er die Havarie mit keinem Wort.

Johann hatte im letzten Augenblick über Budinich noch einen dritten Offizier namens Leva engagiert. „Dieser macht mir einen guten Eindruck als ein junger, bescheidener, entgegenkommender und gebildeter Mensch. Ich glaube, daß es infolge dieser seiner Eigenschaften und Fähigkeiten und der Gleichrangigkeit der drei Offiziere – mich inbegriffen – überhaupt

243

keine Schwierigkeiten geben wird und die Harmonie perfekt sein wird", schrieb er dem Nautikprofessor (Chatham, 25. März 1890). Mit der Mannschaft schien alles in Ordnung zu gehen. Johann Orth selbst versah an Bord Dienst als erster Offizier. Er brannte darauf, sich zu bewähren, seine theoretischen Kenntnisse in die Tat umsetzen zu können. „Ich schildere Ihnen erst gar nicht, wie sehr es mich interessieren wird in der Praxis das alles zu studieren, wozu Sie mich seinerzeit mit so viel Geduld und Klarheit angeleitet haben. Es wird mir eine Befriedigung sein, Ihnen eines Tages die Früchte dieses Studiums zeigen zu können", versprach er Budinich erwartungsvoll und in festem Glauben an die Zukunft[2].

In den anderen Briefen, die er am Tag seiner Abreise in seiner Kajüte verfaßte, versprühte er weniger Optimismus. „Ich führe mit meinem stattlichen Vollschiff Saint Margaret Cement nach Port La Plata bei Buenos Aires und Salpeter von Iquique nach England oder einem Kanal-Hafen zurück. Alle anderen Hoffnungen und Träume sind über Bord gegangen und freudlos und einsam, muß mich nur das Bewußtsein aufrichten mit einer kleinen Schaar Braver einem ehrlichen Beruf, einer Pflicht gegen mich selbst nachzukommen", schrieb er an seinen getreuen letzten Kammervorsteher Schaffgotsch[3].

In seinem Abschiedsbrief an den Landschaftsmaler Jakob Emil Schindler beschreibt er seinen Seelenzustand und die Alltagsrealität noch ein wenig deutlicher. „In wenigen Stunden wird das schwer beladene Schiff – ich führe Cement nach La Plata – am Schlepptau eines Remarkeurs die schmutziggelbe Temse hinabgleiten und leider bei widrigem schlechtem Wetter unter Segel setzen über den Ocean – einen Menschen an Bord, der alle einstigen Hoffnungen in's Meer versenkt und sich mit dem Bewußtsein bescheidet, daß er vereint mit einer kleinen Schar schlichter und braver Landsleute einen *ehrlichen* Weg geht, eine Pflicht gegen sich selbst erfüllt", berichtete er dem Freund. „Niemand begleitet uns", klagte er, „wir nehmen nur die Wünsche einiger treuer Seelen mit, die an uns in der Heimat denken. Auch die Wehmuth des Scheidens ist nicht vergönnt; der Geldhunger der Makler gellt uns bis zur letzten Stunde in's Ohr und unter harter Arbeit erzittert nicht mehr die Seele, es fühlt sich nur der Leib; und dennoch hat das *doch* seine Poesie, seinen unsagbaren Zauber[4] . . ."

Auch in einem Schreiben an Heinrich Pollak äußerte er im wesentlichen dieselben Gedanken[5].

Unter dem Datum des 26. März schrieb Johann Orth auch seine letztwilligen Verfügungen nieder, die er offenbar Dr. Franz Ritter von Haberler, seinem langjährigen Berater in Rechtsangelegenheiten, zur Hinterlegung zusandte. Das Schriftstück wurde erst im Juni 1911 der Öffentlichkeit vorgelegt. Es hatte folgenden Wortlaut:

„Mein Letzter Wille!

Gott sei mir gnädig! Allen, die mich lieben, ein herzliches Lebewohl! Ich vermache:

1. meinen Besitz in Orth meiner guten Mutter mit der Bitte, denselben in dem jetzigen Bestande zu erhalten; ferner 100.000 fl.;

2. enthält ein privates Vermächtnis.

3. mein Haus in Wien I., Goldschmiedgasse 4, dann 100.000 fl. meiner treuen Lebensgefährtin Ludmilla Stubel;

4. mein Schiff oder bei seinem Verluste den Assekuranzbetrag dem Pio fondo di Marina, die eventuelle Bildung der Rhederei der k. u. k. Seebehörde überlassend;

5. meinen Besitz in Spiza Sutomore der dortigen Ortsgemeinde;

6. mein Testamentsexekutor möge allen mir Nahestehenden, so auch dem Dienstpersonal und der Bemannung meines Schiffes, entsprechende Legate zuweisen. Meine Verwandten, die es wollen, dann Viktor *Schaffgotsch,* mögen sich Erinnerungen an mich auswählen;

7. meine Schriften autobiographischen Inhaltes, die in einer Kiste in Birstein deponiert sind, soll mein Schwager Karl Fürst Isenburg übernehmen und nach Gutdünken verwenden.

Zum Testamentsexekutor bestimme ich Dr. Franz R. v. Haberler.

Chatham, am 26. März 1890.

Johann Orth,
vorm. *Erzherzog Johann* m. p.

Von besonderem Interesse waren die Punkte 1, 5 und 6 des Testamentes, die im Detail folgende Bestimmungen enthielten:

1.

„Die beiden Schlösser *Orth* nebst zugehörigen Gründen und darin befindlichen Antiquitäten vermache ich meiner *Mutter,* unter der Bedingung, daß das Seeschloß jederzeit in seinem gegenwärtigen Charakter erhalten und nur so weit instand gesetzt werde, als es die Haltbarkeit und Brauchbarkeit des Gebäudes erfordert – das Landschloß aber nach meinen vorhandenen Plänen im Einvernehmen mit dem Architekten Gustav Petschacher im altdeutschen Renaissancestil äußerlich und innerlich ausgebaut und der dazugehörige Gebäudekomplex dem Publikum zugänglich bleibe. Zum Ausbau des Landschlosses bestimme ich den Betrag von 60.000 fl., sage sechzigtausend Gulden österreichischer Währung, welcher aus den bar angelegten Geldern zu entnehmen und seiner Widmung gemäß vollends zu verwenden sein wird.

5. und 6.

Von den sub 5 und 6 bezeichneten Werten ist, außer einem Kapital von 60.000 fl., sage Sechzigtausend Gulden ö. W., für den Ausbau des Orther Landschlosses und einem solchen von 40.000 fl. sage vierzigtausend Gulden ö. W., über welches ich in einer Separaturkunde die diesbezügliche Verfügung treffe, meinen nicht pensionsberechtigten Dienern als Abfertigung ein Gehalt für ebensoviele Monate als selbe in meinen Diensten standen, dann für die Armen Wiens ein einmaliger Betrag von 5.000 fl., sage fünftausend Gulden ö. W., für jene von Lemberg, Krakau, Temesvar, Komorn und Gmunden ein solcher von je 1.000 fl., sage eintausend Gulden ö. W., zu bezahlen. Der Rest ist in drei Teile zu teilen und zu Stiftungen

a) für Zwecke der *Mildtätigkeit,*
b) für die Förderung der *heimatlichen Kunst und Wissenschaft,*
c) für das Wohl und die Entwicklung der k. k. *Wehrmacht* zu verwenden.

Ich überlasse es dem österreichischen und dem ungarischen Ministerium des Innern, dann für Kultus und Unterricht, ferner dem Reichskriegsministerium, die Statuten für obige Stiftungen festzustellen, und will nur *jede Verwendung meines Vermögens für Zwecke oder zu Handen der Kirche ausgeschlossen* wissen[6]."

Der Gesamtnachlaß des ehemaligen Erzherzoges dürfte insgesamt dreieinhalb Millionen Kronen betragen haben.

Das Testament barg im großen und ganzen keine Überraschungen, sieht man davon ab, daß der Erblasser Zuwendungen jedweder Art an die Kirche ausschloß. (Die Punkte 5 und 6 stimmten mit dem 1878 errichteten Letzten Willen fast wörtlich überein.) Für eine Persönlichkeit seines Vermögens und Standes war das ungewöhnlich und läßt darauf schließen, daß Johann trotz allen gegenteiligen Beteuerungen in den Briefen an die Mutter der Kirche mit großer Reserve, wenn nicht mit Ablehnung gegenüberstand. Maria Antonia gegenüber wahrte er stets das ihm in jungen Jahren eingeimpfte religiöse Dekorum. Er wollte offenbar ihren Seelenfrieden nicht stören, sie nicht enttäuschen.

Hatte Johann Orth durch sein Testament seinen Nachlaß geordnet und in seinen Abschiedsbriefen seine persönliche Stimmung geschildert, so erwähnte er die Verhältnisse auf der „St. Margaret" mit keinem Wort. Wir sind darüber lediglich

Johann Orth (zweiter von rechts) mit einem Teil seiner Schiffsmann-
schaft

durch einen Bericht des „Fremden-Blattes" vom 28. März 1890 (spärlich) unterrichtet. „Die Margarethe", heißt es da, „fährt unter österreichisch-ungarischer Handelsflagge. Die aus 24 Mann bestehende Besatzung sind österreichische Slaven, lauter ausgesuchte schöne und schneidige Leute. Die Kajüten des Johann Orth sind mit allem Komfort ausgestattet und über dem Schreibtisch hat das Bild des Kaiser-Königs Franz Joseph seinen Platz. Als Kommando- und Umgangssprache ist die ungarische in Gebrauch. Das Observatorium ist mit den vorzüglichsten Instrumenten und Karten ausgestattet. Auch ist in hinreichender Weise durch eine stattliche Apotheke für alle Krankheitsfälle gesorgt. Das Schiff wurde von der Firma Cloid Routledge und Komp. befrachtet . . ." So war wohl, wenn man diesem Bericht Glauben schenken darf, Franz Joseph mit an Bord, wenn auch selbstverständlich nur symbolisch, nicht aber die Frau des Erzherzogs, Ludmilla Stubel. Johann wollte seiner geliebten Milli die beschwerliche Reise auf dem Dreimaster ersparen. Sie sollte sich Anfang Juni mit einer englisch sprechenden Gesellschafterin auf einem Dampfer des deutschen Lloyd nach Südamerika einschiffen. Wie schon so oft, ging man auch diesmal der Öffentlichkeit wegen getrennte Wege, um sich in Eintracht wiederzufinden.

Die Fahrt der „St. Margaret" können wir nur an Hand des Berichtes nachzeichnen, den Johann vierzehn Tage nach der Ankunft in Südamerika der Mutter übermittelt hat (Schreiben aus Ensenada vom 13. Juli 1890). Bei günstigem Wind kam das Segelschiff zunächst gut voran. Am 14. April sichtete die Besatzung S. Antonio auf den Kapverdischen Inseln, am 21. April wurde der Äquator überquert. Die Hitze war erträglich, doch machten tropische Regengüsse und kurze, heftige Windstöße der Mannschaft zu schaffen. Die größte Gefahr drohte dem ganzen Unternehmen aber nicht durch die Naturgewalten, sondern durch einen Brand, der am 30. April an Bord ausbrach. Johann darüber: „Durch Unvorsichtigkeit unsres Maats entstanden, durchbrach das Feuer explosionsartig die Eisenarmierung und um 9½ vormittag hörte man am Bug schreien: ‚Feuer! Feuer!' Aus der unteren Schiffsluke des Vorderdecks schlugen eine riesige Flamme und dichter Rauch heraus. Ich, der ich gerade Wache hatte, ließ sofort das Schiff Steuerbord wenden, damit der Wind das Feuer nach vorne trage und nicht die Segel und das Deck angreife. Der Kapitän gab bald die nötigen Befehle und man bereitete die Boote vor, um sich gegebenenfalls retten zu können. Der Maat und ein anderer Matrose verloren förmlich die Haut; sie wurden schwer verbrannt heraufgezogen. Mit Hilfe des Herrn gelang es unseren Anstrengungen, den Brand zu löschen. – Gott sei Dank, denn wie man nachher sah, wären die Boote, ausgetrocknet durch die Hitze und seit langem nicht begossen, sofort untergegangen und dies 500 Meilen von der Küste Brasiliens entfernt! Ich leugne nicht, daß es ein höchst unangenehmes Ereignis war. Aber in Gefahren lernt der Mensch an Gott zu denken und findet im Vertrauen auf die Göttliche Barmherzigkeit Trost."

Nachdem diese Gefahr gebannt war und nach einigen weitern Tagen ruhiger Fahrt brach am 17. Mai im Parallelkreis von Rio Grande del Sul einer der gefürchteten Pamperos los, der die gesamte Besatzung vier Tage lang in Atem hielt. Der Sturm riß den unteren Mastkorb des Hauptmastes weg und machte vier Segel unbrauchbar. In der Nähe Rio de Janeiros wurde dann die Fahrt durch eine länger dauernde Windstille gehemmt, in der La Plata-Mündung trat widriges Wetter auf. Am 26. Mai wurde Land gesichtet, vier Tage später lief das Schiff im Hafen von La Plata ein. Sogleich eilte Johann Orth zum nächsten Telegraphenamt, um die geliebte Mutter von seiner Ankunft zu verständigen. „Felicamente arrivato" (Glücklich angekommen) kabelte er in die Heimat, nach Mühlbach in Tirol, wo sich Maria Antonia gerade aufhielt. „Felicamente arrivato". So mächtig ist der menschliche Geist, daß er die Abenteuer und Widrigkeiten einer achtwöchigen Seereise in zwei Wörter zu pressen und beim Empfänger dieser Nachricht qualvolle Sorgen und die Stürme des Herzens zu besänftigen vermag.

Nach seiner glücklichen Ankunft in Südamerika ließen Johann und der Maat, der das Feuer verursacht hatte, zunächst zwei Dankmessen lesen. Dann wurde die „St. Margaret" geweiht. Für Johann Orth begannen nun Tage hektischer Betriebsamkeit. Das Schiff mußte entladen und repariert werden, finanzielle Transaktionen mußten abgewickelt, Verhandlungen für eine neue Fracht geführt werden. Dazu kamen gesellschaftliche Verpflichtungen, die der jeder Etikette abholde ehemalige Angehörige des österreichischen Kaiserhauses jedoch in Grenzen zu halten verstand. Als einige Mitglieder der österreichisch-ungarischen Kolonie in Buenos-Aires zu seinen Ehren ein Bankett veranstalten wollten, lehnte er dieses Ansinnen höflich, aber entschieden ab[7]. Der Verkehr mit der diplomatischen Vertretung Österreich-Ungarns in der argentinischen Hauptstadt war für den Aussteiger freilich unvermeidlich. Bereits Anfang Juni berichtete das Konsulat an Außenminister Kalnoky von einem Besuch Orths beim k. u. k. Vizekonsul, in dessen Verlauf Johann offen erklärte, daß er auf seine österreichisch-ungarische Nationalität unter keinen Umständen verzichten wolle[8]. Für die geplante Weiterreise nach Valparaiso in Chile mußte Orth um eine Verlängerung seines Reisepasses ansuchen, dessen Gültigkeit abgelaufen war. Da der k. u. k. Vizekonsul Bedenken hegte, dem Gesuch ohne weiteres stattzugeben, wurde, wie schon so oft, abermals das k. u. k. Außenministerium in Wien in einem vertraulichen Schreiben um eine Entscheidung ersucht. Das Schreiben langte am 24. Juli 1890 in Wien ein und wurde von Kalnoky prompt erledigt. „Wegen Verlängerung des Paßes des Johann Orth keine Bedenken. Bitte ihm auch alle für sein Schiffahrtsunternehmen etwa nöthige Unterstützung zu gewähren", ließ der Außenminister am 26. Juli, um 5,45 Uhr nachmittags, nach Buenos Aires kabeln[9]. Zu dem Zeitpunkt, zu dem dieses Telegramm aufgegeben wurde, war Johann Orth nicht mehr am Leben. Die Bürokratie überdauert selbst den Tod.

Ob das k. u. k Konsulat in Buenos Aires den Paß verlängert hat, ob er seine letzte Fahrt mit oder ohne gültiges Ausweispapier angetreten hat, wird sich nie mehr klären lassen.

In dem erwähnten Schreiben an das k. u. k. Außenministerium hatte der österreichisch-ungarische Geschäftsträger Kalnoky auch mitgeteilt, daß Kapitän Sodich das Kommando des Schiffes krankheitshalber zurückgelegt habe. Hinter dieser Mitteilung verbarg sich, was die Behörde natürlich nicht wissen konnte, ein offener Konflikt zwischen Johann Orth und dem Kapitän seines Schiffes, der sich schon wenige Tage nach der Landung in Südamerika ereignet hatte. Über die näheren Umstände des Zerwürfnisses berichtete Johann der Mutter: „Die Offiziere sind alle ausgewechselt; ich habe das Kommando. Kapitän Sodich nahm es mir übel, daß ich hier am La Plata einen Makler wechselte, für welchen er eine sonderbare Schwäche hatte, der aber ein Mensch von schlechtestem Ruf war – ein gewisser Mendes. In häßlichster Art sagte er mir, sogar gelegentlich mancher Geschäfte zu dritt, daß er nicht wie eine ‚Gallionsfigur‘ (‚polena‘) angesehen werden wolle, daß er mir dieses Kommando zurückgebe, welches ihm soviel wie nichts eingetragen habe etc. Natürlich habe ich die Demission angenommen und ich halte daran fest, selbst wenn er nachher käme, um Entschuldigung zu bitten. Der Zweite Offizier Sucich beging die Unvorsichtigkeit, die Empfänger dadurch zu betrügen, daß er 48 Faß zu viel zum Vorteil des Schiffes rechnete und sogar noch glaubte, mir damit einen guten Dienst zu erweisen. Um dem Empfänger die nötige Genugtuung zu geben und die Ehre des Schiffes wiederherzustellen, versprach ich, ihn zu entlassen. Der dritte Offizier Leva bekam Angst vor dem Meer und schiffte sich freiwillig aus, um sein Glück zu Land zu finden. Auch der Maat Giaconi bat, entlassen zu werden, so sehr hatte das Feuer ihm Eindruck gemacht." Neben diesen Gründen führte Orth für die Entlassung des Kapitäns und der beiden Offiziere der bigotten Mama gegenüber auch religiöse Motive an, die jedoch nicht allzuschwer ins Gewicht fallen. „Es scheint", schrieb er, „daß Sodich und Sucich Atheisten waren und Leva Spiritist. Ich bin glücklich, daß ich jene ausgetauscht habe, auf deren alleinigen Verkehr ich durch Monate und Monate angewiesen bin."

Die Offiziere waren anderer Meinung. Johann Orth habe die Mentalität eines Erzherzogs und Generals beibehalten, behaupteten sie später. Er habe auf der Ausführung seiner Befehle bestanden und die Ratschläge der erfahrenen Seeleute nicht beachtet. Aus diesen Gründen seien sie nicht bereit gewesen, ihm weiterhin zu dienen. „Mit diesem Narren fahren wir nicht", sei ihre Losung gewesen. Auch der Maat Giaconi, einer der ältesten seemännischen Gefolgsleute des Erzherzogs, der ihm schon auf den Yachten „Bessie" und „Naire" gedient hatte, ging an Land. Er blieb bis zur Abfahrt der „St. Margaret" in Buenos Aires und fuhr dann in die Heimat zurück. So einfach und unkompliziert, wie Johann es seiner Mutter darstellte, war seine Lage natürlich nicht. Sein Kapitänspatent berechtigte ihn wohl zur Übernahme eines Kommandos, und er besaß auch nautische Kenntnisse. Es fehlte ihm aber an seemännischer Erfahrung. Er mußte daher trachten, für die ausgeschiedenen (tüchtigen) Seeleute Ersatz zu finden. Der Mutter schrieb er beruhigend: „Jetzt habe ich einen ersten Offizier Jellencich, welcher Kapitän ist und kommandiert hat; einen Mann von 45 Jahren, sehr ruhig, erfahren und praktisch. Dann einen zweiten Offizier Mayer, Deutsch-Österreicher, sehr tüchtig für Abrechnungen und Schreibarbeiten. Einen Maat Vranich, welcher eine wahre Perle ist. So hoffe ich, daß man mit Gottes Hilfe ebenso gut wie unter dem Kommando Sodich's wird weiterfahren können."

Es ist allerdings sehr die Frage, ob die beiden genannten Offiziere die geschilderten Qualitäten besessen haben. Auch die neu angeheuerten Matrosen scheinen nicht gerade ein Vorbild an Verläßlichkeit gewesen zu sein. Ein englischer Kapitän, der die „St. Margaret" am 11. Juli 1890 im Hafen von Ensenada passiert haben will, berichtete jedenfalls, daß die Mannschaft Orths aus „Leuten" bestanden habe, „wie sie nur an jenem Fluß zu finden sind[10]". Der Reiseschriftsteller Modrich, der Ende Juni der „St. Margaret" einen Besuch abstattete, hat hingegen von Unzulänglichkeiten an Bord nichts bemerkt. Er fand, daß alles so schön und geordnet war wie auf einem Kriegsschiff[11].

Um die schwierige Lebenssituation, in der er sich befand, war der ehemalige Erzherzog jedenfalls nicht zu beneiden. Er fühlte sich in Südamerika gewiß auch nicht wohl in seiner Haut. Der Kontakt zur Heimat war mehr oder weniger abgerissen, Land und Leute behagten ihm nicht. „Das Land hier ist nicht schön", klagte er der Mutter. „Große Ebenen, auf welchen Herden von Rindern, Pferden und Straußen weiden. Die Städte sind sehr belebt; man findet alles; auch in kleinen Ortschaften elektrisches Licht, Telephon etc. – alle Bequemlichkeiten der modernen Technik. Dennoch ist mir die Bevölkerung wenig sympathisch, es ist ein Zusammengewürfel von Elementen aus allen Ländern, welches hier so schnell als möglich reich zu werden trachtet. Bestechlichkeit, Betrug, Raub sind an der Tagesordnung."

Ausnahmen bestätigen auch in Südamerika die Regel. Die Beladung der „St. Margaret" wurde so pünktlich und korrekt, mit so großer Sorgfalt und zu so moderaten Bedingungen durchgeführt, daß Johann Orth dem Chef der damit betrauten

Firma, einem Herrn C. P. Wychgel, dafür brieflich seinen besten Dank abstattete. „Nachdem Sie heute die Ballasteinladung für mein Schiff St. Margherita beendet haben, drängt es mich, Ihnen neuerlich meinen besten Dank auszusprechen für die vortreffliche Qualität des gelieferten Materials, für die Pünktlichkeit und Korrektheit in der Ausführung der Arbeit und für die loyalen und mäßigen Bedingungen, die Sie vorgeschlagen und eingehalten haben", schrieb er ihm. Er werde ihn gerne jedem Kapitän empfehlen, der in diesen Hafen einlaufe[12] (Ensenada, 6. Juli 1890).

Wychgel, der den Erzherzog auf der „St. Margaret" mehrere Male besuchte, erklärte später Zeitungen gegenüber, Orth habe in seiner prachtvoll ausgestatteten Kabine ein Bild des Kaisers hängen gehabt und von seinem obersten Kriegsherrn stets in Tönen höchster Verehrung gesprochen.

In der ersten Juliwoche traf auch Ludmilla Stubel an Bord des deutschen Passagierdampfers „Nordamerika" von Genua aus, wo sie sich eingeschifft hatte, in Südamerika ein. Sie wurde von der Berlinerin Auguste Reinecke begleitet. Um nicht dem Gerede des Volkes und Pressemeldungen ausgesetzt zu sein, holte Johann seine Milli heimlich des Nachts mit einem Boot ab, das Giaconi bereitgestellt hatte. Nach der langen Trennung, den aufreibenden Auseinandersetzungen mit Offizieren und Mannschaft, den mühsamen Amtswegen muß das Wiedersehen mit seiner Frau und treuen Lebensgefährtin für den Erzherzog mehr als nur ein freudiges Ereignis gewesen sein. Von den vielen Sorgen, die hinter ihm lagen, ließ sich Johann allerdings nichts anmerken, wie aus einem Brief Millis an ihre Schwester Lory hervorgeht. Das Schreiben wurde am 9. Juli 1890 an Bord der „St. Margaret" abgefaßt und hatte folgenden Wortlaut:

„Teuerste Schwester!

. . . wohlbehalten und glücklich hier angekommen, habe Johann in bester Gesundheit angetroffen. Er ist lange nicht mehr so griesgrämig wie daheim, die Seeluft, die große Arbeitslast, die auf seinen Schultern liegt, wie in erster Linie die goldene Freiheit, haben ihn zuversichtlich und lebensfroh gemacht. In wenigen Tagen lichtet die ‚Saint Margaret' wieder ihre Anker und es geht in neue weite Fernen. Wohin, ich weiß es noch nicht. Unsere ursprüngliche Absicht, daß wir das Schiff verlassen und den Landweg von Montevideo nach Valparaiso einschlagen, haben wir aus mannigfaltigen Gründen aufgegeben. Wir trennen uns von der ‚Margaret‘ nicht. Von Dir, teuerste Schwester, muß ich aber jetzt für lange Zeit Abschied nehmen, denn es wird jetzt lange kein Brief von mir kommen, es können Wochen vergehen, bis wir wieder von uns hören lassen. Lebt wohl und seid alle herzlich gegrüßt von Eurer

Milli[13]."

Ungefähr zur selben Zeit schrieb Milli der Mutter: „Heute kam mein Alter, der sich recht freute mich zu sehen, aber durch die hiesigen Zeitungsartikel über mich ganz verstimmt war. Heute reisen wir von hier ab und soll die Reise nicht weniger als 2 Monate dauern; weiß Gott, ob ich es überlebe. Bis jetzt sind ich und Auguste wohl; was weiter kommen wird ist die Frage. Jetzt werdet ihr lange keinen Brief bekommen, denn ich werde nicht in die Lage kommen zu schreiben. Bleibt alle gesund und denkt an Eure arme, Euch Millionen Male küssende und nicht zufriedene

Milli[14]."

Zum Zeitpunkt der Abfassung dieser Schreiben stand also endgültig fest, daß Johann Orth trotz allen Warnungen und Einwänden und angesichts der widrigsten Witterungsverhältnisse – rund um Kap Horn tobten seit Wochen schwerste Stürme – fest entschlossen war, die Fahrt nach Chile auf der „St. Margaret" zu unternehmen. Es war ein Wagnis sondergleichen, eine Art Todeskommando. Orth muß sich dessen bewußt gewesen sein. Aber er hatte Verträge in der Tasche, die er einzuhalten gewillt war, und er wollte vor allem nicht als feige gelten. Orths ganzes Leben war unter der (unausgesprochenen) Devise kompromißloser Unbeirrtheit und heldenhafter Pflichterfüllung gestanden. Er wollte seinen Mitmenschen imponieren, er rang um ihre Achtung und Anerkennung. Es wäre ihm charakterlos vorgekommen, in dieser Stunde der Bewährung zu kneifen. Und so vollzog sich sein tragisches Ende geradezu mit schicksalhafter Unabwendbarkeit.

Vor der Ausfahrt der „St. Margaret" aus dem Hafen von Ensenada schrieb der korrespondierfreudige Schiffahrtskapitän noch ein paar Briefe. Heinrich Pollak, seinen journalistischen Vertrauensmann in Wien, bat er, die neue Situation an Bord in seinem Blatt anzukündigen. Die Gerüchte über die angeblichen Motive seines Ausscheidens aus dem Kaiserhaus, die in italienischen Zeitungen erschienen waren, bezeichnete er als widersinnige Erfindungen. „‚Cherchez la femme' ist oft richtig", meinte er, „aber nicht alles im Leben ist damit zu deuten[15]."

Das zweite Schreiben ging an seinen Wiener Rechtsanwalt Dr. Heinrich Ritter von Haberler. Es sollte die letzte Nachricht, das letzte Lebenszeichen sein, das wir von Johann Orth besitzen. Es sei auszugsweise zitiert:

„Rhede von Porto La Plata
12/7 1890.

Hochverehrter Herr Doctor!

Kann nicht wieder unter Segel setzen ohne Ihnen mitzutheilen, daß mir bis zum heutigen, dem letzten Tage meines Aufenthaltes an der argentinischen Küste kein Brief von Ihnen zugekommen ist. Weder in La Plata, noch Ensenada, noch Buenos Aires poste restante oder Consulat war etwas eingetroffen. Sie können sich denken wie wichtig für mich ein Schreiben von Ihnen gewesen wäre. Auch aus Gmunden sind keine Briefe gekommen. Dort war eine Streitfrage bezüglich meiner Grenze resp. Einzäunung längs der neuen *Ischler Straße,* welche ich als Angelegenheit von localer Natur in die Hände des Notar Dobler gelegt hatte. Bitte sich freundlichst um die Abwicklung in dem Dobler angegebenen Sinne interessieren zu wollen ... Meine Reise war im Ganzen eine günstige zu nennen und bin ich mit Schiffe recht zufrieden ... Ich setze heute unter Segel um rund Cap Horn nach Valparaiso zu steuern.

Nächste Adresse: Johann Orth, Valparaiso (Chile) Poste restante

Mit herzlichen Grüßen Ihr sehr ergebener

Johann Orth[16]."

Auch der 1. Leutnant des Schiffes, Jelenčić, schickte am 12. Juli 1890 von La Plata an seine Frau in seine kroatische Heimat ein Schreiben ab, in dem es unter anderem hieß:
... „da ich auf dem Schiff Sa. Margharita mit dem Capitano armatore Johann Orth nach Valparaiso fahre, bitte ich Dich mir

nach Chili Valparaiso rekommandiert an das Konsulat zu schreiben[17]."

Wenige Stunden später verließ die „St. Margaret" den Hafen von La Plata und glitt in rascher Fahrt hinaus auf das offene Meer. Sie ist in ihrem Zielhafen nie angelangt. Wie man später aufgrund umfangreicher wissenschaftlicher Untersuchungen der Wetterverhältnisse in den Meeresregionen, die das Schiff durchfahren mußte, festgestellt hat, dürfte Johann Orth mit seiner ganzen Mannschaft in der Nacht vom 20. auf den 21. Juli 1890 zwischen Mitternacht und vier Uhr früh auf der Höhe von Kap Tres Puntas oder Punta Descado in etwa 48 Grad südlicher Breite und 65 Grad westlicher Länge in einen Orkan geraten und untergegangen sein. Weder von Johann Orth noch von irgendeinem Besatzungsmitglied der „St. Margaret" ist nach dem 12. Juli 1890 je ein Lebenszeichen an die Nachwelt gelangt. Alle anderslautenden Behauptungen entbehr(t)en jeder vernünftigen Grundlage und haben sich als leere Spekulationen erwiesen. Die zahlreichen Briefe, die von allen möglichen Absendern an Johann Orth und seine Schiffsmannschaft geschickt wurden, haben die Adressaten nie erreicht. Sie wurden 1895 vom Konsulat in Valparaiso an das Ministerium des Äußeren zurückgesandt, das sie an Dr. Franz v. Haberler, den Rechtsvertreter Johann Orths, weiterleitete[18].

In der fernen Heimat bewahrte die besorgte Mutter die Korrespondenz mit ihrem geliebten Sohn wie ein kostbares Kleinod auf, notierte jeden Brief, den sie von ihm erhielt und den sie an ihn absandte. Das Schreiben Johanns vom 13. Juni, aus dem wir so viel zitiert haben, erreichte sie erst am 18. August, als sich das Schicksal ihres jüngsten Kindes längst erfüllt hatte. Sie beantwortete es noch am selben Tag. Ihre Zeilen waren, ohne daß sie es wußte, an einen Toten gerichtet.

An Ferdinand schrieb sie am selben Tag hoffnungsvoll: „. . . ich danke dem Herrgott daß Johann gesund und gerettet ist, nachdem er sowohl Stürme als auch Feuer an Bord hatte . . . Ich versichere Dir, daß ich nichts anderes tue als für ihn zu beten[19] . . .".

Als Woche um Woche verging und keine weitere Nachricht kam, schickte sie am 6. Oktober noch einmal von Gmunden einen Brief nach Valparaiso ab. Sie wartete vergeblich auf Antwort. Es kam kein Lebenszeichen von ihrem Giovanni mehr.

Schließlich notierte sie in ihrer schon ein wenig zittrig gewordenen Handschrift: „Non é arrivato nessuno nelle informationi niente di Orth." (Nichts ist angekommen, keine Nachricht, nichts von Orth.) So nüchtern und emotionslos dieser Satz auch klingen mag, es liegt in ihm die unendliche Trauer, der Schmerz eines verzweifelten Mutterherzens beschlossen.

9. Die Nachwelt und Johann Orth

Am 9. Oktober 1890 traf im Wiener Außenministerium ein Telegramm ein, das vom Österreichisch-Ungarischen Generalkonsulat in Buenos Aires abgesandt worden war und folgenden Inhalt hatte: „‚Saint Margaret' Valparaiso nicht angekommen. Bestehen ernste Bedenken."

Graf Kalnoky, der Chef des Hauses, gab die alarmierende Nachricht sofort an den Kaiser weiter, der Johanns Bruder, Ferdinand, am 15. Oktober 1890 informierte . . . „Nino wird Dir geschrieben haben", teilte Franz Joseph seinem oftmaligen Jagdgefährten mit, „daß nach einem Telegramm aus Buenos Aires das Schiff Johanns noch immer nicht in Valparaiso eingetroffen ist und daß man wegen dem Schicksale desselben besorgt ist. Die Sache ist umso bedenklicher als, wie ich höre, Johann in Amerika das Kommando des Schiffes selbst übernommen hat. Dessenungeachtet glaube ich, daß es besser wäre, Deine Mutter jetzt noch nicht zu beängstigen, da vielleicht beruhigende Nachrichten kommen könnten[1] . . ."

Offiziell scheint man in Wien zunächst nichts unternommen zu haben, um über den Verbleib des ehemaligen Erzherzogs nähere Auskünfte zu erhalten. Erst Ende Oktober ließ Kalnoky in Buenos Aires telegraphisch anfragen, ob und wann die „St. Margaret" mit Johann Orth an Bord ausgelaufen sei. Die (falsche) Antwort kam postwendend: „‚St. Margaret' 10. Juli ausgelaufen." Kalnoky wandte sich nun an das Generalkonsulat in Valparaiso, von wo er erfuhr, daß man von der „Margaret" keinerlei Nachrichten habe. Einige Zeit später erhielt der Außenminister ein mit 25. Oktober 1890 datiertes vertrauliches und privates Schreiben, dessen Absender der kaiserlich-deutsche Geschäftsträger in Buenos Aires, Rücker-Jenisch, war. Rücker-Jenisch schilderte Kalnoky die Gefahren der Umschiffung von Kap Korn, wies auf die Ungunst der Jahreszeit hin, zu der der unerfahrene Kapitän die Fahrt unternommen habe und gab seiner Besorgnis Ausdruck, daß Johann Orth etwas zugestoßen sein könnte. Von einem amtlichen Bericht habe er Abstand genommen, da die Hoffnung nicht ganz auszuschließen sei, die „Santa Margarita" werde noch an ihrem Bestimmungsort eintreffen. Seine diplomatische Vorsicht war zwar lobenswert, aber zu diesem Zeitpunkt bereits völlig unbegründet[2].

Inzwischen hatte auch die internationale Presse das ungeklärte tragische Schicksal Johann Orths als Thema aufgegriffen. Bereits in ihrer Septemberausgabe 1890 hatte „The Falklands Magazine" die Meldung lanciert, die „St. Mary" sei in der Nacht vom Dienstag, 5. August um 1 Uhr 13 früh, am Cap Horn mit einem eisernen Schiff unbekannten Namens zusammengestoßen. Woher das Blatt diese Information bezog, blieb ungesagt. Anfang November liefen in Hamburg zwei Schiffe aus Valparaiso ein, deren Kommandanten steif und fest behaupteten, bei Kap Horn drei Schiffswracks gesichtet zu haben, von denen eines die zerfetzte österreichisch-ungarische Handelsflagge geführt und der „Saint Margaret" geähnelt habe[3].

Nun begannen sich auch die Berichte über den Verbleib des ehemals so populären Erzherzogs in den europäischen Zeitungen zu häufen. Das Gmundner Wochenblatt berichtete am 4. November 1890 seinen Lesern, die „Neue Freie Presse" habe auf Anfrage aus Hamburg folgende Nachricht erhalten: „Die hiesigen Schiffsrheder sind ohne Nachricht über Johann Orth, vermuten aber, daß er in Valparaiso sei, um Salpeter für Europa aufzunehmen. Das Schiff ‚Santa Margareta' ging nach Montevideo am 11. Juli ohne Orth ab, welcher den Landweg nahm. Das Schiff ist seitdem verschollen."

Der Wiener Korrespondent des „Frankfurter General Anzeigers" berichtete, nach seinen Informationen „sei es leider fast zweifellos, daß Johann Orth sammt Mann und Maus in den Fluthen des Meeres den Tod gefunden hat." Auch von Frau Stubel, die seit sechzehn Jahren zu Johann Orth in freundschaftlichen Beziehungen stehe und die sich auf der „St. Margaret" befunden habe, fehle seit dem 11. Juli jegliche Nachricht (6. November 1890). Das „Wiener Tagblatt" vom 10. November 1890 schrieb, die „St. Margaret" sei laut einer Meldung der südamerikanischen Zeitung „Diario de Noticias" mit einem Kauffahrteischiff zusammengestoßen und mit allen an Bord befindlichen Personen untergegangen.

Seit diesen ersten Meldungen am Ende des vorigen Jahrhunderts hat das Schicksal des Johann Orth die Weltpresse durch die Jahrzehnte immer wieder beschäftigt. Tausende Korrespondenten und Journalisten schrieben sich daran die Finger wund. Vermutungen wurden angestellt, Gerüchte kolportiert, Storys erfunden, Schauermärchen erdacht. Der Bericht darüber würde ein eigenes Buch füllen. Auf ein paar davon werden wir noch zurückkommen.

Das geheimnisvolle Schicksal Johann Orths löste natürlich bei seinen engsten Familienangehörigen große Besorgnis und einen regen Briefwechsel aus, dessen Fäden bei Erzherzog Ferdinand in Salzburg zusammenliefen. Der Auftrag des Kaisers, der (angsterfüllten) Mutter vorerst keine Nachrichten über den Verbleib ihres jüngsten Sohnes zukommen zu lassen, war nun natürlich gegenstandslos geworden.

Schon am 5. November 1890 schrieb Maria Antonia aus Gmunden an Ferdinand: . . . „Das Motiv meines Schreibens ist, daß die Zeitungen sehr viele Artikel bringen, die die ‚Margarita‘ betreffen, die nicht angekommen ist, daß Johann an Bord war oder nicht. Du kannst Dir vorstellen, wie ich über all das in Sorge bin, aber ich beruhige mich bei dem Gedanken, daß, falls etwas vorgefallen wäre, Du es vielleicht erfahren hättest und es mir mitgeteilt haben würdest . . .“ Sich selbst tröstend, fuhr die alte Dame fort: „An die Klatschspalten der Zeitungen muß man nicht sofort glauben, und bei einer so großen Entfernung braucht man, um die Wahrheit zu erfahren, etwas Zeit[4].“

Was in Südamerika wirklich passiert war, konnten natürlich auch die Brüder Johanns nicht wissen, denn auch sie mußten sich mit den Zeitungsnachrichten zufrieden geben. So schrieb Erzherzog Karl Salvator an Ferdinand: . . . „Der Hauptgrund dieses Briefes ist der schmerzhafte Punkt unseres unglücklichen Bruders Johann, und wir haben ein Dilemma zu lösen, das nicht sehr einfach erscheint. Johann lebt, er ist an Land; ob, von wo, wann, welchen Weg er genommen hat, den über Land nach Valparaiso oder jenen über das Meer, nach einem unbekannten Bestimmungsort, weiß man nicht. Oder er war und ist an Bord der St. Margherita geblieben bis zu dem Augenblick, an dem sie unterging, um mit der Mannschaft zu sterben . . .“

*Erzherzog Johann Salvator (hinten links) mit seinen Brüdern
Erzherzog Ludwig Salvator (hinten rechts), Großherzog Ferdinand IV.
(vorne links) und Erzherzog Karl Salvator*

Und Karl war es auch, der den Gedanken ventilierte, Giovanni könnte plötzlich unter einem anderen Namen in Österreich auftauchen, „wie er es schon gemacht hat, als er vom österreichischen Boden verbannt war[5]" (Arco, 5. November 1890).

In einem anderen Brief an seinen Bruder Ferdinand ging Karl sogar noch einen Schritt weiter. Es wäre denkbar, meinte er, daß irgendein Mr. X den Tod Johanns dazu benutzt, unter einem falschen Namen und mit gefälschten Papieren nach Europa, vielleicht sogar nach Österreich zu kommen, um hier neue Wirrnisse zu stiften. „Du wirst mir sagen", schloß er diesen Abschnitt seines Schreibens, „daß ich ein Visionär bin; dieses Kompliment wurde mir schon 1858 gemacht; ich kenne die Revolution und habe gegen sie gekämpft, gegen die Elemente, mit denen sich Johann verbunden und verbrüdert hat, als Erzherzog und als Orth[6]" (Arco, 8. November 1890).

Als Woche um Woche verging und die „St. Margaret" in Valparaiso nicht einlangte, setzten der Kaiser, die Ministerien und die Familie Toskana alle Hebel in Bewegung, um die südamerikanischen Regierungen und Behörden zu Nachforschungen über das verschollene Schiff und seinen Kapitän zu veranlassen. Eine Depesche jagte die andere. Die argentinische und die chilenische Regierung setzten unverzügliche Maßnahmen. Schiffskonvois und Expeditionen zu Lande machten sich auf die Suche nach dem vermißten Dreimaster und seiner Besatzung. Am 18. November 1890 meldete das „Wiener Tagblatt", aus Gmunden sei die Nachricht eingelangt, Maria Antonia habe ein Telegramm erhalten mit der Nachricht, daß Johann Orth aufgefunden worden sei. Sie habe aus Freude darüber in der dortigen Stadtpfarrkirche einen Dankgottesdienst abhalten lassen. Es war eine Zeitungsente.

Die Suchaktionen wurden verstärkt. Selbst Königin Viktoria von England wies die Seebehörden an, Nachforschungen über den Verbleib der „St. Margaret" und Kapitän Johann Orth anzustellen. Aber der Winter verging, ohne daß von Johann Orth und seinem Schiff auch nur die winzigste Spur gefunden worden wäre. Die greise Mutter wartete in Gmunden noch immer auf eine Nachricht von ihrem Giovanni. Er war für sie lediglich verschollen. Sie lehnte es ab, an seinen Tod zu glauben.

Auch versicherungs- und vermögensrechtlich spielte die Frage, ob Johann Orth als verschollen oder tot galt, eine wichtige Rolle. Herr Orth hatte die „St. Margaret" vor seiner Abfahrt nach Südamerika bei der Norddeutschen Versicherungsgesellschaft auf einen Betrag von 230.000 Mark versichern lassen. Bereits am 24. Jänner 1891 erteilte Ferdinand IV., der Chef der toskanischen Linie des Hauses Habsburg, Dr. Heinrich Ritter von Haberler, dem Rechtsvertreter seines Bruders, die Vollmacht, die Summe einzufordern[7]. Die Gesellschaft weigerte sich, den Betrag auszubezahlen, sodaß Haberler gezwungen war, gegen sie gerichtliche Schritte zu unternehmen.

Er brachte beim Landgericht Hamburg eine Klage ein. Da nach dem damals geltenden österreichischen Recht, nach dem der Streitfall zu entscheiden war, eine von einem Verschollenen ausgestellte Vollmacht erst mit der Todeserklärung erlosch, eine solche jedoch nicht vorlag, wurde die Versicherungsgesellschaft zur Zahlung verurteilt. Revisionsgesuche an das Hanseatische Oberlandesgericht und das Deutsche Reichsgericht wurden abschlägig beschieden.

Nicht minder erfolgreich war Dr. Haberler auch in vermögensrechtlichen Fragen. Johann Orth hatte bei der Freiburger Kantonalbank und der Bank von St. Gallen ansehnlichen Aktienbesitz angelegt. Als Haberler im Sommer 1896 die Zurückziehung der Depots in die Wege leitete, entsprach nur die Bank in Freiburg seinem Begehren. Die St. Gallener Kantonalbank weigerte sich, seine Vollmacht anzuerkennen. Dr. Haberler reichte hierauf beim Kantonalgericht von St. Gallen die Klage ein, die er, unter anderem, wie folgt begründete:

a) Der Tod des Johann Orth ist nicht nachgewiesen.

b) Ebensowenig kann der Ersatz für diesen Beweis, eine Todeserklärung, nachgewiesen werden.

c) In Statusfragen ist das heimatliche (österreichische) Recht maßgebend.

d) Nach österreichischem Recht besteht die Vermutung für das Leben, bis eine Todeserklärung erfolgt. Der Tag, an welchem die letztere rechtskräftig wird, ist als Sterbetag anzusehen.

Das Gericht gab der Klage am 10. November 1896 statt, das Berufungsgericht in Lausanne bestätigte am 22. Jänner 1897 das erstgerichtliche Urteil. Die Bank von St. Gallen überwies daraufhin das Depositum an die k. k. priv. Österreichische Kreditanstalt für Handel und Gewerbe in Wien[8]. Bei diesem Institut waren im Jahre 1904 insgesamt 1.002.314 Kronen auf dem Verlassenschaftskonto deponiert, wobei es sich im wesentlichen um Wertpapiere handelte.

Ferdinand, der Chef des Hauses, hat aus dem Verlassenschaftsvermögen seines Bruders einige Male Geld aufgenommen. So erhielt er am 1. Jänner 1900 über Ritter von Haberler einen Kredit von 500.000 Kronen mit 4 %iger Verzinsung, den er sich in halbjährigen Raten zu 10.000 Kronen zurückzuzahlen verpflichtete[9].

Wie aus dem Nachlaß hervorgeht, erhielten die Schwestern Milli Stubels, Lory, Marie und Jenny, eine lebenslange jährliche Rente von 3.600 Kronen. Ob diese Summe aus der kaiserlichen Schatulle oder aus dem Verlassenschaftsvermögen bezahlt wurde, konnte ich nicht eruieren[10]. Die Tatsache allein ist jedenfalls bemerkenswert. Warum wies das Kaiserhaus den Schwestern Stubel, die in gesicherten finanziellen Verhältnissen lebten, Geld an? Puren Edelmut darf man als Motiv wohl ausschließen. Erhielten sie, die in vieles eingeweiht waren, eine jährliche Schweigeprämie? Unwillkürlich muß man an die Stahlkassette denken, von der in den Memoiren der Gräfin Marie Larisch-Wallersee und Marie Stubels die Rede ist (siehe Seite 112 f.). Wußten die Stubels mehr, als dem Kaiserhaus lieb war? Es hat ganz den Anschein, sonst hätte Franz Joseph nicht alle Schrift- und Erinnerungsstücke Johann Orths, die im Besitz der Familie Stubel waren, aufgekauft. Er muß sie der Vernichtung preisgegeben haben, denn in den staatlichen Archiven findet sich von ihnen keine Spur . . .

Am 7. November 1898 starb auf Schloß Ort bei Gmunden, 84jährig, Johann Orths Mutter, die Großherzogin Maria Antonia von Toskana. Ihr Leichnam wurde eine Woche später im Beisein des Kaisers, der ein paar Monate zuvor die Gattin verloren hatte, in der Kapuzinergruft beigesetzt. Maria Antonia war eine tiefgläubige, gottesfürchtige Frau, die bis zu ihrem letzten Atemzug, wie ihr Testament beweist, an der Überzeugung festhielt, daß ihr vermißter Sohn noch am Leben sei. Als sie am 1. Oktober 1891 ihren „Letzten Willen" eigenhändig niederschrieb, vermachte sie ihr bewegliches und unbewegliches Vermögen zu je einem Viertel ihren Söhnen Ferdinand, Karl, Ludwig und Johann, „welcher jetzt Johann Orth heißt", wie sie akkuraterweise hinzufügte. Nach dem Tode Karls am

18. Jänner 1892 errichtete sie am 10. Dezember 1895 ein Kodizill, das sie folgendermaßen begründete: „Da es Gott dem
Allmächtigen und Barmherzigen gefallen hat, mich bis zum
heutigen Tag bei gesundem Geist und Körper zu erhalten und
da es in seinen heiligsten und unerforschlichen Rathschlüssen
bestimmt worden ist, daß mein zweitgeborener Sohn Erzherzog
Carl Salvator vor mir dieses Jammerthal verlassen sollte und da
mein viertgeborener Sohn Johann seit mehreren Jahren abwesend sei, ohne daß man von seinem Aufenthaltsorthe noch von
seinem Schicksale eine Kenntnis hat, so errichte ich . . . das ge-
genwärtige Codizill . . .“

Im Anschluß daran verfügte sie, „daß der gesetzliche Antheil, welcher meinem abwesenden Sohne Johann gehören
würde, während dessen Abwesenheit für ihn aufbewahrt und
für seine Rechnung von seinem Vertreter, wie der Rest seines
Privatvermögens verwaltet wird.

Falls er aber nicht zurückkehrt und wann immer für todt erklärt wird, so will ich, daß dasjenige, welches ich ihm kraft Testamentes und des gegenwärtigen Codicilles vermache, seinen
überlebenden Brüdern Erzherzog Ferdinand und Erzherzog
Ludwig Salvator und den Erben und gesetzlichen Nachfolgern
seines verstorbenen Bruders Erzherzog Carl Salvator zufalle,
daß es aber niemals, im Falle giltiger testamentarischer Verfügungen meines genannten abwesenden Sohnes Johann, weder
ganz noch zum Theile zu Gunsten dritter, der kaiserlichen Familie in Österreich fremden Personen übergehen dürfe[11]“.

Dem Testament zufolge wurde über Antrag Dr. Haberlers
vom 17. März 1899 an das Obersthofmarschallamt die „große
und die kleine Villa in Orth dem durchlauchtigsten Erzherzog
Johann“ einverleibt.

Mit den „fremden Personen“ konnte niemand anderer als
Ludmilla Stubel, die Maria Antonia als Lebensgefährtin ihres
Sohnes – von der Heirat der beiden hat sie mit Sicherheit nie
etwas erfahren – stets abgelehnt hatte, und deren Schwestern
gemeint sein. Sie wollte damit die Abwanderung eines Teiles
der Erbschaft verhindern. Die Vorsichtsmaßnahme war unnötig, denn Johann bedachte, was die Mutter nicht wissen konnte,
in seinem Testament Ludmilla Stubel mit seinem Wiener Haus
und einer Geldsumme von hunderttausend Gulden, jedoch
nicht mit dem Besitz, den er auf Schloß Ort zusammengetra-

gen hatte. In diesem Zusammenhang sei auch darauf hingewiesen, daß die Behauptung Alexander Lernet-Holenias in seinem Buch „Die Geheimnisse des Hauses Österreich", das Testament Maria Antonias sei wahrscheinlich im Allerhöchsten Auftrag gefälscht worden, mit Sicherheit eine literarisch-schöngeistige Erfindung ist.

Auch im 20. Jahrhundert blieb das Schicksal des Johann Orth in der Weltpresse ein vielbeschriebenes, vielbeachtetes Thema. Immer wieder erschienen Zeitungsartikel, die sich mit verschiedenen Aspekten seines Lebens beschäftigten, in denen Vermutungen und unbewiesene Behauptungen geäußert wurden. Dann und wann tauchte ein Brief auf, dessen Veröffentlichung neues Licht auf dieses und jenes biographische Detail warf, der die Diskussion über diesen exzentrischen, unverwechselbaren Sproß des österreichischen Kaiserhauses neu entflammte. Noch galt ja Johann Orth lediglich als verschollen. Rechtlich gesehen war er noch am Leben. Eine Todeserklärung konnte nach österreichischem Recht erst zwanzig Jahre nach dem Tag, für den der Tatbestand der Abgängigkeit festgestellt wurde, erfolgen, und sie war an bestimmte formaljuristische Bedingungen geknüpft. Sie mußte bei Gericht beantragt, begründet und bewiesen werden. Es blieb abzuwarten, wer diesen Schritt unternehmen würde. Tatsächlich war es dann der Neffe des Verschollenen, Erzherzog Josef Ferdinand, der durch seinen Rechtsvertreter, Regierungsrat Dr. Adolf Bachrach, in einer mit 23. Juni 1910 datierten umfassenden Eingabe den Beweis antrat, „daß Johann Orth *tot* sei und in der Nacht vom 20. zum 21. Juni 1890 während eines heftigen Sturmes mit seiner Gattin und der gesamten Schiffsmannschaft zugrunde gegangen ist." Aufgrund dieses Ansuchens trat am 9. Juli 1910 der gerichtliche Senat für Streitsachen des Obersthofmarschallamtes zusammen und leitete das Verfahren zur Todeserklärung ein. Eine wichtige Rolle in diesem Verfahren spielte der letzte Brief Johanns, den wir auf Seite 255 zitiert haben. Neben den Argumenten, die für den Antritt der Seereise nach Valparaiso sprechen, wies der Antragsteller auch darauf hin, daß ein Mann wie Johann Orth, der so zärtlich an seiner greisen Mutter hing, es nicht über das Herz gebracht hätte, ihr und seiner österreichischen Heimat, in der er so tief verwurzelt war, zwanzig Jahre lang fernzubleiben, ohne ein Lebenszeichen von sich zu geben. Der bis in das kleinste Detail gehende Schriftsatz schloß mit den Worten: „Johann Orth liebte es, sich einen weiteren Wirkungskreis zu suchen. Hatte er bei der Besetzung des bulgarischen Thrones aus politischer Rücksichtnahme auf sein Vaterland seinem Vetter Ferdinand nachstehen müssen, so hatte er doch den Gedanken gehabt und auch verwirklichen wollen, als Armeeorganisator in die Dienste Ferdinands, mit dem er nicht einmal sehr gut stand, zu treten. Ein Mann mit solcher Ambition blieb nicht zwei Jahrzehnte hindurch weltfern und still. Ein Mann, der seine religiösen, wie seine Ansichten als Soldat und Feldherr mit Temperament vertrat, verurteilte sich nicht ohne jeden sichtlichen Grund zu vollster Weltabgeschiedenheit. Johann Orth schweigt, weil ihn das nasse Grab deckt[12]!"

Da gegen den Antrag auf Todeserklärung des Johann Orth kein Einspruch erfolgte, verkündete das Obersthofmarschallamt am 6. Mai 1911 das Urteil: Der ehemalige Erzherzog des österreichischen Kaiserhauses, Johann Nepomuk Salvator von Toskana, alias Johann Orth, wurde für tot erklärt, als Todestag der 21. Juli 1890 festgesetzt. Im Erkenntnisteil des Urteils wurden die zahllosen, weitverbreiteten Orthlegenden aufgelistet und als Phantastereien entlarvt. Wir werden darauf abschließend noch zu sprechen kommen. Gleichzeitig mit dieser Erklärung, die am 10. Mai in der Tagespresse kundgemacht wurde, veröffentlichte der Gerichtshof das Testament Orths, auf das wir an anderer Stelle bereits eingegangen sind. Die Todeserklärung Milli Stubels erfolgte im Dezember 1913. Interessant daran ist lediglich, daß sie als ledigen Standes bezeichnet wird. Auch der zweite Schiffsoffizier, Gabriel Emil Mayer, wurde vom Landesgericht Triest für tot erklärt. Todeserklärungen für einige Matrosen nahm das Landesgericht Rovigno vor[13].

Nun erst konnte, da die rechtliche Voraussetzung dafür geschaffen war, das bewegliche Vermögen inventarisiert und der Nachlaß geordnet werden. Obwohl ein Teil der Räume im See- und im Landschloß Ort nach dem Tod Maria Antonias um den Preis von 1.200 Kronen an Fremde vermietet worden war, zeigte der Abreißkalender auf dem Arbeitstisch des abtrünnigen Erzherzogs angeblich noch den 7. Oktober 1889 an, den

Tag, an dem Johann Orth sein Gmundner Domizil endgültig verlassen hatte[14].

Der Nachlaß wurde in zwei Teilen im November 1912 und Oktober 1913 in Berlin versteigert. Das Auktionsverzeichnis der ersten Versteigerung, für das kein Geringerer als Felix Salten ein einfühlsames Vorwort schrieb, das der facettenreichen Persönlichkeit des Erzherzogs ein brillant formuliertes, literarisches Denkmal setzte, weist insgesamt 2.252 Posten aus. Neben Medaillen, Münzen, Uhren, Delfter Fayencen, Chinoiserien, Glas, Metallarbeiten, Waffen, Jagdgeräten, Möbeln, Stoffen, Kalendern, Miniaturen, bemalten Dosen kamen auch Kupferstiche, niederländische und italienische Meister des 15., 16. und 17. Jahrhunderts und deutsche Meister des 18. und 19. Jahrhunderts zur Versteigerung. Das wertvollste Stück scheint das Lukas-Cranach-Werk: „Maria mit dem Kind und Johannes" gewesen zu sein.

Im Oktober 1913 wurden im Auktionshaus Gebrüder Heilbron eigenhändige Zeichnungen Johann Orths feilgeboten, die zum größten Teil vom Heeresgeschichtlichen Museum in Wien angekauft wurden. Das Museum erwarb auch zahlreiche Bücher vorwiegend militärischen und militärhistorischen Inhalts. Die Ehrenbürgerurkunde der Stadt Linz, die seinerzeit so viel Staub aufgewirbelt hatte, wurde um den Betrag von 360 Mark vom Magistrat der oberösterreichischen Landeshauptstadt zurückgekauft. Außerdem wurden illustrierte Drucke, Schriften von Melanchthon und Kepler, Möbel und Gebrauchsgegenstände, Uniformen des Erzherzogs, das Manuskript seines Balletts „Die Assassinen", militärische Schriften aus seiner Feder, das Modell eines Segelschiffes, das er persönlich angefertigt hatte, und anderes versteigert[15]. Der Erlös dieser Auktion wird mit 80.000 Mark beziffert. Da die Versteigerung im November 1912 240.000 Mark eingebracht hatte, betrug die Gesamtsumme, die für den Nachlaß erzielt wurde, 320.000 Mark[16].

Ab dem 6. Mai 1911 war Johann Orth nun auch offiziell tot, aber in der Legende lebte er weiter. Legenden haben ein zähes, beinahe unsterbliches Leben. Sie wirken und weben durch die Zeiten.

Die Legendenbildung um Johann Orth setzte bereits Ende

1890 ein. Da es keinen Augenzeugen des Schiffsunglückes gab, wurden in aller Welt in der Tagespresse die verschiedensten Meldungen kolportiert. Widersprüchliche Aussagen von Matrosen, die das Schiff in La Plata verlassen hatten, förderten die Legendenbildung und gaben Gerüchten neuen Auftrieb. Schließlich wurde die Johann-Orth-Story durch das Auftreten von Männern, die sich für den verschollenen Erzherzog ausgaben, immer wieder neu belebt. Im großen und ganzen kursierten durch die Jahrzehnte folgende Behauptungen auf der Gerüchtebörse:

- Johann Orth ist von La Plata aus nach Nordosten gesegelt, in Montevideo gelandet und von dort aus auf dem Landweg nach Chile gelangt.
- Er hat sich in Chile den Insurgenten angeschlossen und eine glänzende militärische Karriere gemacht.
- Die „St. Margaret" ist gesunken. Milli Stubel hat den Tod gefunden. Orth wurde jedoch gerettet und lebt als Farmer in Argentinien und/oder Brasilien.
- Milli Stubel hat ihren Gatten auf der Todesfahrt nicht begleitet. Die beiden Eheleute trafen einander später in Valparaiso.
- Johann Orth lebt unter den Feuerland-Indianern.
- Er wurde in Australien und Ostindien gesehen.
- Er ist mit dem ruhmgekrönten japanischen Admiral, Grafen Yamagata, identisch.
- Er lebt bei seinem Bruder Erzherzog Ludwig Salvator auf den Balearen.
- Er lebte von 1896 bis zum 6. Mai 1945 unter dem bürgerlichen Namen Hugo Köhler in Norwegen.

Schließlich behauptete Dr. Alexander Heyden, der Archivar von Birstein, der den Erzherzog gut kannte, er habe Orth nach dem Untergang des Schiffes zweimal in Deutschland gesehen. Das erstemal in München (1891) in einem Kaffeehaus, das andere Mal in Mainz bei einer Katholikenversammlung. Als er ihn ansprechen wollte, sei er ihm aber beide Male entschlüpft. Heyden spricht auch von einem Brief Johanns an seine Schwester Marie Luise, der 14 Tage nach der Abfahrt des Schiffes per Post zur Beförderung übergeben worden sei. Den Beweis für seine Behauptungen konnte er jedoch nicht erbringen[17]. Auch die anderen Mutmaßungen, die wir oben angeführt haben, blieben unbewiesen. Sie wurden von der Presse und später vom Film jedoch immer wieder begierig aufgegriffen.

Leider mischte sich auch ein so seriöser Forscher wie Artur Graf Polzer-Hoditz, der letzte Kabinettchef Kaiser Karls, unter die Gerüchtemacher. „An einem Spätherbsttag des Jahres 1907", schrieb er in einem Zeitungsartikel, „unternahm ich in Begleitung des nachmaligen Kaisers, damals Erzherzog Karl, einen Spazierritt durch die Lobau nach Schloß Orth. Ich kam auf Johann Orth zu sprechen. Karl sagte: ‚Glauben Sie wirklich, daß Orth am Kap Horn ums Leben gekommen ist? Er ist am Leben so gut wie sie und ich. Papa (Erzherzog Otto, der Bruder Franz Ferdinands, Anm. d. Verf.) hat noch bis zuletzt mit ihm korrespondiert.' Der Erzherzog erzählte dann, daß Johann Orth als Farmer in Südamerika sehr zufrieden lebe[18]." Diese Mitteilung hat der Orth-Legende neuen Auftrieb gegeben.

In den dreißiger Jahren geisterten ein paar Hochstapler durch die Tagespresse, die sich als Johann Orth ausgaben und auf diese Weise das Andenken an den kühnen, selbstbewußten Erzherzog wachhielten. Einer davon nannte sich „Baron Jean de Ott". Er lebte an der Riviera, war an die achtzig Jahre alt und zeigte sich über die Verhältnisse am Hof Kaiser Franz Josephs ausgezeichnet informiert. Bei einem Interview mit dem Schriftsteller Stefan Großmann stellte sich allerdings bald heraus, daß er ein „falscher Demetrius[19]" war. Ein anderer Orth-Falschspieler war der aus der Tschechoslowakai stammende Max Ott, der noch 1935 zahlreichen leichtgläubigen Personen unter allerlei betrügerischen Vorwänden hohe Geldbeträge entlockte. Erst nach dem Zweiten Weltkrieg sind die Storys über Johann Orth im internationalen Blätterwald langsam verklungen. Die Orth-Legende ist sicherlich nicht tot. Es wird immer Menschen geben, die daran glauben, daß Johann Orth das Schiffsunglück im Südatlantik überlebte, auch wenn die Welt nach dem 12. Juli 1890 von keinem einzigen Besatzungsmitglied der „St. Margaret" je wieder ein Sterbenswörtchen gehört hat. Es ist eben das Hauptcharakteristikum der Legende, daß man ihr mit Vernunftgründen nicht beikommt.

Erzherzog Johann hätte sich kein besseres Schicksal wünschen können. Denn er, der stets nach Höherem strebte, der auf Ruhm und Unsterblichkeit erpicht war, lebt (wenigstens) durch diese Legenden im Gedächtnis der Nachwelt weiter.

Anhang

1. Lebenstafel

1852	25. November	Johann Nepomuk Salvator in Florenz geboren
1859	27. April	Flucht der Familie nach Österreich
1864	1. April	Beginn der Erziehung am Kaiserhof
1865	16. August	Leutnant beim Feldjägerbataillon Nr. 9
1867		Hauptmann beim Feldartillerieregiment Nr. 9
1870	29. Jänner	Tod des Vaters
1872		Großjährigkeitserklärung. Beförderung zum Major. Dienstort: Lemberg
1873	im Oktober	Arreststrafe wegen Disziplinlosigkeit. Versetzung nach Temesvar
1874		Oberstleutnant
1875		Schrift: „Betrachtungen über die Organisation der österreichischen Artillerie". Versetzung zum Infanterieregiment Nr. 12 nach Krakau
1876	24. April	Beförderung zum Oberst
1878	20. Juli	Kommandant der 2. Gebirgsbrigade der 7. Infanterie-Truppendivision. Teilnahme am Okkupationsfeldzug in Bosnien
1879	25. März	Kommandant der 33. Infanterie-Truppendivision in Komorn. Beförderung zum Feldmarschalleutnant
1881		Kommandant der Stabsoffizierskurse in Wien
1883	im November	Schrift: „Drill oder Erziehung"
	24. Dezember	Kommandant der 3. Infanterie-Truppendivision in Linz
1886/87		Einmischung in die Frage der bulgarischen Thronkandidatur
1887	im September	Kaiser Franz Joseph bewilligt Ansuchen um Enthebung vom Militärdienst
	2. Oktober	Verleihung des Ehrenbürgerrechtes durch den Linzer Gemeinderat
1889	6. Oktober	Ansuchen um Entlassung aus dem habsburgischen Familienverband
	im Dezember	Heirat mit Ludmilla Stubel
1890	26. März	Abfahrt nach Südamerika
	12. Juli	Letzte Nachricht von Johann Orth vor der Abreise nach Valparaiso
	21. Juli	Vom Gericht angenommener Todestag Johann Orths
1911	6. Mai	Johann Orth wird von einem Senat des Obersthofmarschallamtes für tot erklärt

2. Stammtafel:
Die toskanische Linie des Hauses Habsburg-Lothringen

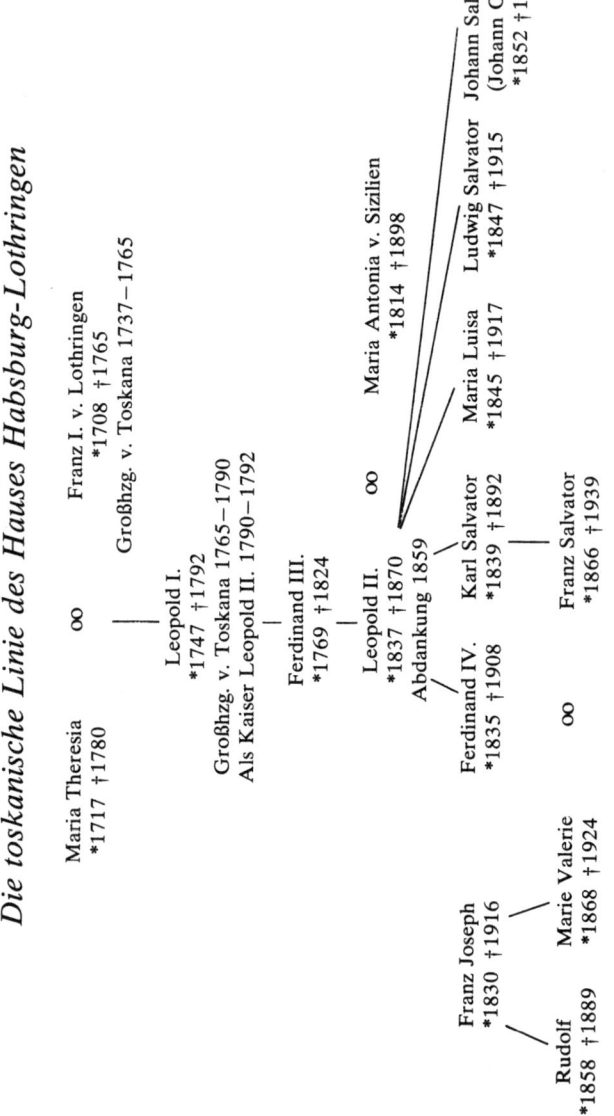

Maria Theresia
*1717 †1780

∞

Franz I. v. Lothringen
*1708 †1765
Großhzg. v. Toskana 1737–1765

Leopold I.
*1747 †1792
Großhzg. v. Toskana 1765–1790
Als Kaiser Leopold II. 1790–1792

Ferdinand III.
*1769 †1824

Leopold II.
*1837 †1870
Abdankung 1859

∞

Maria Antonia v. Sizilien
*1814 †1898

Ferdinand IV.
*1835 †1908

∞

Karl Salvator
*1839 †1892

Maria Luisa
*1845 †1917

Ludwig Salvator
*1847 †1915

Johann Salvator
(Johann Orth)
*1852 †1890

Franz Salvator
*1866 †1939

Franz Joseph
*1830 †1916

Marie Valerie
*1868 †1924

Rudolf
*1858 †1889

3. Anmerkungen zu den einzelnen Kapiteln

Zu Kapitel 1

1 Die Berichte des österreichischen Botschafters, Baron Carl Hügel, sind aufbewahrt in: HHStA, P. A., Abt. XI, Toskana. K. 34, 40, 41
2 Birstein, K. 13
3 HHStA, A. Kh., H. A. Einzelne Abhandlungen, K. 101
4 Wölfling, Habsburger unter sich, S. 16
5 Wölfling, Habsburger unter sich, S. 72
6 Birstein, K. 13
7 HHStA, OMaA, Gruppe III B, Nr. 125 b, K. 446. Die Briefe umfassen den Zeitraum von 1862 bis 1890. Auszüge daraus, großteils mit Datumsangabe, finden sich in fast allen Kapiteln. Sie werden daher im Anhang nicht weiter speziell ausgewiesen.
8 ČStA, F. A. T., Sign. 55
9 siehe Anm. 8
10 ČStA, F. A. T., Sign. 32
11 ČStA, F. A. T., Sign. 55
12 Birstein, K. 1
13 siehe Anm. 11
14 Birstein, K. 7 und andere
15 K. A. Qualifikationslisten Kellner v. Treuenkron
16 HHStA, OMaA, Gruppe III B, Nr. 56, K. 311
17 Abschrift des Kaufvertrages in der im Seeschloß Ort untergebrachten Forstverwaltung der Österreichischen Bundesforste
18 Birstein, Autographensammlung Nr. 3021
19 K. A.
20 Birstein, K. 1

Zu Kapitel 2

1 Birstein, K. 13
2 HHStA, A. Kh., H. A. Einzelne Abhandlungen, K. 101
3 K. A. Qualifikationslisten Ferdinand Mennshengen
4 K. A. Qualifikationsakt Erzherzog Johann Salvator
5 Gesamter Schriftverkehr: K. A., M. K. S. M. 1875
6 siehe Anm. 5
7 NWJ, 15. 2. 1925
8 Birstein, K. 13
9 siehe Anm. 8
10 Beide Schreiben: Birstein, K. 13
11 Birstein, K. 13
12 Schaffelhofer, S. 196 ff.
13 Birstein, Autographensammlung Nr. 3021
14 Birstein, K. 2

15 K. A. Präs. d. K. M. 1878, 71-10/252
16 Birstein, Autographensammlung Nr. 3021
17 HHStA, H. F. A., Erzherzog Ludwig Salvator, K. 1
18 Birstein, K. 1
19 Birstein, Autographensammlung Nr. 3021
20 K. A. Präs. d. K. M. 1879, 70-10/1
21 Birstein, K. 11
22 siehe Anm. 17
23 Birstein, Autographensammlung Nr. 3021
24 ÖNB, HS, 8. Beilage zu Nr. 436/10
25 Cassels, S. 133 f.
26 Hamann, S. 247
27 Hamann, S. 248
28 Birstein, K. 11, abgedruckt im Armeeblatt, 4. 12. 1883
29 Birstein, K. 10, 1883, ohne weitere Datumsangabe

Zu Kapitel 3

1 Natürlich enthält der Nachlaß des Erzherzogs in Birstein auch das gesamte musikalische Ouevre Johanns.
2 Den Briefwechsel zwischen Erzherzog Johann Salvator und Johann Strauß hat mir freundlicherweise Prof. Franz Mailer abschriftlich zur Verfügung gestellt. Die Originale liegen in der Handschriftensammlung der Wiener Stadt- und Landesbibliothek bzw. im Bayerischen Staatsarchiv in Coburg.
3 Birstein, K. 13
4 siehe Anm. 3
5 Birstein, K. 7
6 Birstein, K. 10
7 NWJ, 15. 2. 1925
8 Birstein, K. 10
9 Schaffelhofer, S. 79
10 Hess, S. 101 f.
11 Im Nachlaß des Erzherzogs finden sich vor allem Briefe zur Affäre Bastian
12 Birstein, K. 6
13 Birstein, K. 13
14 Schaffelhofer, S. 64
15 siehe Anm. 14
16 Schaffelhofer, S. 65
17 Birstein, K. 3
18 siehe Anm. 17
19 HHStA, I. B., K. 198 fol. 1437, 10. 6. 1884
20 Birstein, Autographensammlung Nr. 3021
21 Birstein, K. 3
22 siehe Anm. 21
23 Birstein, K. 3
24 ÖNB, HS, Inv. Nr. 45689
25 Hamann, S. 233

26 Schaffelhofer, S. 96 f.
27 Hamann, S. 310 f.
28 Pollak, S. 13/14
29 Birstein, K 4. Im Nachlaß Johanns finden sich übrigens eine Vielzahl von Briefen Weilens an den Erzherzog, die sich in der Hauptsache auf ihre Zusammenarbeit am Kronprinzenwerk beziehen.
30 Mitis, S. 100 f.
31 Birstein, K. 11. Das Telegramm Johanns an das Kaiserpaar liegt im Konzept vor. Abgedruckt bei Judtmann, S. 303
32 Judtmann, S. 415 f.
33 Pollak, S. 121
34 Die Stunde, 27. 9. 1923
35 Birstein, K. 11 (Briefentwurf)

Zu Kapitel 4

1 OOeLA, Statthaltereiakten, Geheime Präsidialakten 1885–1888
2 Cassels, S. 105 f.
3 Tom. VIII/f. 85
4 Birstein, K. 13
5 Alle zitierten Briefe Birstein, K. 13
6 NWJ, 23. Mai 1901
7 wie 6
8 Birstein, K. 11
9 Birstein, K. 13
10 Alle Briefe Birstein, K. 13
11 Birstein, K. 2
12 Birstein, K. 10
13 Birstein, K. 6
14 Birstein, verschiedene Kartons
15 Birstein, K. 2
16 Schaffelhofer, S. 199 f.
17 Birstein, Autographensammlung Nr. 3021
18 Beide Briefe Birstein, K. 2
19 Birstein, K. 3
20 Alle Briefe Birstein, K. 13
21 HHStA, OMaA, III B, Nr. 125 b, K. 446
22 Birstein, K. 13
23 Birstein, K. 11
24 Birstein, K. 3
25 Alle Briefe Birstein, K. 13
26 S. 157
27 Schaffelhofer, S. 200
28 Schaffelhofer, S. 164
29 Schaffelhofer, S. 158
30 HHStA, OMaA, III B, Nr. 125 a, K. 427
31 Sammlung Dr. Bruno Buchwieser

Zu Kapitel 5

1 Hamann, S. 295
2 Alle Zitate, die in diesem Abschnitt nicht eigens gekennzeichnet sind, stammen aus dem Nachlaß des Erzherzogs, Birstein, Karton 12
3 K. A., M. K. S. M., Feldakten
4 NFP 19. Oktober 1886
5 K. A., Qualifikationsliste Ferdinand Coburg
6 Broucek, Ein General im Zwielicht, S. 366
7 Birstein, K. 11
8 Mitis, S. 92 und Briefentwurf Birstein, K. 12
9 Königslöw, S. 33
10 Königslöw, S. 34
11 HHStA, P. A., Abt. XI, K. 108
12 HHStA, I. B. 1886, K. 218, 17/367
13 Pollak, S. 66–72
14 Mitis, S. 97
15 I. B. 1887/823, K. 243
16 K. A., M. K. S. M. 1887
17 ČStA, F. A. T., Sign. 19
18 Königslöw, S. 50
19 Königslöw, S. 54
20 NWT 9. 7. 1887
21 Königslöw, S. 55
22 a. a. O. S. 32
23 Königslöw, S. 61
24 Schaffelhofer, S. 99 f.

Zu Kapitel 6

1 ČStA, F. A. T., Sign. 19
2 ČStA, F. A. T., Sign. 19, datiert Linz, 14. 9. 1887
3 Birstein, K. 12
4 K. A., M. K. S. M. 1887, 70-1/39
5 K. A., Präs. d. K. M. 1887, 1-60/1
6 K. A., M. K. S. M. 1887, 70-1/39-2
7 OOeLA, Präsidialakten
8 Bürgermeister Wimhölzel hatte über Johanns Diener, Alois Bauer, am 21. 9. 1887 anfragen lassen, ob der Erzherzog das Ehrenbürgerrecht annehme oder nicht. Birstein, K. 4
9 OOeLA, Präsidialakten, 1887 1 c
10 LTP, 18. 1. 1936, S. 3
11 LTP, Nr. 121 aus 1887, S. 6
12 siehe Anm. 11
13 K. A., M. K. S. M. 1887 Nr. 2217, 70-1/39-2
14 K. A., M. K. S. M. 1887 Nr. 2383, 70-1/43
15 ČStA, F. A. T. Sign. 19

16 Birstein, K. 14
17 siehe Anm. 16
18 Beide Schreiben: Birstein, K. 12
19 ČStA, F. A. T. Sign. 19
20 OOeLA, Präsidialakten, 1888 19 D
21 OOeLA, Präsidialakten, 1888 19 D
22 ČStA, F. A. T. Sign. 19
23 Schaffelhofer, S. 105 f.
24 Schaffelhofer, S. 113 f.
25 ČStA, F. A. T. Sign. 19
26 Birstein, K. 4
27 siehe Anm. 25
28 K. A. Qualifikationsliste Mennshengen
29 WStuLB, HS, Inv. Nr. 45689
30 HHStA, OMaA, Gruppe III B, Nr. 125b, K. 440
31 ÖNB, HS, Sign. 388/46
32 Gmundner Wochenblatt, 1889

Zu Kapitel 7

1 Schaffelhofer, S. 127 f.
2 Es ist der einzige Brief der Mutter an den Sohn, der im HHStA aufbewahrt ist. (siehe Kapitel 1, Anm. 7). Hingegen finden sich im Nachlaß des Erzherzogs eine Vielzahl von Briefen Maria Antonias. Sie sind, inhaltlich gesehen, größtenteils ganz privater Natur.
3 ČStA, F. A. T., Sign. 19
4 Schaffelhofer, S. 130 f.
5 Schaffelhofer, S. 131
6 Birstein, K. 9
7 Schaffelhofer, S. 134 f.
8 Schaffelhofer, S. 135
9 Sammlung Dr. Bruno Buchwieser
10 K. A., Präs. d. K. M. 1889, 1-61/1
11 Skedl, S. 284
12 Sammlung Dr. Bruno Buchwieser
13 Schaffelhofer, S. 139
14 Auskunft des Bundesamtes für Polizeiwesen, Sektion Bürgerrecht, Bern
15 Pollak, S. 155
16 Schaffelhofer, S. 142 f.
17 Sammlung Dr. Bruno Buchwieser
18 ČStA, F. A. T., Sign. 19
19 Schaffelhofer, S. 144 ff.
20 ÖNB, HS 388/46−18
21 Sammlung Dr. Bruno Buchwieser
22 siehe Anm. 21
23 WSTuLB, HS, Inv. Nr. 17
24 siehe Anm. 20

25 ÖNB, HS 388/46−19
26 Schaffelhofer, S. 149
27 Schaffelhofer, S. 150
28 Sammlung Dr. Bruno Buchwieser
29 ÖNB, HS 388/46−10
30 ÖNB, HS 388/46−8
31 ÖNB, HS 388/46−9
32 Cassels, S. 239
33 Der gesamte Briefverkehr zu diesem Thema befindet sich im HHStA, M. d. K. H., Einzelabhandlungen, K. 14, fol. 1−319
34 ÖNB, HS 388/46−19
35 siehe Anm. 29
36 Das Bulgarien-Intermezzo vom März 1890 spiegelt sich in den Akten des HHStA. Siehe Anm. Nr. 33
37 HHStA, M. d. K. H., Einzelabhandlungen, K. 14
38 ÖNB, HS 388/46−11
39 HHStA, M. d. K. H., Einzelabhandlungen, K. 14
40 siehe Anm. 39
41 HHStA, OMaA, Gruppe III B, Nr. 125 a, K. 427

Zu Kapitel 8

1 HHStA, OMaA, Gruppe III B, Nr. 125 a, K. 427
2 ÖNB, HS 388/46−12
3 WStuLB, HS, Inv. Nr. 17
4 ÖNB, HS 388/46−20
5 Schaffelhofer, S. 159 f.
6 GWbl. 13. 6. 1911
7 HHStA, M. d. K. H., Einzelabhandlungen, K. 14
8 siehe Anm. 7
9 siehe Anm. 7
10 Schaffelhofer, S. 184
11 GWbl. 9. 12. 1890
12 siehe Anm. 7
13 Schaffelhofer, S. 175 f.
14 ÖNB, Mikrofilm Nr. 4
15 Schaffelhofer, S. 176 f.
16 Sammlung Dr. Bruno Buchwieser
17 ÖNB, Mikrofilm Nr. 4
18 ČStA, F. A. T., Sign. 19. Mitteilung Haberlers an Ferdinand von Toskana am 19. 2. 1899
19 siehe Anm. 18

1 ČStA, F. A. T., Sign. 19
2 Alle Dokumente: HHStA, M. d. K. H., Einzelabhandlungen, K. 14
3 Schaffelhofer, S. 181
4 ČStA, F. A. T., Sign. 19
5 ČStA, F. A. T., Sign. 19
6 ČStA, F. A. T., Sign. 19
7 HHStA, OMaA, Gruppe III B, K. 440
8 Frankfurter Zeitung, 17. 1. 1903
9 Schuldschein ČStA, F. A. T., Sign. 19
10 HHStA, OMaA, Gruppe III B, Nr. 125, K. 426
11 HHStA, OMaA, Gruppe III B, Nr. 148/49, K. 480
12 Schaffelhofer, S. 195
13 Neues Wiener Abendblatt, 12. 12. 1913
14 GWbl. 28. 3. 1911
15 NWT, 4. 10. 1913
16 GWbl. 21. 10. und 18. 11. 1913
17 Brief vom 19. 3. 1898 an Dr. Franz Haberler. ČStA, F. A. T., Sign. 19
18 NWT, 22. 6. 1935
19 NFP, 11. 10. 1931

4. Abkürzungsverzeichnis

A. Kh.	Allerhöchstes Kaiserhaus
A. R.	Administrative Registratur
Birstein	Fürst von Ysenburgisches Archiv, Birstein
ČStA	Tschechoslowakisches Staatsarchiv
F. A. T.	Familienarchiv Toskana
FML	Feldmarschalleutnant
fol.	folio
GWbl.	Gmundner Wochenblatt
H. A.	Hausakten
H. F. A.	Habsburgisches Familienarchiv
HHStA	Haus-, Hof- und Staatsarchiv
HS	Handschriftensammlung
I. B.	Informationsbüro
K.	Karton
K. A.	Kriegsarchiv
LTP	Linzer Tagespost
M. d. K. H.	Ministerium des Kaiserlichen Hauses
M. K. S. M.	Militärkanzlei Seiner Majestät
NFP	Neue Freie Presse
NWJ	Neues Wiener Journal
NWT	Neues Wiener Tagblatt

OOeLA   Oberösterreichisches Landesarchiv
OMaA   Obersthofmarschallamt
ÖNB   Österreichische Nationalbibliothek
P. A.   Politisches Archiv
Präs. d. K. M. Präsidium des Kriegsministeriums
S.   Seite
Sign.   Signatur
Tom.   Tomus
WSTuLB   Wiener Stadt- und Landesbibliothek

5. Literatur

Aichelburg, Wladimir: Seereisen des Erzherzogs Johann Salvator (in: Yacht-revue, Nov. 1979)

Aichelburg, Wladimir: Verschollen um Kap Horn (in: Yachtrevue, Dez. 1979)

Andics, Hellmut: Die Frauen der Habsburger, Wien 1969

Bahr, Hermann: Austriaca, Berlin 1911

Bresnitz von Sydačoff, Philipp Franz: Ungekrönte Frauen, Leipzig 1906

Broucek, Peter: Ein General im Zwielicht. Die Erinnerungen Glaises von Hor-stenau, Wien 1980, Bd. 1

Broucek, Peter: Johann Orth (in: Österreichisches Biographisches Lexikon, 7. Bd., S. 254)

Cassels, Lavender: Clash of Generations, London 1973

Christoph, Paul: Großherzogtum Toskana. Ein Muster österreichischer Regie-rungskunst, Wien 1957

Cookridge, E. H.: Die Battenbergs, München 1967

Corti, E. C.: Alexander von Battenberg, Wien 1920

Ernst, Otto: Franz Joseph I. in seinen Briefen, Wien−Leipzig−München 1924

Flesch-Brunningen, Hans (Hrsg.): Die letzten Habsburger in Augenzeugenbe-richten, Düsseldorf 1967

Hamann, Brigitte: Kronprinz Rudolf. Der Weg nach Mayerling, Goldmann Taschenbuch, Wien

Hamann, Brigitte: Erzherzog Albrecht − die graue Eminenz des Habsburger -Hofes. Hinweise auf einen unterschätzten Politiker. (In: Politik und Gesell-schaft im alten und neuen Österreich. Festschrift für Rudolf Neck zum 60. Geburtstag, S. 62−77, Wien 1981)

Hess, Emil: Der fröhliche Musikant, Wien 1962

Judtmann, Fritz: Mayerling ohne Mythos, 2. Auflage, Wien 1982

Kielmannsegg, Erich Graf: Kaiserhaus, Staatsmänner und Politiker, Wien 1966

Königslöw, Joachim v.: Ferdinand von Bulgarien, München 1970

Larisch-Wallersee, Marie-Luise v.: Meine Vergangenheit, Berlin 1913

Lernet-Holenia, Alexander: Die Geheimnisse des Hauses Österreich, 1971

List, Joachim: Beiträge zur Stellung und Aufgabe der Erzherzoge unter Kaiser Franz Joseph I., phil. Diss. Wien 1982

Loderbauer, Hannes: Schloss Ort am Traunsee, Linz o. J.

Madol, Hans Roger: Ferdinand von Bulgarien. Der Traum von Byzanz, Berlin 1931

Meyer, Ursula: Die Toskana, eine österreichische Sekundogenitur. Von der Restauration des Großherzogs am 12. April 1849 bis zu seiner endgültigen Flucht am 27. April 1859, phil. Diss. Wien 1943

Mitis, Oskar Freiherr v.: Das Leben des Kronprinzen Rudolf, 2. Auflage, Wien 1971

P(ollak), Heinrich: Erzherzog Johann. Ein Charakterbild, Wien 1901

Prillinger, Elfriede: Herzogliches zwischen Gmunden und Ebenzweier (In: Zeitschrift für Oberösterreich, 31. Jg. Heft 1/1981)

Racek, Fritz: Johann Strauß zum 150. Geburtstag, Ausstellung der Wiener Stadtbibliothek 22. Mai bis 31. Oktober 1975

Reumont, Alfred v.: Geschichte Toskana's seit dem Ende des florentinischen Freistaats. Zweiter Theil, Haus Lothringen-Habsburg, Gotha 1877

Rihl, Rudolf: Geschichte Italiens vom 16. Jhdt. bis zu den Anfängen des Faschismus, Darmstadt 1980

Schaeffer, Emil: Habsburger schreiben Briefe. Privatbriefe aus fünf Jahrhunderten, Leipzig 1935

Schaffelhofer, Hans: Johann Orth. Im Weltmeer verschollen. Wien−Krems 1952

Schnürer, Franz: Briefe Kaiser Franz Joseph I. an seine Mutter 1838−1872, München 1930

Schreyvogel, Friedrich: Habsburgerlegende, 1933

Skedl, Arthur (Hrsg.): Der politische Nachlaß des Grafen Eduard Taaffe, Wien 1922

Stockhausen, Juliane: Im Schatten der Hofburg, Wien 1952

Wandruszka, Adam: Das Haus Habsburg, Die Geschichte einer europäischen Dynastie, Stuttgart 1956

Wandruszka, Adam: Leopold II. Erzherzog von Österreich, Großherzog von Toskana, König von Ungarn und Böhmen, Römischer Kaiser, 2 Bde. 1963, 1965

Wolf, Julius: Blut und Rasse des Hauses Habsburg-Lothringen. Probleme der Physiognomiegeschichte und Vererbungslehre, Zürich−Leipzig−Wien 1940

Wölfling, Leopold: Habsburger unter sich, Berlin 1921

Wölfling, Leopold: My Life Story. From Archduke to Grocer. London 1930

Wölfling, Leopold: Die letzten Habsburger. (In: Die Stunde 24. 7.−15. 8. 1923)

6. Zeitungen und Zeitungsartikel
(mit genauem Datum)

Armeeblatt: 27. 11. 1883, 4. 12. 1883
Das Kleine Volksblatt: 8. 12. 1945
Die Stunde: 11. 9.–9. 10. 1923
Die Zeit: 20. 1., 28. 1., 1. 2., 3. 2. 1903
Frankfurter Zeitung: 17. 1. 1903
Fremdenblatt: 9. 11. 1884, August 1887, Dezember 1888, Oktober/November 1889, Jänner–März 1890, 10. 5. 1911
Gmundner Wochenblatt: 1869/S. 59, 1879/S. 29, Jg. 1887–1891, 1911/Nr. 4, 6, 13, 20, 24, 27, 1913/Nr. 42, 46, 47, 50
Illustriertes Wiener Extrablatt: Dezember 1888, 20. 1. 1903, 10. 5. 1911
Linzer Tagespost: 1887/Nr. 121, 18. 1. 1936
Neue Freie Presse: 20. 11., 27. 11. 1883, 19. 10. 1886, Dezember 1886, 10. 6. 1893, 9. 1., 12. 1. 1903, 14. 6., 19. 6. 1925, 11. 10. 1931, 8. 11. 1939
Neues Wiener Abendblatt: 12. 12. 1913
Neues Wiener Journal: 23. 5. 1901, 24. 6. 1902, 15. 2., 31. 5. 1925, 2. 2. 1930
Neues Wiener Tagblatt: Jänner/Februar 1870, Juli/August 1872, 20. 11. 1883, 31. 3. 1887, 16. 7. 1887, Juli–Oktober 1887, Dezember 1888, 21./22. 10. 1889, Jänner–März 1890, Juni–Dezember 1890, 10., 18. 11. 1890, 18. 9. 1891, 10., 26. 7. 1910, 19. 3. 1911, 4. 10. 1913, 11. 5. 1935, 22. 6. 1935, 25. 10. 1935
Oberösterreichische Nachrichten: 21. 1. 1946
Österreichische Volksstimme: 15. 10. 1946
Salzburger Kirchenblatt: 2. 5. 1872

7. Bildnachweis

Heeresgeschichtliches Museum, Wien: 27 (oben)
Österreichische Nationalbibliothek, Bildarchiv: 13, 16, 23, 39, 51, 60, 64, 71, 75, 82, 83, 87, 89, 103, 122, 128, 137, 148, 155, 186, 192, 216, 219, 230, 236, 261
Wiener Stadtbibliothek, Musiksammlung: 85

Alle Faksimiles und die übrigen Fotos stammen aus dem Besitz des Autors.

8. Personenregister

Das Attentat von Sarajewo

zerstörte alle politischen Pläne, die der Thronfolger Franz Ferdinand für die Zeit nach Kaiser Franz Joseph hatte. Er, der auch von seiner Willensstärke und seinem Sendungsbewußtsein her

ein verhinderter Herrscher

war, gilt dennoch als der markanteste und widerspruchvollste Habsburger der ausgehenden Donaumonarchie. Die vorliegende Biographie akzentuiert vor allem die ererbten und erzieherischen Faktoren, die zur charakterlichen Entwicklung des Erzherzogs entscheidend beigetragen haben.

Friedrich Weissensteiner
Franz Ferdinand
Der verhinderte Herrscher

Format: 12,5 x 20,5 cm
Leinen mit Schutzumschlag, 248 Seiten
ISBN 3-215-04828-0

Ein Österreich-Thema aus dem Bundesverlag